国家骨干高职院校建设项目化教学规划教材

城轨客运组织

CHENGGUI KEYUN ZUZHI

主　审　王世伟

主　编　张晓玲

副主编　轩宏伟　孙仕明

参　编（按姓氏笔画排序）

李院明　李攀科　汪国立

张　翠　张小魁　郝亚杰

西南交通大学出版社

·成　都·

内容简介

本书从城市轨道交通车站服务岗位工作要求出发，采用“项目导入、任务驱动”的项目化教学编写方式，体现了“基于工作过程”、“教、学、做”一体化的教学理念和实践特点。本书以城轨站务员站台巡视岗、城轨站务员站厅巡视岗、城轨站务员客服中心岗、城轨客运值班员岗、城轨值班站长岗的客运组织工作及职责为平台，内容包含：城市轨道交通线路与车站设计、城市轨道交通车站设施设备、城市轨道交通 AFC 及票务组织、城市轨道交通运输计划、城市轨道交通车站运作管理、城市轨道交通车站客运组织工作、城市轨道交通客流调查预测与分析、城轨车站客运服务、城轨交通乘客事务处理、突发事件处理，共 10 个项目，52 个任务。

本书可作为高职高专城市轨道交通运营管理专业教学使用，还可以作为成人高等院校、各类培训学校及轨道运输企业的职工培训的教学用书。

图书在版编目（CIP）数据

城轨客运组织 / 张晓玲主编. —成都：西南交通大学出版社，2014.2（2016.9 重印）
国家骨干高职院校建设项目化教学规划教材
ISBN 978-7-5643-2904-4

Ⅰ. ①城… Ⅱ. ①张… Ⅲ. ①城市铁路－交通运输管理－高等职业教育－教材 Ⅳ. ①U239.5

中国版本图书馆 CIP 数据核字（2014）第 023696 号

国家骨干高职院校建设项目化教学规划教材

城轨客运组织

主编　张晓玲

*

责任编辑　张华敏
特邀编辑　杨开春　鲁会茹　蒋雨杉
封面设计　墨创文化

西南交通大学出版社出版发行
四川省成都市二环路北一段 111 号西南交通大学创新大厦 21 楼
邮政编码：610031　发行部电话：028-87600564
http: //www.xnjdcbs.com
四川煤田地质制图印刷厂印刷

*

成品尺寸：185 mm × 260 mm　印张：16.5
字数：433 千字
2014 年 2 月第 1 版　2016 年 9 月第 2 次印刷
ISBN 978-7-5643-2904-4
定价：33.50 元

国家骨干高职院校建设
项目化教学规划教材编委会

城市轨道交通运营管理专业项目化教材
——《城轨客运组织》编委会

序

伴随着中国城市化进程的加速，城市交通需求剧增，城市轨道交通也进入高速发展时期。由于轨道交通在优化城市空间结构、缓解城市交通拥挤、保护环境等方面均显示出积极的促进作用，因而成为解决中国城市交通问题的重要战略举措。

近年来，轨道交通在我国的发展举世瞩目。公开资料显示，我国城市轨道交通总投资已达 1.23 万亿元，2012 年完成 1896 亿元，建成地铁 337 公里。2013 年投资 2200 亿元，建成地铁 290 公里。全国已批准修建城市轨道交通的 35 个城市，线路里程合计 5720 公里。据行业内估算，到“十二五”末，全国城轨运营总里程将达到 3000 公里，到 2020 年，运营总里程将达到 6000～7000 公里。如此大规模的企业发展对人才的需求是空前的，对培养人才的专业教材的需求也是十分紧迫的。

应郑州铁路职业技术学院运输管理系张晓玲副教授之邀，为她的《城轨客运组织》一书作序。我与张副教授相识于郑州市轨道交通有限公司成立之初，由于郑州铁路职业技术学院与我公司是校企合作共建单位，从公司运作伊始，我们就有了工作上的一些合作。郑州铁路职业技术学院是国家高职高专骨干建设院校，城市轨道交通运营专业也是该校的重点建设专业之一，作为共建单位，编写适合学历教育、企业培训的教材是我们共同的目标，在大家的共同努力下，终于成册了。

本书采用“项目导入、任务驱动”的项目化教学编写方式，围绕着城市轨道交通客运组织中各岗位工作要求出发，体现“基于工作过程”、“教、学、做”一体化的教学理念和实践特点，围绕城轨站务员站台巡视岗、城轨站务员站厅巡视岗、城轨站务员客服中心岗、城轨客运值班员岗、城轨值班站长岗等进行客运组织内容的编写。

该书的层次结构依据员工岗前培训流程，安排了城市轨道交通线路与车站设计（包括线路与车站位置设计、车站类型及规模设计、车站组成及总体设计）；城市轨道交通车站设施设备（包括自动售检票设备、车站列车信息、车站综合信息服务、列车设施设备、车站屏蔽门系统、车站环控系统）；城市轨道交通 AFC 及票务组织（包括车票及其使用管理、自动售检票系统认知、自动售检票系统的运营模式管理、票款的管理、账务的管理、票务设备的管理、票务事务的管理）；城市轨道交通运输计划（包括客流计划、全日行车计划、车辆配备计划、列车交路计划）；城市轨道交通车站运作管理（包括站务员客服中心岗位职责及作业流程、站务员巡视岗位职责及作业流程、客运值班员岗位职责及作业流程、值班站长岗位职责及作业流程、车站日常运作管理）；城市轨道交通车站客运组织工作（包括日常客流组织、大客流组织、突发事件客流组织）；城市轨道交通客流调查预测与分析（包括客流认知、客流调查、客流分析、客流预测）; 城轨车站客运服务（包括乘客进站服务、乘客购票服务、乘客进闸服务、乘客候车服务、乘客出闸服务、乘客出站服务）; 城轨交通乘客事务处理（包括乘客投诉处理、乘客轻微客伤处理、乘客失物处理、乘客物品掉落轨道的处理）; 突发事件处理（包括屏蔽门故障处理、列车车门屏蔽门夹人夹物处理、地铁道床伤亡处理、电梯事件处理、紧急解锁手柄/呼叫按钮被拉/按下的处理、车站水灾和线路积水的处理、车站全部进/出站闸机故障的处理、车站全部自动售检票机故障的处理、车站全站停电的处理、城轨交通火灾处理）十个方面的内容。其内容针对性强、岗位标准规范、案例内容生动有趣、可操作性强，对相关专业的城轨客运组织课程学习和城轨运营分公司员工岗前培训都是非常适合的。

2014 年 1 月

前　言

为了落实国家高职高专骨干院校重点建设专业——城市轨道交通运营管理专业——的建设要求，并适应高等职业教育迅速发展的需要，我们组织了相关企业专家和有经验的专业教师对城市轨道交通运输企业的新发展以及行业人才的新需求进行了深入研究，在此基础上编写了本书。

本课程是城市轨道交通运营管理专业的一门专业核心课，在培养城轨运营服务人才方面起着举足轻重的作用。本书被列为高职院校精品课程“十二五”规划教材。

本书从城市轨道交通车站服务岗位工作要求出发，采用“项目导入、任务驱动”的项目化教学编写方式，体现了“基于工作过程”、“教、学、做”一体化的教学理念和实践特点。本书以城轨站务员站台巡视岗、城轨站务员站厅巡视岗、城轨站务员客服中心岗、城轨客运值班员岗、城轨值班站长岗的客运组织工作及职责为平台，内容包含 10 个项目，共有 52 个任务，具体内容包括：

1. 城市轨道交通线路与车站设计，着重介绍了线路与车站位置设计、车站类型及规模设计、车站组成及总体设计的相关知识。

2. 城市轨道交通车站设施设备，主要涉及自动售检票设备、车站列车信息、车站综合信息服务、列车设施设备、车站屏蔽门系统、车站环控系统。

3. 城市轨道交通 AFC 及票务组织，主要按照车票及其使用管理、自动售/检票系统认知、自动售/检票系统的运营模式管理、票款的管理、账务的管理、票务设备的管理、票务事务的管理这七个方面进行介绍。

4. 城市轨道交通运输计划，主要涉及客流计划、全日行车计划、车辆配备计划、列车交路计划。

5. 城市轨道交通车站运作管理，重点介绍了站务员客服中心岗位职责及作业流程、站务员巡视岗位职责及作业流程、客运值班员岗位职责及作业流程、值班站长岗位职责及作业流程、车站日常运作管理。

6. 城市轨道交通车站客运组织工作，主要涉及日常客流组织、大客流组织、突发事件客流组织。

7. 城市轨道交通客流调查预测与分析，主要按照客流认知、客流调查、客流分析、客流预测四个方面进行介绍。

8. 城轨车站客运服务，主要涉及乘客进站服务、乘客购票服务、乘客进闸服务、乘客候车服务、乘客出闸服务、乘客出站服务六个方面。

9. 城轨交通乘客事务处理，重点介绍了乘客投诉处理、乘客轻微客伤处理、乘客失物处理、乘客物品掉落轨道的处理。

10. 突发事件处理，主要按照屏蔽门故障处理、列车车门屏蔽门夹人夹物处理、地铁道床伤亡处理、电梯事件处理、紧急解锁手柄/呼叫按钮被拉/按下的处理、车站水灾和线路积水的处理、车站全部进/出站闸机故障的处理、车站全部自动售/检票机故障的处理、车站全站停电的处理、城轨交通火灾处理十个情况进行介绍。

书中每个项目按照知识目标、能力目标、项目导入、任务学习四部分内容展开。每个任务从任务描述入手，进行相关知识的准备和学习，最后布置任务，让学生进行任务实践，巩固知识点的学习内容。书中的每个项目案例均取自城市轨道交通企业的真实事件，具有典型性、实用性、趣味性和可示范性。

本书可作为高职高专城市轨道交通运营管理专业教学使用，还可以作为成人高等院校、各类培训学校及轨道运输企业的职工培训的教学用书。

全书由张晓玲主编，轩宏伟、孙仕明任副主编，郑州市轨道交通有限公司运营分公司党委副书记王世伟主审。参加编写的有：天津铁道职业技术学院轩宏伟（项目一、项目二、项目三中的任务一至任务五）；郑州铁路职业技术学院张翠（项目四）；郑州铁路职业技术学院李攀科（项目五、项目十中的任务一和任务二）；郑州铁路职业技术学院张晓玲（项目六、项目七、项目八、附录一和附录二）；郑州市轨道交通有限公司运营分公司郝亚杰（项目九中的任务一）；郑州市轨道交通有限公司运营分公司汪国立（项目九中的任务二至任务四）；郑州铁路职业技术学院孙仕明（项目十中的任务三至任务十）；郑州市轨道交通有限公司运营分公司张小魁（项目三中的任务六）；郑州市轨道交通有限公司运营分公司李院明（项目三中的任务七）。

在本书编写过程中，郑州市轨道交通有限公司运营分公司、天津市地下铁道集团有限公司、广州市地下铁道总公司、南京地铁集团有限公司、郑州铁路局郑州车站、郑州东车站、洛阳龙门车站、洛阳车站的相关专家及业务能手给予了大力支持与帮助，提出了许多宝贵意见，在此表示衷心地感谢。另外，本书编写还参考及引用了部分本行业的相关技术资料及成果（已在书末的“参考文献”中列出），在此向这些技术资料及成果的原作者表示感谢。

由于编者水平所限，书中难免有缺点和错误，恳请读者批评指正。

编　者

2014 年 1 月

目 录

项目一

城市轨道交通线路与车站设计

【知识目标】

1. 熟悉城市轨道交通线路与车站位置设计要素；
2. 掌握城市轨道交通车站的分类；
3. 掌握城市轨道交通车站规模的划分原则；
4. 熟悉城市轨道交通车站的组成；
5. 熟悉城市轨道交通车站各部分布局设计要点。

【能力目标】

1. 能利用相关知识进行简单的线路与车站位置设计；
2. 能根据车站远期预测客流及所处位置确定车站规模；
3. 能利用相关知识对车站总体布局进行初步设计；
4. 能为既有车站改建提出有效建议。

【项目导入】

项目学习引导书

与其他交通方式相比，城市轨道交通运输能力大，并具有快速、准时、节约能源、安全性舒适性高、引导城市结构合理发展等优点，同时节约了道路资源，大大缓解了环境污染状况，也极大地缓解了城市的交通压力，是目前各大城市解决交通拥挤问题的首选。从国际城市交通发展现状来看，城市轨道交通已然成为各发达国家及地区最主要的交通方式之一。

我国城市轨道交通基础设施建设起步晚，在 20 世纪 90 年代后期发展迅速，目前，中国已成为世界上最大的城市轨道交通市场，城市轨道交通行业正快速成长。

城市轨道交通线路与车站设计是轨道交通规划的重要环节。我国各城市在轨道交通建设过程中均经历了边建设边积累规划和设计经验的阶段，随着轨道交通承担的交通量在的逐渐增大，在运营高峰时期，一些线路出现运营能力严重不足、拥堵严重的情况，特别是在一些特定的设施区域容易诱发突发性事件和意外事故，因此，必须按照可持续发展的要求进行城市轨道交通线路与车站设计，实现社会经济、资源环境与交通三者之间协调的发展。

任务一　城市轨道交通线路与车站位置设计

【任务描述】

城市轨道交通建设是一项极其复杂的工程项目，它对城市外围发展和城市内部规划的推动都有着极其重要的作用。其中，轨道交通的选线工作更是设计中的“龙头”，既不能忽视轨道交通系统内部线路之间的衔接，也不能忽视与其他交通运输方式之间的接驳，其设计具有牵涉面广、复杂性强、劳动强度大、责任重大等特点。在选线方案确定的条件下，路网中的节点——车站的设计更不可小觑，好的车站选址一方面可以方便乘客乘车，另一方面可以使地铁公司获得更好的运营效益。

城市轨道交通建设投资大，造价昂贵，建设周期长，一旦建成就难以更改。设计方案的不成熟可能会对轨道交通的建设和运营产生难以估量的损失。

本任务主要介绍了城市轨道交通线路与车站位置的设计原则、城市轨道交通线路与其他交通线路的衔接、影响轨道站点布设的主要因素，等等。通过本任务的学习，初步掌握城市轨道交通线路与车站位置的一般设计知识，为今后从事客运组织工作打下良好的基础。

【知识准备】

一、城市轨道交通线路位置设计

城市轨道交通线路位置的设计，应结合城市的社会、经济及交通需求的发展以及城市建设总体规划和城市客运交通总体规划来提出方案。城市轨道交通线路位置设计应与城市发展规划一致，城市轨道交通线路走向应与城市交通走廊、城市主客流方向一致，应以满足交通需求为主要目标。

（一）城市轨道交通线路位置的设计原则

城市轨道运输的主要乘客是本市及沿边市郊的固定人群，因此线路位置的设计要充分考虑沿线吸引范围内乘客的便捷因素，科学规划。一般线路位置的设置应考虑城市建设及安全，主要沿城市的交通主干道修建。同时，在城市轨道交通线路位置设计中，不能只强调单一轨道交通线路系统的建设，而忽略轨道交通线路系统与其他交通线路系统的衔接，或只重视单一轨道交通线路建设和工程设计层面上的研究，而忽视轨道交通系统内各条线路之间的整合。这些将导致轨道交通系统内的客流衔接不顺畅、不便捷。

具体来讲，城市轨道交通线路位置设计应遵循以下原则：

(1) 用最少的轨道交通总里程吸引最大的出行量，最先修建的线路应是最急需的线路。

(2) 线路走向应与城市主客流方向一致，应连接城市主要客流发生源，以最大限度地提高其使用效率。

(3) 轨道交通作为城市交通的骨干，应与现有交通工具相配合并协调发展。应与公共交通设施贯通配合，组建大型换乘中心，使之成为城市发展的副中心或新区开发的先导和依托点。

(4) 与城市建设计划和旧城改造计划相结合，以保证轨道交通建设计划实施的可能性和连续以及工程技术上的经济性和合理性。

(5) 应结合城市规划的实际工程地质条件、施工方法和各条线路的修建顺序，选择易于实施、经济可行的方案。有条件的地方尽量采用高架或地面形式。

(6) 应结合城市规划和城市环境，选择对城市干扰小的方案。

(7) 应考虑到城市轨道交通和其他交通方式运营管理体制上的差异，选择双方均能接受的方案。

(8) 城市轨道交通线路设计应满足远期路网客流量的要求，满足远期城市轨道发展规划的要求，并有利于城市今后的可持续发展。

(二) 城市轨道交通线路与其他交通线路的衔接

城市轨道交通线路设计应与市内公交、出租、社会车辆大型停车场、自行车停车点、公路、铁路、航空等建有良好的线路接口，以满足各种交通工具间快捷良好的换乘需求。要完成各种交通工具间的良好衔接，就必须要对整个城市进行交通一体化设计。通过交通一体化的规划设计，来提高轨道交通聚集和疏解客流的能力，为乘客提供快捷、方便、舒适、安全的换乘环境，为城市枢纽地区提供良好的交通环境和开发环境，最终实现城市综合客运交通系统的最佳运输效益、社会效益和经济效益。

1. 城市轨道交通线路与其他交通线路的衔接原则

各种交通线路的有效衔接，即是将线路连接成线网，这对乘客的出行有很重要的影响。因此衔接方式必须充分考虑各方乘客的因素，体现交通的便捷性和舒适性。

城市轨道交通线路与其他交通工具线路之间衔接的基本原则是：应紧紧围绕整个城市交通系统发展规划的整体性、协调性、便捷性、政策性和合理性，使各种交通方式能有效地结合在一起，既有分工，又有协作，充分发挥交通网络的运输能力，为城市的发展和乘客的出行很好地服务。

2. 城市轨道交通线网与公交线网的衔接与换乘

城市轨道交通线网与公交线网的关系应定位为主干与支流的关系。城市轨道交通以解决城市主要客流走向、主要干道的中远距离客流的出行为主，具有运量大、快捷、准时、舒适的系统特征。公共汽车、电车运能小，但方便灵活，可将乘客送往四面八方，是解决中、短途交通的主力。根据两者的特点，在交通规划时应注意其相互衔接与换乘，使之发挥更大的作用。具体实施时需要做到以下几点：

1) 设立轨道交通与公交紧密衔接的公交换乘枢纽

要尽可能为客流量大的综合枢纽站提供衔接公交站场用地，设置公交换乘枢纽，通过立体换乘通道实现立体化衔接和“零换乘”；另外，根据轨道交通站点周边公交停靠站的位置，在不影响道路交通的前提下，调整公交停靠站与轨道交通出入口的距离，必要时设置立体步行换乘通道，缩短换乘距离，方便客流换乘。

2) 调整轨道交通沿线衔接的公交线路，形成相互支援、优势互补的公共交通网络

结合道路结构和功能，从“线、面、点”三方面优化重组公共交通系统资源，实现常规公交与轨道交通之间的优势互补；调整与轨道交通平行且重叠(三个轨道交通站区间)的公交线网，保持适当规模作辅线，在局部客流大的轨道交通线的某一段上，保留一部分公共汽车线，起分流作用，但重叠长度不宜过长。以放射的形式组织与轨道交通站点衔接的公交线路，不仅要抽疏与单独一条轨道线重叠的公交线路，还要抽疏与“十字”相交轨道网重叠的公交线路。同时在城市新建区、客流较大边沿地区以及新建道路增加送达公交线路，加强轨道交通与主要客流

吸引源的客运关系，加大轨道交通对沿线客流的吸引收集。将轨道交通线路两端的地面常规公共交通线路的终点尽可能地汇集在轨道交通终点，组成换乘站。改变地面常规公共交通线路，尽量做到与轨道交通车站交汇，以方便换乘。

3）设立综合枢纽站和与地面常规交通的接驳站

以轨道交通车站为核心，组织短途接驳公共汽车，加强对大型工业区、商业区、行政区、主要居住区等客流的收集与疏散，延伸网络的辐射。

(1) 综合枢纽站。综合枢纽站一般采用先进行设施和空间立体衔接，能够合理组织人、车分流，保证人流换乘便捷，车流进出顺畅，便于管理。如深圳福田综合枢纽换乘中心是集轨道交通、市内公交、市郊公交和长途公交等于一体的综合换乘枢纽，对整个城市的秩序影响意义深远。

(2) 大型接驳站。是指位于轨道交通首末站、地区中心及换乘量较大的车站的换乘点，在此布置的地面常规公共交通线路主要为某一个扇面方向的地区提供服务。

(3) 一般接驳站。是指轨道交通车站与地面常规公共交通线路中间站的换乘点，一半多位于土地紧张的市区。在规划设计时，要充分考虑到轨道交通换乘量大的特点，将公交车站设置成港湾式停车站，并尽可能靠近轨道车站出入口。

3. 城市轨道交通线路与市郊铁路线的衔接与换乘

对于城市轨道交通线路与市郊铁路线的衔接与换乘，国内经验不多，国外一般有两种做法：

(1) 市郊铁路深入市区，在市区内形成贯通线向外辐射。市区内则设若干站点与城市轨道交通衔接。

(2) 利用原有铁路开行市郊列车，市郊列车一般不深入市区，起点站在市区边沿，在起点车站与城市轨道交通及地面常规公共交通工具进行换乘衔接。

4. 城市轨道交通线路与地面铁路车站的衔接与换乘

在既有火车站站前广场或站内站台地下单独建设城市轨道交通车站，利用出入口通道或站台立体通道与铁路车站衔接。在地面或高架修建城市轨道交通车站，进行客流的统一组织规划。在新建和改建的火车站中，将城市轨道交通车站一同考虑，形成综合性交通建筑，方便乘客换乘。

5. 城市轨道交通线路与私人交通工具的衔接与换乘

1）与机动车的衔接与换乘

在市区边缘轨道交通换乘车站，一般均设计或预留了较大面积的机动车停车场，鼓励小汽车用户停车换乘城市轨道交通，促使个体交通向公共交通转化。这类停车场一般应布置在联系中心城区和外围城区的主要道路一侧或高等级道路出入口处，这样容易被乘客所接受。在城区，由于停车场地十分有限，相应的停车费用也比较高，因此很少设计大面积机动车停车场。

2）与自行车的衔接与换乘

调查表明，自行车的换乘客流来源一般是在距车站 500 ~ 2 000 m 的范围内，因此，在城市中心区、郊区和市内生活性道路、居民区和市区主要交叉口的车站均应设置一定规模的自行车停车场地，为自行车换乘轨道交通提供方便。但随着城市建设的发展，市中心的用地越来越紧张，因此在规模较大的车站可考虑利用地下空间设置停车场。对于处在交通较敏感的交通性干道的轨道交通站和接驳对外交通枢纽的轨道交通站，一般不提倡设置自行车停车场，以免吸引过多的自行车出行影响道路机动车交通。

在国外，地铁车站的附近有常规公交为其接运乘客，地铁的出口与过街通道连在一起，等等，这些措施既缓解了地面交通的压力，又方便了人们的出行。我国目前各大城市还没有形成完整的城市轨道交通网络，很多城市地铁的换乘在许多方面仍然存在不足。例如，多数地铁站附近没有汽车停车场和自行车停放处，这就无法吸引私人小汽车的客流，造成地铁附近的自行车乱停乱放；地铁之间的换乘距离过远等，这些方面都需要改进。加强轨道交通与其他交通方式衔接体系的研究，将是今后城市轨道交通线路位置设计的重点。

二、城市轨道交通车站位置设计

一旦线路修建方案确定，下一步需要确定的是线路车站的设置位置。地铁车站的选址、布置、规模等对其运营效果具有决定性的意义。优良的车站建筑既为乘客提供安全、便捷、舒适的乘降条件，又能吸引更多的客流，获得更好的运营效益；同时可以美化城市景观，以取得经济、社会和环境的综合效益。

(一) 城市轨道交通车站位置设计的原则

(1) 车站是城市轨道交通的重要组成部分，往往又是连接其他交通的枢纽，车站的位置设计应与城市其他路网规划相配合。为方便乘客乘车，城轨车站一般都设置在市区居民集中的地点、沿城市主要交通干道的路口、商业繁华地段以及主要工业区等人流集中的地方。

(2) 地铁站的设置，一方面要考虑吸引客流，站距不能过长；另一方面要考虑保持一定的运行速度，站距不能过短。地铁线路的站距一般在 1000 ~ 1500m 之间，但市郊和与卫星城间的线路可以相对大一些。

(3) 在进行轨道交通站点布设时，首先必须正确地预测客流集散点的客流量和分析相关区域内的土地布局形态，尽量以较小的轨道交通网络规模运送较大的乘客流量；地铁站的规模应能满足远期预测客流集散量的需求，并设置与之相适应的出入口数，以方便乘客出入(车站的大小在很大程度上取决于站台的长度，而站台的长度应满足远期预测客流的要求，且站台的宽度取决于高峰每小时的预测客流量)。

(4) 应充分考虑轨道交通线路和枢纽的运营特点，节省运营成本，减少居民的出行时间，提高网络的运输效率。

(5) 轨道站点的选址必须满足城市地形、地质、历史文物等自然条件和人文地理条件的限制要求，要有利于线路的布设，保证枢纽和线路的顺利建成并正常投入使用。

(二) 影响轨道站点布设的主要因素

1. 客流分布形态

由于城市用地结构及规划而形成的城市客流的分布特征是影响站点布设的最主要因素。主要表现在：

(1) 客流分布的不均匀性决定了轨道站点分布的不均匀性。由于居民出行的随机性及独立性，导致了在城轨线路上形成一些分布不均匀的客流集散点。虽然客流集散点(包括现在和未来的)是轨道交通站点的设置区位，但并不是所有的客流集散点上都应设置轨道站点，只有当集散客流量的规模和等级达到一定级别后才有必要设置；同时，客流集散点的规模和等级对轨道站点的规模和等级也具有显著影响。

(2) 客流量的动态变化要求为站点的后续建设留有余地。站点的建设不仅要满足近期客流的需求，而且要满足远期城市交通发展的需求，因此，在充分研究线网客流规模和特点的基础上，进行远期客流预测是十分必要的。为此，应充分把握客流的变化趋势，为站点的后续建设留有余地，使之与其他交通方式协调换乘，充分发挥地面公交的作用，为下一步枢纽建设做好基础。

2. 城市土地利用结构及分布形态

土地利用结构及用地规划模式的不同所产生的城市人口密度、房屋建筑密度、工作岗位密度及商业区的集中程度等对客流的产生及其流向有着重要影响，它们直接关系到客流集散点的集散强度及分布状态，进而影响着站点的分布状态。主要表现在：

(1) 一个城市的土地利用结构决定了这个城市的交通运输需求。不同的土地利用布局、利用性质和利用强度，对应着不同的交通需求。在城市中，最大的土地利用活动是居住，而居住的转移主要是指向就业区，城市人口高度密集的现象几乎都出现在靠近工作密集的区域。通常，居住与非居住单元之间的联系是客流的主要来源，这种能够产生大型客流集散的用地类型是设立轨道站点的前提。

(2) 轨道交通线路及站点影响区域内的用地功能组织和建筑规划组织，对乘客选择交通工具具有极其重要的影响，并直接关系到居民的出行时间消耗。而居民出行消耗的时间是决定轨道站点分布的重要因素。它不仅能够反映轨道线路的运营效率，还能体现轨道站点分布的合理与否。

3. 城市性质及空间扩展形态

城市的性质与地位，在战略上决定着城市人口、用地的发展规模和潜力以及对外部区域的影响力，亦决定着轨道交通是否有规划建设的必要性。城市轨道交通站点的分布状态与城市形态的发展态势是相互影响、相互制约的。

一方面，城市所采取的空间扩展模式不同，导致轨道站点的空间布局模式也将有明显差别。主要体现在城市布局的紧凑、功能分区的纯净与否影响其目的地的可达性和居民出行的密度、出行距离及出行方式的选择，进而影响到客流的分布状态。

另一方面，轨道交通站点的不同分布形式也直接影响着城市空间形态的扩展模式。轨道沿线的各个站点构成了城市空间扩展的发展轴，形成沿轴线的连续性扩展或是沿轴线的高密度点状扩展，同时，轨道交通线路亦成为城市空间形态发展的轴线，促使城市形态沿轴向发展。

4. 城市的经济水平

轨道交通建设需要巨大的投资，而轨道线路的建设主要是轨道站点的建设。据不完全统计，仅一个地铁车站的投资就可能达到 2 亿元人民币，相当于修建几公里隧道和区间线路的投资。因此，城市的经济水平决定了能否承担轨道交通的建设费用，而且对吸引客流规模有直接的影响。由于轨道交通建设费用巨大，其票价一般高于常规公交，因此乘客对票价的承受力也是决定客流的关键因素。如果一个城市的经济水平比较高，而且发展前景比较稳定，相应的，人们对城轨票价的承受力也就比较强，这将有助于轨道交通客流规模的增大，进而有助于保证轨道交通的运营效益。研究显示，只有当城市居民年均收入不低于 1 800 美元时，轨道交通的客流规模才有可能得以保证。同时，轨道交通吸引的客流规模大小直接制约着轨道站点的规划布局，因而，城市的经济水平对轨道站点的布设有着重要的影响。

5. 其他影响因素

1）列车行驶技术的要求

列车在站间行驶，单纯从列车性能发挥角度来说，希望站间距均匀分布，并且在一定范围内站间距越大越好，这样能充分发挥列车运行速度快的优势(列车的运行速度随着平均站间距的增大而增快，平均站间距为 1.8 km 时的列车运行速度比平均站间距为 0.6 km 时的速度提高近 1 倍。但由于客流分布等因素的影响，站间距均匀分布是不太现实的。站间距只能当作一种约束条件来考虑，需综合考虑多种影响因素来布设轨道站点。

2）工程影响因素

地铁线路的线型、坡度(例如，既要考虑排水又要使车辆不产生滑溜)及车站的埋深、数量、车辆类型等，直接影响着轨道交通的工程造价及运营效率和安全。因此，站点布设时也要考虑施工的可能性。

3）城市人文、地理条件

城市的地质、地形、地貌等自然条件会限制轨道站点的规划选址以及站点内部设施的布局形态，并对站点的建筑结构形式产生深远的影响。

站点的规划布局必须遵守国家对历史文物、自然风景区等方面的保护性法规，当站点的选址与之相抵触时必须避让。另外，地面标志性建筑物及地下设施等对站点的选址也有一定的影响，在进行站点布设时，也要考虑保护城市人文地理不被破坏。

【任务实施】

对某个城市进行线路与车站位置设计。分小组完成以下任务：

1. 根据给定的城市交通示意图及城市建设总体规划和城市客运交通规划，结合已学知识，合理设计城市轨道交通线路位置图。

2. 根据设计的城市轨道交通线路位置图，进一步设计每条线路上各车站的位置图。

3. 上述任务完成后，进行小组自评和互评，最后教师讲评，取长补短，开拓完善知识内容。

任务二　城市轨道交通车站的类型及规模设计

【任务描述】

城市轨道交通不只是为城市服务，同时也是城市的一部分。城市轨道交通车站，对于乘客来讲具有乘降、换乘的功能，对于列车来讲具有到发、折返、停车检修、临时待避等功能。因此要求车站既能保证乘客安全、迅速、方便地出乘，又能满足城轨运营要求。所以车站类型的选择必须基于城市特点，做到符合城市发展要求、适应客流特征、不破坏城市景观、不影响其他交通运输方式；车站规模的设计必须满足路网远期规划的要求，并与运营管理的需要相结合，最大限度地吸引乘客；同时，在满足使用功能的前提下，应尽量节约工程造价，减少资源消耗，使车站的规模、投资合理而不浪费。

在本任务中，通过对城市轨道交通车站的类型、城市轨道交通车站的规模等级及主要控制因素的学习，初步了解城市轨道交通车站的类型及规模设计，以适应未来的城市轨道交通客运工作，为乘客提供高水平的服务。

【知识准备】

一、城市轨道交通车站的类型设计

城市轨道交通车站的类型，必须结合城市特有的发展规划、地理条件及经济状况，因地制宜地设计，并与各种车站的建筑施工特点结合起来进行选型。

(一) 按其在线路的修建位置和担负的运营功能不同分类

1. 端点站(始发站和终点站)

端点站一般设置在线路两端。除具有供乘客乘降的基本功能之外，还可供列车折返、停车检修之用。

2. 中间站

中间站一般只供乘客乘降之用，但有些中间站还设有折返线、渡线和存车线等，可供列车折返和运行。一般城市轨道车站大多属于中间站。

3. 换乘站

换乘站一般设置在两条及两条以上的城市轨道线路交叉点。换乘站除具有供乘客乘降的基本功能之外，其最大的特点是乘客可从一条线路换乘到另一条线路，最大限度地节省了乘客出站、进站及排队购票的时间，为乘客换乘提供了方便。换乘站有平面换乘和立体换乘之分。

4. 大型换乘中心站

大型换乘中心站一般设在各种交通工具集中换乘的地点。

对于综合的大型换乘枢纽站，为方便乘客的换乘，可考虑采用高架或地下立体方式与其他交通工具的乘客乘降点加以连通。例如：某些换乘枢纽的地下部分有两层，地上部分为五层，其中，地面一层设有长途售票厅、长途候车厅、长途上客区、长途停车区及公交上下客区，地面二层设有长途候车厅、长途上客区、长途停车区等；地下一层设有换乘大厅、地铁换乘区、长途下客区、公交停车区、出租车上下客区、公交上下客区，地下二层设有出租车、社会车辆停车区。各层之间设有多个上下通道。

(二) 按照车站修建位置分类

1. 高架车站

高架车站是指主体建筑和设备设施设置在立体高架建筑之上的车站。大部分城市轻轨车站为高架车站。

2. 地下车站

地下车站是指主体建筑和设备设施设置在地下的车站。根据地下车站的深度又可分为浅埋车站和深埋车站。大部分地铁车站为地下站。

3. 地面车站

地面车站是指主体建筑和设备设施设置在地面的车站。城市轨道不论是地铁或轻轨，基本上都设有地面车站。

(三) 按照站台与线路的关系分类

1. 岛式车站

岛式车站的站台便于乘客换乘其他车次。岛式站台需要两条单线和两个隧道。这种布线方式在城市地下工况复杂的情况下具有较大的灵活性。岛式站台是国内最常用的一种车站形式。

2. 侧式车站

侧式车站的站台分别位于两条线路的两侧，不利于乘客换乘其他车次，侧式站台轨道布置集中，有利于区间采用大的隧道或双隧道双线穿行，具有一定的经济性，在城市地下工况复杂的情况下，大隧道双线穿行反而缺乏灵活性。侧式车站多设于城市轨道交通地面车站。

二、城市轨道交通车站的规模设计

(一) 城市轨道交通车站的规模等级

城市轨道交通车站的规模直接决定着车站的外形尺寸及整个车站的建筑面积、集散量和设备配备量等，因此其规模的设计对城市交通的发展影响较大。应结合城市交通发展规划，科学合理地确定其具体规模大小。

地铁工程投资巨大。工程投资是否合理，是直接影响地铁建设持续发展的重要因素。而地铁车站规模是控制工程总造价的主要环节，必须严格控制。车站规模设计合理，也有利于地铁设备及运营费用的投入。车站规模控制的主要对象是主体建筑和附属建筑。主体建筑规模依据客流量和设计标准能较好地核定，而附属建筑由于受车站周边环境条件及城市规划的制约，每个车站变化较大，其规模的合理性只能根据具体情况进行控制。

城市轨道交通车站的规模，按车站远期预测客流以及所处位置一般可分为三个等级：

A 级——适用于客流量大、高峰每小时客流量达 3 万人次以上，地处大型客流集散点以及地理位置十分重要的车站。

B 级——适用于客流量较大、高峰每小时客流量在 2 ~ 3 万人次，地处市中心或较大居住区的车站。

C 级——适用于客流量较小、高峰每小时客流量在 2 万人次以下，地处郊区的各站。

(二) 车站规模的主要控制因素

1. 远期预测客流量

依据远期预测客流量选用车辆型号并确定车辆编组及计划发车对数，以确定侧站台净宽度和楼梯、扶梯总宽度。

2. 有特殊功能的车站

(1) 对于换乘站，换乘节点规模的不同和换乘方式的不同均会引起车站规模的较大变化。

(2) 对于折返站，站内折返线的长度控制了车站规模，而折返线上层空间一般难以全部利用，因此这类车站的建筑面积一般较大。

3. 环境条件限制

若车站站位内或周边有河流、暗渠及道路有较大坡度等环境限制，则易造成车站规模偏大。

【任务实施】

对某个城市进行城轨车站的类型及规模设计。分小组完成以下任务：

1. 根据所学知识，结合给定城市的发展规划、地理条件及经济状况，因地制宜地设计车站的类型。

2. 根据所设计的城市轨道交通车站类型，进一步设计每条线路上各车站地规模。

3. 上述任务完成后，进行小组自评和互评，最后教师讲评，取长补短，开拓完善知识内容。

任务三　城市轨道交通车站的组成及总体布局设计

【任务描述】

城市轨道交通车站内部设施包括交通工具换乘设施、乘客服务设施、信息引导设施三部分。这些设施作为轨道交通车站的有机组成部分，相互制约、相互协调，促使轨道交通车站达到整体功能的优化。

在城市轨道交通的客流量以及运营设备配置相对固定的前提下，车站的布局对提高通过能力和乘客满意度尤为重要。一方面，对于日常运营而言，好的车站布局能够方便乘客上下车、换乘，提高出行效率，并满足运营对供电、给排水、照明等方面的需求；另一方面，大部分车站位于地下封闭空间，容易使人产生压迫感，一旦发生事故不易疏散乘客，而良好的车站设计其乘客走行流线清晰，能够帮助乘客减少焦虑情绪，且各类设备设施能力匹配，无明显瓶颈，能有效提高疏散能力，保证乘客安全。我国《地铁设计规范》中，对车站各项设备设施的位置、数量等均提出了要求。

本任务主要介绍了城市轨道交通车站的组成和城市轨道交通车站的总体布局设计。通过本任务的学习，可以初步了解城轨车站的组成及总体布局设计，便于在今后的岗位上更好地为乘客提供卓越的服务。

【知识准备】

一、城市轨道交通车站的组成设计

城市轨道交通车站的组成，必须结合车站所在位置的地理条件和经济状况，因地制宜地进行设计。

(一) 按照车站的使用功能设计

按照车站的使用功能，大型城市轨道交通系统的车站组成包括站厅、设备区、站台。

站厅分为非付费区和付费区。站厅非付费区设置售票、咨询、商业、服务设施，可为乘客提供售票、查询、商业等服务，站厅付费区是乘客通过闸机或免费通道进入站台候车前应经过的区域，也是乘客检票、募集、疏散的区域。

设备区是车站管理用房及设备安装区域，一般分设于站厅和站台的两端部。

站台是乘客候车、乘降区域。

(二) 按照车站建筑的空间位置设计

按照车站建筑的空间位置，车站一般包括以下部分：

1. 车站主体

车站主体作为列车的停车点，它不仅供乘客上下车、集散、候车，也是办理运营业务和运营设备设置的地方。车站主体根据其功能，可分为乘客使用空间和车站办公用房。在乘客使用空间内，包含了非付费区和付费区。付费区包括站台、楼梯和自动扶梯、导向牌等，它是为乘客候车服务的设施。对于一般的城市车站来说，通常非付费区的面积应略大于付费区。

车站用房区域包括运营管理用房、设备用房和辅助用房。运营管理用房包括站长室、车站控制室、票务室、会议室和公安保卫室等。设备用房包括环控机械室、配电室、信号机械室等。辅助用房包括卫生间、茶水间、更衣室等。车站用房应根据运营管理的需要设置，在不同车站配置必要房间，尽可能减少用房面积，以降低车站投资。

2. 出入口及通道

出入口及通道是指乘客进入站厅的出入口及通道。

3. 通风道、风亭、冷却塔

风亭具有将地面的新鲜空气送入地铁内的作用；冷却塔的作用则是将携带废热的冷却水在塔内与空气进行热交换，使废热传输给空气并散入大气。

4. 其他附属建筑物

(1) 厕所：乘客使用的公共厕所以及残障人士的专用厕所。

(2) 临时票亭：在大客流时段，为了提高售票速度、让乘客尽快进站上车，当自动售票机前排队过长，就需要设置临时票亭。临时票亭主要出售预制单程票。

(3) 银行：设在车站站厅，可以为乘客提供兑零、取款、存款、转账等业务。

二、城市轨道交通车站的总体布局设计

(一) 分析影响因素，确定边界条件

影响车站位置和总体布局的因素包括周围环境、建筑物拆迁和管线改移条件、施工方法、客流来源方向以及综合开发条件等。必须进行综合规划、科学定位，确定其合理的边界。

(二) 车站的剖面设计

剖面设计主要解决的是车站的结构形式、结构尺寸、设备和建筑所需的空间高度以及车辆通行停靠的限界要求。一般情况下，站厅层的净高不小于 4 m，安装及装修后的高度也不应小于 3 m；从站台到顶部的净高为 4.1 ~ 4.3 m，装修后的高度也不应低于 3 m；从站台面至下部地板面的高度为 1.62 m 左右。站台按高度可分为低站台和高站台。站台和车厢地板高度相同的称为高站台，一般适用于流量较大、车站停车时间较短的车站。高站台对残疾人、老年人上下车也很有利。站台比车厢地板低的称为低站台，适用于流量不大的车站。

(三) 根据功能要求构思总体方案

在进行车站的总体方案设计时，需要重点考虑其功能需要。

(1) 以换乘为主要功能的车站：主要考虑乘客的换乘条件，以尽可能减少换乘距离为主要因素进行设计，并留有足够的换乘能力。

(2) 接驳大型客流集散点的车站：要考虑突发性客流特点，要留有足够的乘客集散空间，并创造快捷的进出站条件。

(3) 有列车折返运行需要的车站：应考虑结构的统一性，并分清各种客流的流向，要使进出站客流有独立的通道，并尽量减少与其他客流的交叉干扰。

(4) 有其他特殊功能需要的车站：包括远期需进一步延伸的起点站、与其他交通系统的联运站等，应考虑留有后续延伸的余地。

(四) 车站平面布局设计

1. 确定车站平面布局的原则

(1) 站厅层布置。应分区明确，依据站内结构及设施配置情况对客流进行合理的组织， 避免和减少进出站客流的交叉，合理布置管理用房、设备用房，应满足各系统的工艺要求。

(2) 站台层布置。需以车站上下行远期超高峰小时设计客流量来计算站台宽度，根据线路走向及换乘要求确定站台形式。根据车站需要布置设备或管理用房区。

(3) 车站出入口布置。应设置于道路两边红线以外或城市广场周边，需具有标志性或可识别性，以利于吸引客流，方便乘客。

此外，车站主要服务设施还应包括电梯、售票机、空调通风设施等。

2. 站厅与站台的设计

在进行建筑平面布局时，站厅层和站台层必须同时考虑，例如，它们的宽度和长度，所需楼梯的数量、位置、设备用房上下的孔洞等。

(1) 设计时首先从站台层着手，根据列车编组确定站台的有效长度。

(2) 再根据站台两端应有的设备用房确定车站的初步长度。

(3) 根据计算所得的站台宽度加上上下行车道的宽度，确定车站的总宽度。

3. 按照客流的流线来设计布局

所谓客流的流线(即客流线)，是指车站内乘客的流动过程和流动路线。这些流线具体反映着乘客对于车站站房各类设施的设置及布局的基本要求。对其组织得是否合理，不但影响车站的作业安全、效率及能力，同时也直接关系到对乘客的服务质量高低。

设计快捷、简明、方便、流畅的乘客客流线是城市轨道车站建设的方针和目标之一。车站站房内各类设施的设置，应以合理组织各种客流线、力求减少乘客的行车距离、方便乘客办理各种手续以及经济合理、节约用地为原则。

在城市轨道车站，乘客流线主要有三种：进站乘客流线、出战乘客流线和中转乘客流线。

1) 进站乘客流线

进站乘客流线按照其流动过程来看，主要可以分为两种类型：

(1) 通过站房直接上车的乘客流线。这种乘客流线主要包括绝大多数持城市一卡通或储值票等直接通过闸机结算费用的乘客。这类乘客大部分属于当地居民的上班族，在上下班时间出现出行高峰。这类乘客形成的流线如图 1-1 所示。

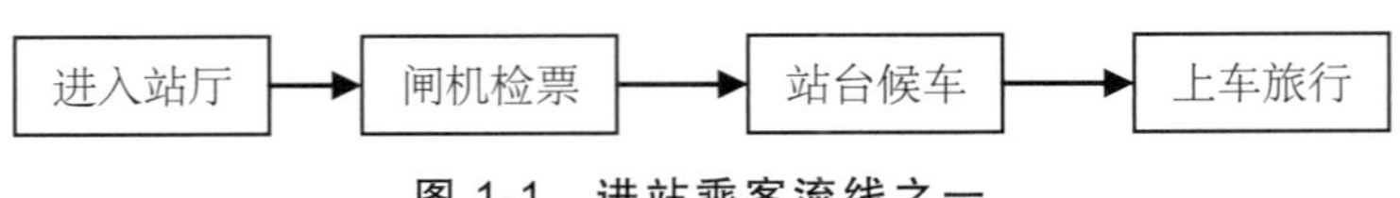

图 1-1 进站乘客流线之一

(2) 进入车站购票上车的乘客流线。这类乘客主要是不经常乘坐城轨出行的当地居民或从其他交通工具换乘过来的外地乘客，一般这类客流在节假日或周末比较集中。

这类乘客形成的流线如图 1-2 所示。

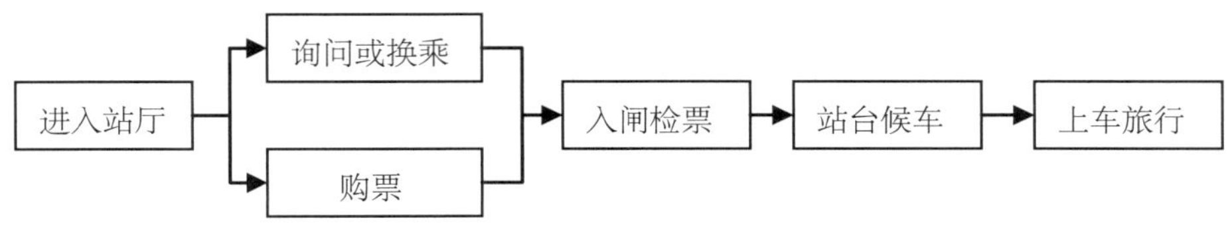

图 1-2　进站乘客流线之二

除了上述两种乘客流线外，进站乘客流线中还有流量较少的需要办理其他票务等业务的乘客流线以及以上各种类型间的小股流线。

2) 出站乘客流线

出站乘客流线比进站乘客流线简单，乘客办理手续少，使用站房时间短。一般情况下，终到乘客形成的流线如图 1-3 所示，其中，有少部分终到乘客在出站后需要办理其他票务等业务。

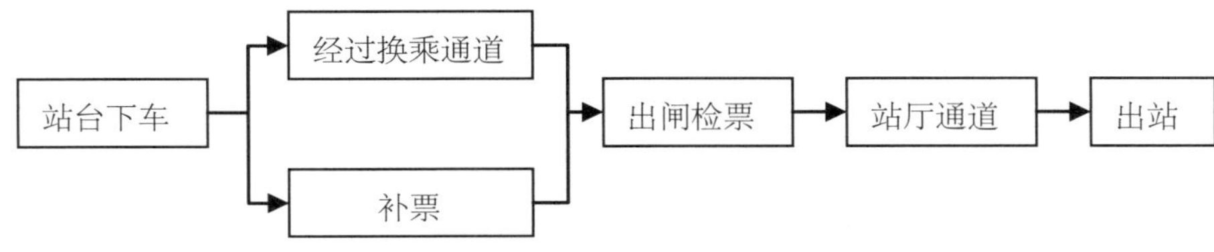

图 1-3　出站乘客流线

3) 中转乘客流线

在一些综合型枢纽站或城市轨道线路间换乘车站，存在大量的中转换乘乘客，他们的流动过程形成了中转乘客流线。中转乘客形成的流线如图 1-4 所示。

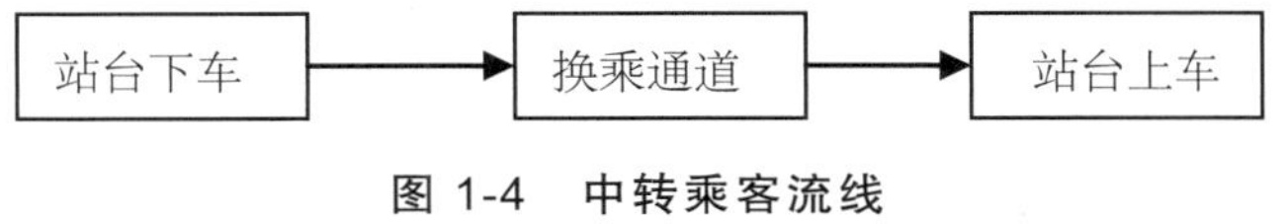

图 1-4　中转乘客流线

4) 流线的组织原则

通过以上分析可以看到，车站内各种乘客流线均有其特定的内在需求，这些需求均需要通过合理设置与布局乘客站房的各类设备设施来予以满足。为了尽可能满足其需求，在考虑乘客站房各类设备设施的设置与布局时，一般应遵循以下两个原则：

(1) 避免各种流线相互交叉干扰。具体来讲，在对站房流线的设计组织中，应力求将各种乘客流线分开，尤其是将进站乘客流线与出站乘客流线分开，进出站乘客流线与中转乘客流线分开。

(2) 最大限度地缩短乘客走行距离，避免流线迂回。一般来讲，对于进、出站乘客流线中流量最大的普通乘客流线，应该首先保证其流动路线最简捷、通畅，流程距离最短。对于流量不大的其他乘客流线，也应根据其特点、需要，尽量缩短其流线距离，避免迂回。

通常，上述各种流线特点的满足及流线组织原则的实现都要依赖于乘客站房内各种服务房舍及设施的合理设置与布局。如站房出入口、楼/扶梯、售/检票设备的布置等。

地铁车站的平面组成基本上分为两大部分：一部分是与客流直接有关的公共区域，如站厅层、站台层及出入口通道；另一部分是涉及车站运行的技术设备用房及管理用房，一般分设于站厅和站台的两端部。

4. 站厅层的布局

站厅的布局方式主要取决于车站的售/检票方式(人工、半自动和自动售/检票)。一般站 厅有两种布置方式：一种是分别在站台两端上层设置站厅；另一种是在站台上层集中布置站厅，有些地铁的站厅还可以考虑与地下商业建筑连接在一起布置。如深圳、广州等大城市的一些大型枢纽车站，大都采用了联合设计方案。

为了不占用地面空间，地下车站的中间站厅一般设在地下一层。布置方式有两种：

(1) 分别在两端布置：中间站厅分为两个，分别布置在站台两端上层，如图 1-5 所示。

(2) 集中在中间布置：中间站厅集中布置在站台上层，如图 1-6 所示。

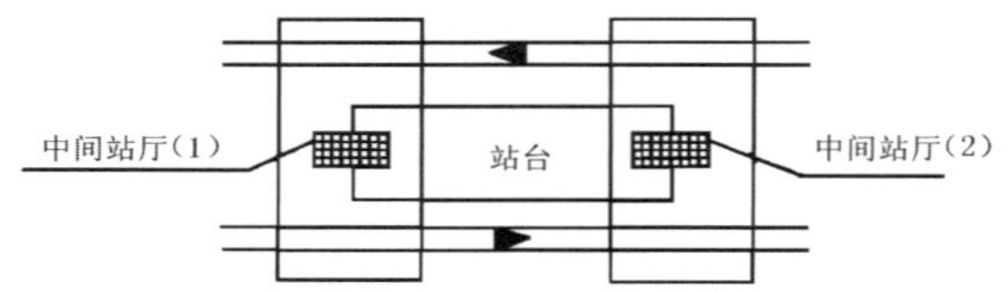

图 1-5 中间站厅在站台两端的布置方式示意图

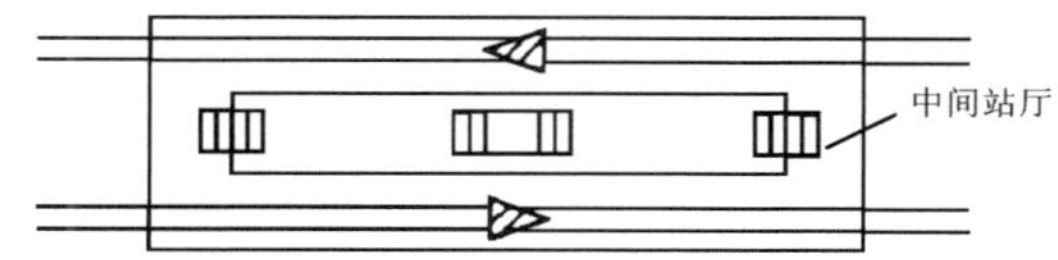

图 1-6 集中布置中间站厅的示意图

大部分车站站厅层主要是集疏客流、为乘客提供售/检票等服务和车站人员工作、各系统设备集中设置的场所，大致分为公共区域和车站用房区域。

1) 公共区域

公共区域是乘客集散的区域，可以划分为付费区和非付费区。进站乘客在非付费区完成购票后通过检票设备进入付费区，到站台乘车；出站乘客通过检票设备后进到非付费区后出站。

客流通道口主要位于站厅层的公共区域，分左右两侧布置，有利于地面道路两侧出入口的均匀布置。根据《地铁设计规范》，通道口最小宽度不能小于 2.4 m。

非付费区内除了设置必要的售/检票系统设备外，还可根据站厅面积的大小设置一些商铺、自助银行、公共洗手间、自动售货机、公用电话等便民设备设施，布置原则以不影响乘客出入为首要条件。

自动售/检票系统设备主要有自动售票机、自动充值机、验票机以及进/出站闸机等，按乘客进出站流向合理布置，向乘客提供购票、检验车票等服务。随着城市经济的不断发展，大部分城市轨道售票设备都采用自动售票机，还有一些城市的轨道车站采用人工售票设备，有些车站则是采用人工售票与自动售票相结合的设备。

人工售票处应设在进站流线的前端，而售票室的设置不能占用通道，必须保证流线畅通的情况下尽可能将售票室设在流线一侧。根据我们国家的交通习惯，车站出入口流线应为右进左出，所以售票室也应设在入口右侧为宜。自动售票机也应同理设置。

另外，售票设备的设置还应考虑按车站规模的大小来配备。自动售票机大部分需要用零钱来购买，因此在自动售票机旁边还应配备找零钱的机器。机器识别人民币纸币面额不宜过大，否则会造成零钱紧张而影响正常服务。考虑到城市轨道车站出入口的特点，每个出入口基本都是双向使用，因此，自动售票机如果设在入口进站客流一侧，虽然方便了乘客购票，但客流量大时会造成进出站客流拥堵；另外，若售票机配置数量太多又分散，则会增加投资，造成一定程度的浪费。所以，自动售票机的放置位置及配置数量既要考虑方便入口乘客购票，也要考虑车站设备的利用率，其设置位置根据每个车站的站厅层的规模和结构，集中摆放在一个或两个区域，尽最避开直接进站上车无须购票的乘客流线和出站乘客流线。区域大小也应留有余地，以满足客流高峰时期的需要。

2) 车站用房区域

各城市地铁运营公司对城市轨道车站用房的定义不尽相同，一般来说，车站用房区域包括设备用房、运营管理用房和辅助用房等。根据客流的大小，在不影响客流集散的同时可以设置商业用房。设备、管理用房基本分设于车站两端，一端大，一端小，中间作站厅公共区。

(1) 设备用房：是安置各类设备、进行日常维修及保养设备的场所，一般分为票务维修室、通信机械室、信号机械室、环控配电室、照明配电室、低压配电室、蓄电池室、环控机房、气瓶间、污水泵房、混合风室、风机房、电缆井、屏蔽门控制室、电梯机房、变电所控制室、动力变压器室、变电所储藏室、变电所检修室、变电所整流变压、金属封闭高压开关设备室、整流器柜及直流开关柜室等。设备用房中最大的是环控机房，其中包括冷冻机房、通风机房及环控电控室。

地铁车站的环控设计基本上由五个系统组成：①车站公共区域的环控系统，主要是站厅、站台的制冷送风(包括新风)回风系统；②车站的排风(排烟)系统；③站台层列车及车道产生的热量和废气的排热、排烟系统；④车站活塞风及区间隧道发生灾变时的送风排烟系统；⑤各管理用房的小环控系统。

(2) 运营管理用房：包括站长室、会议室和公安保卫室(警务室)、车站控制室、票务室、信号值班室以及站台监视亭等，另外还包括消防疏散工作楼梯的位置、工作人员厕所的位置。

(3) 辅助用房：主要功能是为乘客办理各种有关乘车的业务，或提供与乘车相关的咨询业务。如客服中心，设置在站厅层付费区与非付费区之间，为乘客提供售票、兑零、充值及乘客事务处理。又如临时票亭，其位置的摆放，一般应根据突发客流的大小和方向来进行设置，主要是向乘客提供人工售票服务，以弥补车站售票能力的不足，如为乘客办理储值票、学生票以及老年人、儿童等优惠票业务。根据各城市的具体情况，有些城市轨道运输的票制设置比较灵活多样，有月票、季票、半年票或年票等，一般用交通卡的形式采用实名登记制。为了方便乘客办理，在某些较大的车站设有业务服务用房。同时这些服务用房也担负着为乘客提供其他交通的咨询等业务。

辅助用房的数量应结合车站的规模和业务量来具体设置，如果业务量比较大的车站，可考虑将办理特殊票务业务的服务用房和办理咨询业务的用房分开设置。票务服务用房的位置可考虑避开大部分客流，单独设置一个区域，而将咨询服务用房设置在进出站乘客流经的某个区域。这样设置的成本相对较高，包括人员成本和设备成本。如果业务量不大，则可考虑将两者混合设置在乘客方便的区域，这样可节约成本。

(4) 其他用房：包括洗手间、更衣室、休息室、备品库、垃圾间、清扫工具间等。车站站厅层一般设有公共洗手间，有条件的车站还专门设置残疾人专用洗手间。有些车站将公用电话安装在站厅层和站台层，方便乘客使用。有些车站将公用电话安装在通道一侧。根据各城市轨道交通设施状况的不同，有些城市在大中型轨道车站内设置了银行或自助银行，一般设在站厅层，为乘客提供兑零、取款、存款、转账服务。

5. 站台层的布局

站台层主要是供列车停靠、乘客候车及乘降车的区域。

1）站台的设计

按站台与轨道线路的位置关系，站台可分为：岛式站台、侧式站台和混合式站台。

(1) 岛式站台：上、下行线分布在站台的两侧。站台面积可以得到充分利用，乘客换乘方便。例如北京、上海等大多数城市轨道的中间站站台均属岛式车站。

(2) 侧式站台：站台分别设置在上、下行线两侧，乘客与乘降车互不干扰，不易乘错方向，站台横向扩展余地大。

(3) 混合式站台：既有岛式站台，又有侧式站台的混合式站台，一般多为始发／终到站，设有道岔和信号联锁等设备。

与侧式站台相比，岛式站台的站台面积可以得到充分利用，有效利用率高；管理集中；工作人员生产效率高；乘客换乘方便；车站结构紧凑；设备使用率高。但是，在明挖式施工时车站两端线路可能会产生喇叭口，运行状态差(进出站曲线)；当区间隧道双线集中布置时，横向扩展余地差；双向乘客上下车对流干扰大。侧式站台的优缺点与岛式站台方式正好互补。

2）站台设备设施的设置

站台也分为公共区和设备区，一般两端为设备区，中间为公共区。设备区也设有设备用房和一些管理用房。

公共区的功能是供乘客上、下车和候车之用，主要有站台监控亭、乘客座椅、公用电话、紧急停车按钮等设备设施。

车站站台的有效长度一般按车辆的编组长度加上车辆停靠的误差来决定，对于远期列车编组在 6 ~ 8 辆的轨道交通系统，站台长度一般在 130 ~ 180 m。

站台还设有立柱、屏蔽门或安全护栏等。

站台立柱是站房建筑的一部分，根据车站规模的大小，其设置数量也不尽相同。立柱位置设置应考虑不能占用乘客通道，尽量避免遮挡乘客或工作人员的视线，同时车站可以很好地利用立柱的表面积来完成其他功能，如悬挂宣传牌、导向标志、广告等。根据站台宽度的不同，有的车站设置双排立柱，有些车站设置单排立柱。

安全护栏或屏蔽门都是为了保证乘客在站台上乘降安全的需要而设置的。针对轨道运输车站站台高的特点，为了有效防止乘客在乘降前后从站台边缘掉入股道的事故发生，车站应设置护栏或屏蔽门。目前深圳地铁车站基本上全部装备了屏蔽门，广州地铁新线车站修建时安装了屏蔽门，旧线改造施工时车站也基本全部设有屏蔽门，北京新建 5 号线车站已全部设置屏蔽门，而上海地铁车站地面部分有些车站设置有安全护栏。

安全护栏和屏蔽门的设置应根据车站具体的情况而定。屏蔽门相对护栏造价要高，但安全程度也高，且安全效益是长远的，适合在大量地铁车站设置；同时屏蔽门还能节约车站空调能源，降低列车噪声。安全护栏虽然造价低，视线也较开阔，但存在安全隐患，适合在轻轨或地铁地面部分车站设置。由于目前国内各城市轨道交通设备大部分采用进口设备，而进口设备的来源各有不同，因此其屏蔽门和护栏设备存在一定差异。

屏蔽门的控制方式分为系统级、站台级和就地级三种。系统级控制和站台级控制都属于自动控制模式(AFC 模式)，就地级控制属于就地控制模式(PSL 模式)，也就是需要人工操作开、关屏蔽门。

不管是屏蔽门还是安全防护墙闸门，其位置设置应与列车停靠时的车厢门相对应，做到列车停靠时门对门位置准确无误，否则会对乘客的上下车造成极大的不便。

高架站一般要设置安全门。

(五) 车站通道设计

1. 车站出入口及风亭设计

1) 车站出入口

车站出入口是地面客流与城轨车站的衔接口，也是城市轨道管理辖区的分界点，车站出入口的设计应考虑与周边物业接驳，应尽量设于地面交通车站、停车场附近，以形成较佳的换乘组合；车站出入口应尽量与周围建筑物相结合，以减少用地和拆迁，可设在地面建筑物内(如商场、公寓的底层、门厅等)，也可与城市过街地道、天桥、下沉广场相结合，以方便乘客，节约投资。如果需要独立设置，如设在人行道、街心花园、绿化带中，则应与周围景观相协调(如建筑风格、色彩、位置)。当然，最重要的是能保证高峰时段客流通畅，乘客进出方便。出入口一般都设有一定数量和类别的导向标志引导乘客的出行。

车站出入口的位置一方面要考虑到地下通道的顺畅，同时又不宜过长；另一方面还要考虑到能均匀地尽量多地吸纳地面客流。此外，还应考虑防灾设计要求，出入口被称为“生命线”。为此，《地铁设计规范》规定：“车站出入口的数量，应根据客流需要与疏散要求设置，浅埋式车站不宜少于 4 个出入口。当分期修建时，初期不得少于 2 个。小站的出入口数量可酌减，但不得少于 2 个。” 如果车站设在地面交通道路的干道大型交叉口，应按照地面道路的数量来设置出入口数量。每个通道或出入口宽度不得少于 2 m；净空高不得低于 2.5 m。

出入口布置方式通常有“I”型、“T”型和“一”型，如图 1-7(a)所示。

地下车站的出入口通道还可以兼作人行过街设施，如图 1-7(b)所示。

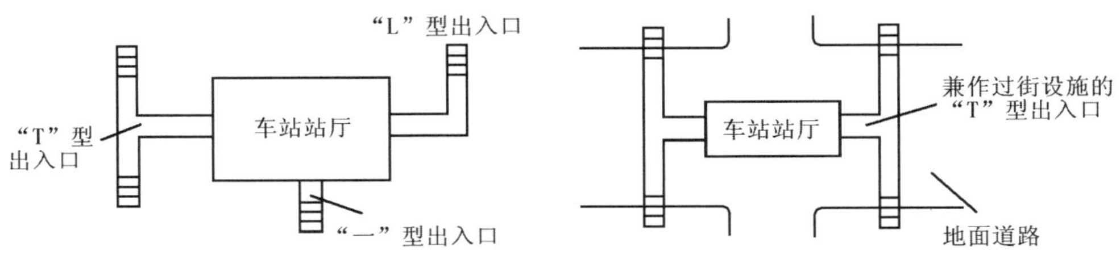

(a) 出入口布置方式示意图　　(b) 出入口兼作人行过街设施布置示意图

图 1-7　出入口布置示意图

单独设置的车站出入口的位置一般选在城市道路两侧、交叉口及有大量人流的广场附近。其位置应符合当地城市规划部门的规划要求，一般设在建筑红线以内，不应妨碍行人通行。此外，还要考虑城市人流流向来设置出入口，不宜设在城市人流的主要集散处，以免发生堵塞，且应设在较明显的位置，便于识别。车站出入口和地面通风亭不应设在易燃、易爆、有污染源并挥发有害物质的建筑物附近，与上述建筑物之间的防火安全距离应符合有关规范的规定。

如果地铁车站设在地面街道十字路口下方，地铁出入口应分别设在十字路口的四个角；如果是两条以上道路交叉口下方，为了避免乘客和行人横穿马路，一般应在各个角都设置出入口，如香港地铁的车站出入口最多可达十几个。如果车站位置在社区附近，则车站出入口位置应尽量靠近社区出入口，以最大限度地方便居民乘车。如果车站设在大型购物休闲地带，则车站出入口应设在与购物休闲出入口最近的地点，或者可直接设在购物中心的一楼或地下一层，这样极大地方便乘客，减少地面露天走行距离。

另外，车站出入口还应设置无障碍通道，以方便残疾人和年老体弱及幼儿等特殊人群使用。

总之，车站出入口是车站的门户，是客流集疏的第一通道，除了功能设计需要科学先进外，还需要具备美观大方等艺术特点；既充分考虑乘客方便，也要融入城市或地区的人文特色风貌，具有鲜明的标志，这样对缓解乘客的紧张情绪也起到一定的作用。

2）车站风亭

风亭、风道的面积取决于当地的气候条件、环控通风方式和车站的客流量，应由环控专业人士来计算确定。地面风亭可以与地面开放建筑物融为一体。在城市街区中，风亭应独立设置，其形体设计应结合城市建筑风格及绿化，使之相融合和协调一致。

2. 通道设备设置

乘客从车站出入口到站厅层或从站厅层到站台层需要通过一定的通道，通道是联系城轨车站出入口和站厅层的纽带。不管是地下车站还是地上车站，一般从立体结构上分为三层或两层，大型换乘枢纽站分层更多，所以每层之间的联系纽带即通道的设计也直接影响到站内乘客流线的组织。通道的设计应以乘客流动的路线为主要考虑依据，应遵循两个原则：① 尽量减少进出站乘客流线的交叉；② 最大限度地缩短乘客从出入口到站台的走行距离。

出入口和通道的宽度在设计时应根据远期客流确定，每米净宽的通过能力一般为：① 单向通行，每小时通过人数为 5 000 人；② 双向通行，每小时通过人数为 4 000 人。

通道主要由楼梯、电梯和楼梯升降机与自动人行道等构成。

由于地下或高架车站一般由地下两、三层或地上两、三层组成，因此各层之间都设有楼梯、自动扶梯或垂直电梯，以方便不同需要的乘客进、出车站和乘车。

1）楼梯

有些车站从出入口到立体一层的通道为步行楼梯，进站客流和出站客流混用，没有严格划分区域，这样当客流较大时就容易产生进出站客流对流的情形，对客流组织不利。有些车站既有步行楼梯也有自动扶梯，自动扶梯有效地将进出站客流分开，避免对流或拥挤。在人流量大的车站，一般步行楼梯中央都会设置栏杆，有效地将进出站客流引导分开，例如北京西直门地铁站出入口，人流疏解护栏一直延伸到地面街道数十米。

车站立体一层到立体二层之间的通道应按照进出站客流流线设计，严格分流，以免客流过量或产生紧急情况时进出站客流因对流而产生事故，因而对闸机的状态设置以及导向标志都应配合通道的设计。

通道坡度的设计也很重要。坡度大很容易造成乘客的疲劳感和不安全感；坡度太小会增加车站占地面积和施工的工程量。因此应科学的设计坡度，当通道台阶数量多时，应在不同段设置缓解平台，同时应尽量减少工程量和占地面积。

楼梯一般采取 26° ~ 34°倾角，其宽度：单向通行不小于 1.8 m，双向通行不小于 2.4 m。当宽度大于 3.6 m 时，应设置中间扶手，且每个梯段不宜超过 18 步。

楼梯在车站发生紧急情况时，主要用于车站向外疏散乘客，所以车站楼梯平时应保持畅通，任何物品不得堆放在楼梯处，任何人员不得滞留在楼梯处。

在条件许可的情况下，比如高差较小、施工条件良好，可用坡道替代楼梯来连接地下站台与中间站台、中间站厅与地面出入口，坡道长度应以乘客走行时间能够承受为限，如考虑是设在地下的坡道，应取较小的值(一般不应超过 200 m)。为防止滑倒，坡道地面必须有防滑措施。坡道照明十分重要，两侧墙体可用广告灯箱或装饰面布置，营造出安全可靠和温馨的环境，以减少乘客穿越地下坡道时产生的疲劳感和烦躁情绪。

2）电梯

车站内的电梯是垂直电梯、倾斜方向运行的自动扶梯、倾斜或水平方向运行的自动挪动人行道的总称。地铁电梯系统的设计应遵循如下标准：

(1) 自动扶梯。每座车站至少有一个出入通道设置自动扶梯。当通道提升超过 7.2 m 时，宜设上行自动扶梯；提升高度超过 10 m 时，宜设上下行自动扶梯；车站客流量不大且通道高差小于 5 m，可用楼梯代替下行自动扶梯。自动扶梯一般采取 30° 左右倾角，两台相对布置的自动扶梯工作点间距应不小于 16 m；扶梯工作点至前面影响通行的障碍物间距不得小于 8 m；扶梯与楼梯相对布置时，自动扶梯工作点至楼梯第一级踏步的间距不得小于 12 m。

车站出入口若不受提升高度的限制，应设置上下行自动扶梯。站厅层与站台层之间一般宜设上下行自动扶梯。

一般在自动扶梯的右下侧设有“紧急停止按钮”(高差较大的自动扶梯，在其中部也设有“紧急停止按钮”)，一旦自动扶梯在运行中发生乘客失足摔倒或其他紧急情况时，应立即按下“紧急停止按钮”，使自动扶梯停止运行，并采取相应的救护措施。当发生火灾时，车站的自动扶梯必须停止运行，作为固定楼梯来疏散乘客。

按照《城市快速轨道交通工程项目建设标准》，自动扶梯和步行梯的设置标准如表 1-1 所示。

表 1-1　自动扶梯和步行梯的设置标准

提升高度 H/m	上　行	下　行	备　用
$H \leqslant 6$	步行梯 Δ	步行梯	
$6 < H \leqslant 12$	自动扶梯	步行梯 Δ	
$12 < H \leqslant 19$	自动扶梯	自动扶梯	步行梯 Δ
$H > 19$	自动扶梯	自动扶梯	自动扶梯

注：1. H 分别指站台至站厅或站厅至地面的高度。无站厅时，指站台至地面的高度。
2. “Δ”表示在重要车站或主要楼梯口也可设置自动扶梯。

(2) 垂直电梯。车站垂直电梯设置在出入口、站厅层和站台层，一般是给有需要的人士使用，如伤残人士和携带大件行李的乘客或其他有特殊情况的人员。

垂直电梯平台必须离路面 150～450 cm；为方便轮椅使用者，应设置斜坡；采用玻璃外墙增加站内透明度，各层电梯门宜安排在相反方向。

3）楼梯升降机与自动人行道

(1) 楼梯升降机是安装在车站站台至站厅和地面至站厅步行楼梯一侧，提供给坐轮椅的乘客上下楼梯使用的设备。楼梯升降机弥补了车站现有垂直电梯不能到达地面的不足。楼梯升降机能沿着楼梯连续作上升、水平和 90° 转角运行，运行倾角不大于 35°。车站出入口的楼梯升降机是室外型，能在全天候条件下工作。车站内楼梯升降机是室内型，按室内条件设计。楼梯升降机能适应城市轨道交通每年工作 365 天、每天工作 20 小时的工作要求。

(2) 自动人行道是一种带有循环运行的(板式或胶带式)走道、用于水平或倾斜角不大于 12°

输送乘客的固定电力驱动设备，具有能连续工作、运输量大、水平运输距离长的特点。在城市轨道交通客流量比较大的换乘站的换乘通道中，往往会安装自动人行道来迅速疏散乘客。

地铁车站一般为浅埋或高架，一般地面站把站厅和站台分层而设，以达到用地最省的目的，故需布置大量的楼梯和自动扶梯。每米净宽的楼梯/自动扶梯的通过能力一般如表 1-2 所示。

表 1-2 每米净宽的楼梯/自动扶梯的通过能力

楼梯或扶梯	通行方式	每小时通过人数
楼梯(每米净宽)	单向向上通行	4 200
	单向向下通行	3 700
	双向混行	3 200
自动扶梯		8 100
自动人行道		9 600

4）换乘通道的设置方法

(1) 直接垂直换乘方式(见图 1-8)。

直接垂直换乘方式的优点是换乘距离短、方便，其不足之处在于站台宽度必须保证可以设置垂直换乘梯道，且能满足上下换乘客流的集疏。即使如此，站台上也呈现比较杂乱的现象，而且不易管理、检票，所以，一般只适合于换乘量较小的车站。

(2) 利用中间联合站厅换乘方式(见图 1-9)。

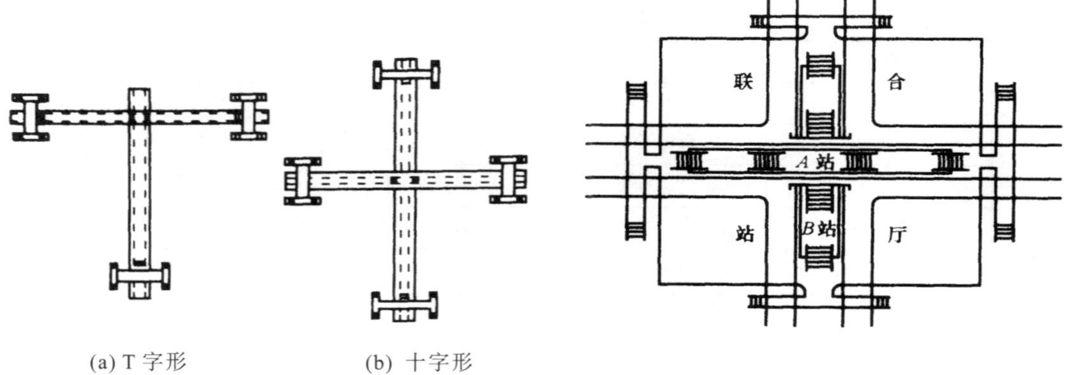

(a) T 字形 (b) 十字形

图 1-8 直接垂直换乘方式示意图

图 1-9 利用中间联合站厅组织换乘示意图

利用两个车站共用的中间联合站组织换乘，可以保证站台层的客流压力下降，同时能妥善完成客流集散、售/检票等换乘过程。但因联合中间站厅与两个车站的站台不在一个平面，乘客进出中间站厅的垂直距离加大，需要较强的升降设备配套。又因联合中间站厅需承担两个车站的客流集疏、售/检票、服务等作业，因此，需要的空间较大，导致地下工程量变大，造价可能会增加。

(3) 平面换乘(见图 1-10)。

平面换乘是将互相交叉、不在同一平面的两条轨道交通线路通过坡道曲线的处理，构成互相平行的同一平面的换乘方式。

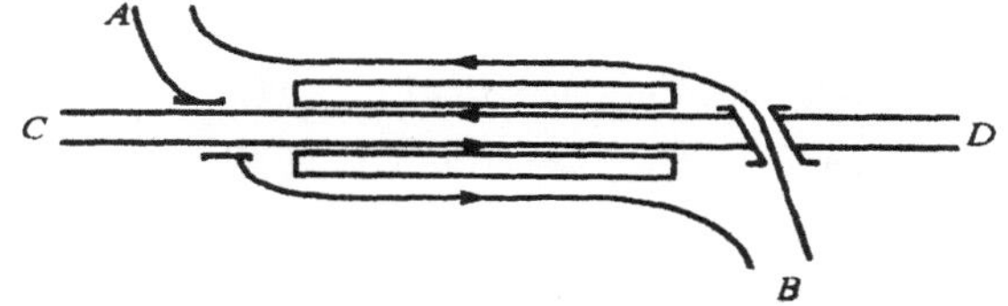

图 1-10 平面换乘示意图

平面换乘对于某两个方向(如图中 $A\leftrightarrow D$、$B\leftrightarrow C$)的换乘乘客来说，实现了同一站台换乘，非常方便。对于另两个方向(如图中 $A\leftrightarrow C$、$B\leftrightarrow D$)的换乘乘客来说，仍需进入中间站厅完成换乘。相对而言，为此而形成的线路曲线与坡道则大大地提高了工程造价和施工难度(因为在地下)，增加了列车运行的不良因素(有反向曲线、上下坡道)。因此，除非某两个方向的换乘比例相当高(如图中 $A\leftrightarrow D$、$B\leftrightarrow C$ 换乘占绝对多数)、其他条件也许可的情况下，方可权衡得失慎重选用。

3. 车站无障碍通道设计

无障碍通道设计要突出“以人为本”，针对地铁车站设置的位置不同，可采取三种不同的设计方法：

(1) 车站位于道路地面以下，出入口位于道路的两侧，残疾人乘坐的轮椅挂在楼梯旁设置的轮椅升降台下到站厅层，然后再经设置于站厅的垂直升降梯下达到站台；为盲人设置盲道，从电梯门口铺设盲道通至车厢门口。

(2) 车站建于街坊内的地下，车站的垂直升降梯可直接升至地面。

(3) 要求盲道的铺设必须连贯，在站台层，上行和下行两个方向都需要铺设，但一般只需自站台中心处的车厢门设至垂直升降梯门口。

(六) 车站防灾设计

1. 人防设计

在车站的人防设计中，应结合六级抗力等级设防，“平、战结合”；将一个车站加一个区间隧道作为一个防护单元，相邻防护单元设置一道防护隔断门；在出入口密闭通道两端设置活式门槛防护密闭门、密闭门各一道；每个车站还要设置不少于两个人防连通道，连通口净宽不小于 1.5 m。在附近没有人防工程或暂不知设施的情况下，人防连通口做完，通道预留出接口；风口在进排风口及活塞风口采用一道防护密闭门的设置；内部装修应考虑防震抗震要求。

2. 消防设计

车站内划分防火分区，中间公共区(售/检票区或站台)为一个防火分区，设备用房区各为一个防火分区。有物业开发区的车站，物业开发区为独立的防火分区。每个防火分区内设两个独立的、可直达地面的疏散通道。所有的装修材料均按一级防火要求选用。

车站内火灾监控与报警设备包括：

(1) 火灾传感器。用于对站内设备用房、站厅、站台旅客公共区等进行火灾自动探测。

(2) 手动报警器。在站内旅客公共区、设备用房区域及列车上安置手动报警器，以便及时通报火灾情况。

(3) 感温电缆。用于对站台层变电所下的电缆夹层实施火灾自动探测报警。

(4) 紧急电话插孔。在站内旅客的公共区以及设备用房区域设置的消火栓箱上，配置紧急电话插孔，对于区间隧道以及站内轨道外侧所设的消火栓箱，也应设紧急电话插孔。

(5) 干粉灭火系统。干粉灭火系统具有灭火历时短、效率高、绝缘好、灭火后损失小、不怕冻、不用水、可长期储存等特点。灭火器轻便灵活，使用广泛，对扑灭初期火灾具有显著效果。

(6) 灭火系统的选择。应针对地铁不同部位的环境条件、器材安装、设备特点等要求，选择相应的灭火系统和器材。在车站公共区，要以灭火栓系统为主，将整个车站覆盖在消火栓的保护范围下。在车站的设备房，由于仪器众多，设备复杂，在此类相对封闭的区域要以气体灭火系统为主。自动喷水系统在公共区的作用不是很显著，甚至会造成地滑影响人群疏散的速度，因此在车站的公共区可不设自动喷水灭火系统。在区间隧道中要沿线布设消火栓灭火系统，条件允许时可在区间隧道中加装移动式灭火系统。移动式灭火系统宜采用泡沫灭火器。

3. 防洪涝设计

地面站应考虑防洪要求，车站防洪涝设计应按有关防洪涝设计要求执行，。

(七) 照明与低压配电系统设置

照明与低压配电系统称为低压动力照明配电系统。系统包含两个子系统，即照明系统和低压配电系统。

1. 照明系统

地铁车站的地下地域特征及地铁运营性质决定了地铁内照明种类的多样化，进而决定了照明配电回路的数量不亚于动力用电回路。

照明系统按属性分，有应急照明、节电照明、标志照明、出入口照明、一般照明、广告照明、事故照明等若干种。

一般照明是地铁车站地道、站厅、站台内设置灯具最多的一种照明。这种照明用来保证乘客在地铁车站里能安全地候车和上下车。

应急照明是正常照明以外的一种备用照明。这种应急照明装置是一种新颖的照明灯具，其内装有小型密闭蓄电池、充放电转换装置、逆变器和光源等部件。

地铁车站内还有许多运营设备用房，例如变电所、环控机房、通风机房、消防机房、通信机械室等。这些用房内除了正常照明外，也必须设置事故照明，保证在正常电源失电的情况下，工作人员能继续监视设备的运行和进行必要的技术处理。

地铁车站是一个比较大的公共场所，上下通道及进出口处较多，需设诱导灯指示方向，特别是在紧急情况下，更显其重要性。

照明系统按区域划分，有出入口照明、公共区照明、区间隧道照明以及电缆廊道照明。

1) 照明系统设计的原则

(1) 避免让出入地铁的人员感受过大的亮度差别。

(2) 保障停留在地铁内人员的安全和感觉的舒适。

(3) 光源的光色和灯具的安装位置都不能导致与信号图像相混淆。

2) 照明系统的设计要求

(1) 照明方式：按照视觉工作程度、照度、显色性、配光及布置方法等因素选择。

(2) 照明光源：按照发光的机理等因素选择照度标准。

(3) 灯具布置应使照度充足均匀，光线射向适当，无眩光，无阴影；灯泡安装容量小，布置整齐美观，与建筑空间相协调。

(4) 维修方便、安全。

2. 低压配电系统

低压配电系统是直接向城市轨道交通中的低压用电设备提供电能，并且监控通风空调、给排水设备和照明设备运行状态的电气设备。地铁的独立性决定了低压配电系统的复杂性。车站内低压用电设备数量大、类型多，负责范围广，系统设计要考虑的因素比较复杂，如电线电缆的选择、配电结构的考虑等。

(八) 紧急疏散设计

在车站紧急疏散设计中，车站内所有步行楼梯、自动扶梯和出入口宽度应分别能满足远期高峰每小时设计客流量。在紧急情况下，能在 6 分钟内将一列车满载的乘客和站台上候车的乘客(上车设计客流)及工作人员疏散到安全地区，此时车站内所有自动扶梯、楼梯均作上行，其通过能力按正常情况下的 90% 计算。垂直电梯不计入疏散能力范围内。车站设备用房区内的步行楼梯在紧急情况下也应作为乘客紧急疏散通道，并纳入紧急疏散能力范围内。车站通道、出入口处及附近区域，不得设置和堆放任何有碍客流疏散的设备及物品，以保证疏散的通畅性。

(九) 给排水系统设计

城市轨道交通给排水系统是为轨道交通运营提供所需的生产、生活、消防用水；排除生产、生活污废水和结构渗漏水、事故消防水及雨水等，以保证城市轨道交通线路可靠运行的要求。

1. 给水系统

城市轨道交通车站的给水系统采用城市自来水作为供水水源，在车站两端的风亭处，分别用两条进水管将城市自来水引进车站，两条给水引入管互为备用。给水系统主要分为生产、生活用水和消防用水。生活用水在车站主要有厕所、茶浴室、盥洗室等用水；生产用水主要有空调冷却系统的循环冷却水及补充水，站厅层、站台层和出入口通道等处的地面清洗冲洗水；消防用水主要有消火栓用水系统。

生产、生活用水系统主要由水源(城市自来水)、水池、水泵、水塔(水箱)、气压罐、管道、阀门、水龙头等组成。消防给水系统由水源(城市自来水)、消防地栓、水泵结合器、消防水泵、管道、阀门、消火栓(喷头)、水流指示器等组成。

2. 排水系统

车站、区间的污水、废水及雨水均应就近排入市政排水系统，污水应按规定达标后排放。地下车站及地下区间应设置废水泵房、污水泵房和雨水泵房。废水系统包括消防废水、地面冲洗废水、事故排水、结构渗漏水等，这些废水均通过线路排水沟汇流集中到线路区段坡度最低点处的废水泵站集水池内。污水系统主要指车站内卫生间生活污水。在折返线车辆检修坑端部、出入口和局部自流排水有困难的场合需设置局部排水泵房，在地铁洞口及敞开出入口处应设雨水泵房。

(十) 其他设备设计

1. 冷却塔

大部分车站需要设置冷却塔。冷却塔是主要为中央空调提供散热的设备。冷却塔原则上按车站“一端布置，每站一组”设置。

2. 商业设备

车站内的商业设备包括一些商铺、自助银行、公共洗手间、自动售货机、公用电话等便民设备设施。

3. 对讲器

对讲器安装于售票问讯处和车站控制室的玻璃窗前，当乘客有需要帮忙时，可以及时与地铁车站工作人员对话联系。

【任务实施】

分小组完成以下任务：

1. 设计一个地铁或轻轨的站厅、站台布置示意图。中间站或端点站均可。客流大小自定。站厅设备包括：必选(自动售票机、自动充值机、验票机、进出站闸机、票亭)、可选(商铺、自助银行、洗手间、自动售货机、公用电话)；站台设备包括：站台和轨道线路的位置关系(侧式、岛式、混合式)、管理用房等。

2. 上述任务完成后，进行小组自评和互评，最后教师讲评，取长补短，开拓完善知识内容。

项目二

城市轨道交通车站设施设备

【知识目标】

1. 了解自动售/检票设备的布置要求；
2. 掌握各类信息标识的设置原则；
3. 了解 PIS 系统的结构、功能、布置位置，并掌握信息发布的内容和优先级；
4. 掌握客运广播相关规定；
5. 熟悉客车编组及选型原则，了解列车内设备设施种类；
6. 熟悉屏蔽门的类型、组成，掌握其运行模式；
7. 掌握环控系统运行模式。

【能力目标】

1. 能根据车站规模大小，合理布置自动售/检票设备、信息标识、PIS 系统；
2. 能为客运广播确定发布时机及频率；
3. 能根据给定的远期预测客流量，确定客车的编组及选型；
4. 能处理简单的屏蔽门故障；
5. 能根据给定场景确定环控系统运行模式。

【项目导入】

项目学习引导书

轨道交通作为快速的大容量交通体系，在现代化的城市公共交通中起着相当重要的作用。轨道交通的客流服务功能首先是通过车站实现的，轨道车站是城轨系统服务功能的主要执行设施，是城市轨道交通线网中的重要节点。就运输企业内部而言，车站不仅是线路上供列车到、发及折返的分界点，而且也是客运部门办理客运业务和进行运输生产的基地；就运输企业外部而言，车站是乘客旅行的起始、终到以及换乘的地点，是运输企业与服务对象的主要联系环节，是乘客集散的唯一途径，所以，在轨道交通运输过程中，车站起着极其重要的作用，在路网中占有极其重要的地位。

为了保证轨道交通安全高效地运行，车站内部需要安置数量较多的设施设备。其服务于乘客的设备设施主要有导向系统、广播系统、售/检票系统、照明系统、火灾防护系统、车站站台屏蔽门系统、车站通风与噪声控制系统、车站空调系统。城轨客运组织的根本任务就是通过合理布置城轨车站内的相关设施、设备以及对客流采取有效的分流、引导措施来完成其大运量的客运任务。

任务一　自动售/检票设备

【任务描述】

轨道交通逐渐成为承载城市客运的主干交通体系，其单项交易金额虽小，但总交易金额巨大。为方便售票、检票与票务数据统计，目前绝大部分车站均设有自动售/检票设备，它有效提高了票务系统的管理水平和效益。自动售/检票设备的位置对于优化乘客流线、合理组织客流、提高车站通过能力等均具有重要的意义。

本任务主要介绍了自动售/检票设备，并对其数量和位置的设置进行了描述。通过本任务的学习，能够根据给定车站列车设备设施的布置状况，设计自动售/检票设备的数量和位置。

【知识准备】

地铁站的选址、规模在规划建设时已经确定，一般不能再改变；出入口及通道宽度、站厅及站台的规模一般也在建设时根据预测客流量确定。在运营管理中如何正确设置售/检票设备的位置、合理布置付费区、进行合理的客流导向对客流组织起着重要的作用。在布置城轨车站设备时，一般要以保证运营时最大客流量的畅通为原则，同时也要考虑车站人员方便对设备的稽查管理，因此，售/检票设备一般应按以下要求进行布置：

(1) 售/检票设备位置与出入口、楼梯应保持一定距离，一般不设置在出入口、通道内，要尽量保证出入口和楼梯的畅通。当车站出现大客流时，售/检票设备前排长队也不致堵塞出入口和楼梯的客流流动。

(2) 售/检票设备前的空间应保持宽敞。售/检票设备一般选择站厅内相对宽敞的位置设置，以便于售/检票位置前客流的疏导，至少要保证 10 人排队时也不阻塞客流流动。同时，售/检票设备之间也应保持一定距离，避免排队时拥挤。

(3) 售/检票设备应根据出入口数量尽量集中布置。地铁车站一般有多个出入口，为了减少乘客进入车站后的走行距离，一般设置多处售/检票设备，但过多设置容易造成设备使用不均衡，降低设备使用率，同时每台设备需要维护，需要每日更换钱箱票筒、结账，运营管理成本不小，因而应根据车站客流的大小相对集中布置。

(4) 设置售/检票设备时，要考虑尽量避免客流的交叉对流。客流的交叉对流减缓了乘客出行的速度，容易造成局部秩序混乱，非常不利于车站客流组织。如实在不能避免时，车站在运作中也要对交叉客流尽量进行分流，增加引导人员并增加乘客走行距离。

较理想的售/检票设备布置如图 2-1 所示。

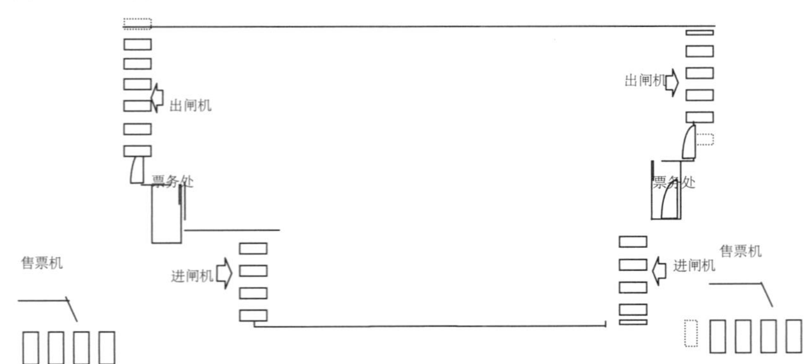

图 2-1　较理想的售/检票设备布置示意图

边门、出闸机最靠近票亭，便于票亭岗对出站乘客进行引导、监督和稽查以及对设备进行监视和管理，TVM 布置靠近进闸机组，可以减少乘客在车站购票进闸的走行距离，同时 TVM 也邻近站厅两端的出入口。

【任务实施】

根据给定车站列车设备设施的布置状况，设计自动售/检票设备的数量和位置。分小组完成以下任务：

1. 根据所学知识，结合给定车站列车设备设施的布置状况，设计自动售票机的数量，并注明自动售票机的位置。

2. 根据所学知识，结合给定车站列车设备设施的布置状况，设计进、出站闸机的数量，并注明进、出站闸机的位置。

3. 上述任务完成后，进行小组自评和互评，最后教师讲评，取长补短，开拓完善知识内容。

任务二 车站、列车信息

【任务描述】

在城市轨道交通车站设计中，车站、列车信息揭示标识的设置是非常重要的部分。对于持单程票的乘客，大部分对乘车城市的轨道交通线路及车站分布情况并不了解，而信息的揭示能够使路网布局、首末班车、购票须知等以简单明了的形式呈现在乘客眼前；即便对于持一卡通的乘客，其乘车站及目的地站也不是一成不变的，地下车站空间缺少判别方向的外部参照物，一旦到达陌生车站，便不易选择合适出口，此时只能依靠导向标识引导走行路线。因此，要求车站、列车的信息揭示及信息标识标准规范、准确无误、易于获取。

本任务主要介绍了车站、列车信息揭示，信息标识分类和导向标识系统。通过本任务的学习，能够根据给定车站列车设备设施的布置状况，设计信息揭示、信息标识。

【知识准备】

一、车站、列车信息揭示

城市轨道交通系统车站、列车信息揭示主要是为了更好地与乘客进行信息沟通，地铁运营公司应尽可能多地把乘客应该了解的信息用文字、图形、图表或视频等形式进行及时揭示。车站、列车信息大致可以分为以下几种：

(1) 乘车相关业务须知。这类信息揭示的内容主要包括：地铁线路图中涉及本站所在的线路图示，站台上列车运行方向，自本站至办理直达运输的各站间的票价表，乘客安全须知，购票须知等。

(2) 安全信息揭示。这类信息揭示的内容主要包括：禁止乘客携带危险品的文字提示，常见危险品的性状图示，在车站内容易发生人身安全事故的地方张贴有关提示信息标志，车站安全疏散标志，突发紧急情况下的疏散流程揭示等。

二、信息标识

自乘客从街道至出入口，从出入口进入车站，办理一切旅行手续，然后乘车至目的站出站，乘客完成的这一乘车全过程中都需要信息标识的帮助，因此，好的信息标识会起到很好的客流组织的作用。

(一) 信息标识分类

信息标识分为线路及车站识别标识、导向标识、信息图、说明性标识、警告性标志。

1. 线路及车站识别标识

1) 线路识别标识

为了提高乘客对行车方向所在路线的识别性，应以不同的颜色代表不同的路线。这些颜色作为车站站名识别标识的背景色以及沿线车站装修的主要强调色彩，可以加强乘客对所在路线的印象。

2) 车站识别标识

设置车站识别标识的目的主要是使乘客能够在出入口及搭乘列车至目的站时均可以识别所到达的车站，可以加强乘客的心理安全感。

2. 导向标识

导向标识主要是提供乘车(往月台方向、车行方向)、出站(往出口方向)、换乘及无障碍路径、紧急逃生等主要路线及相关设施的引导。导向标识需配合站内旅客行动路线的规划设计。其设置形式可分为标识灯箱、独立式标识、贴纸式标识等。例如，图 2-2 所示是楼梯乘车导向及线路乘车导向标志。

图 2-2 楼梯乘车导向及线路乘车导向标志

3. 信息图

信息图能够提供详细的辅助信息，轨道交通系统的信息图主要有轨道交通系统路网图、车站位置图、车站信息图、单一路线图、票价图、出口信息图等，其配置位置应根据信息图服务的内容和性质，配合进出站的路线设置。例如，图 2-3 所示为出口标志。

图 2-3 出口标志

4. 说明性标识

这类标识是说明各设备空间的使用性质及方法，其种类如下：

(1) 空间或区域的说明：如治安室、洗手间、询问处标识、房间门牌、夜间候车区使用说明等。例如，图 2-4 所示为警务室标志，图 2-5 所示为卫生间导向标志。

图 2-4 警务室标志

图 2-5 卫生间导向标志

(2) 车站内各固定设施装备的标识及说明：如公用电话、消防栓的标识、紧急停车按钮的使用说明等。例如，图 2-6 所示为公用电话标志。

(3) 车站内各机电设施的标识及说明：如无障碍专用闸门的标识、电梯的使用对象标识、自动售票机的使用流程等。例如，图 2-7 所示为电梯导向标志。

图 2-6 公用电话标志

图 2-7 电梯导向标志

(4) 车厢内固定设施的说明标识：专用座位(如老幼残孕专用座)，轮椅专用停靠区、灭火器、紧急通话器等标识。

5. 警告性标志

警告性标志是禁止或警告乘客行为的标志，如车站内禁烟禁食标志、自动扶梯的使用注意事项以及“小心月台间隙”、“禁止进入”、“高压电危险”等警告标志。另外，根据轨道交通运营需求，还有部分惩罚性的警告标志。例如，图 2-8 所示为安全警告标志。

图 2-8 安全警告标志

(二) 导向标识系统

1. 导向标识系统的定义

导向标识系统是指引导乘客安全、便捷地进站、购票、乘车、出站和换乘等行为而连贯设置于城轨站外、站内和列车上的一系列标识的总称，包括在紧急情况下进行客流疏散所设的紧急疏散标识。

导向标识系统的设计总则：反映地铁公司形象、系统化和标准化、客流线路、使用者、优先地位、保养及运作。

标识设计包括色彩设计、文字设计、图形设计、形状设计、平面布置、组合设计。在色彩设计中采用了地铁标志色；文字设计除地名外，需要使用双语标识，汉字用简体，词句、简称要求标准规范；图形设计中尽量采用国际惯用符号；形状设计的标识，其几何形状主要有矩形、圆形、等边三角形。标识系统的设计中，组合标识的设置条件包含同一位置的信息、同一时间的信息、连续内容的信息以及互补信息。标识系统的设置方式包括附着、悬挂、悬臂、柱式、摆放式、站立式。

2. 导向标识的分类

1) 按用途分类

(1) 引导性导向标识。这是指引乘客进站、乘车、出站以及换乘最为主要的一种导向标识，其作用就是要清晰、准确地将乘客从起始点引导至目的地。标识主要显示的是去目的地的方向，但也包括一些站域周边的公共建筑物、车站公共设施等辅助信息，以便让乘客更加快速、准确地选择其走行的路线。

(2) 定位性导向标识。这类标识是对一些停顿点位置的说明和确认，以便乘客能准确、清楚地知晓当前所处的方向和位置。如出入口、售票点、设备用房门牌标识等。

(3) 其他标识，如安全警示标识、公共告示标识和温馨提示标识等。

2) 按材质分类

(1) 通电发光导向标识。引导性导向标识通常采用通电发光式，悬挂在天花板下，外接电源发光。如各出入口方向、乘车导向标识和闸机上方状态指示标识等。

(2) 蓄能或蓄电发光导向标识。主要用于疏散导向标识，通过平时蓄能或蓄电，在没有照明时能自动或主动发光，引导乘客紧急疏散到站外。

(3) 不发光导向标识。主要指一些地面信息、安全警示、公共告示和温馨提示等标识。

3) 按引导的目的分类

(1) 进站导向标识。这是将乘客从地面经由出入口、通道、站厅非付费区、进站检票口、楼扶梯、站台引导至所乘目的列车的导向标识。主要包括：站外路引(沿城轨方向 500 m 范围内连续设置)、车站站名、站内乘车导向(按 20 ~ 30 m 距离连续设置)、售票导向及定位、检票口定位、乘车导向、行车方向导向等标识。

(2) 出站导向标识。这是将乘客从城轨列车引导至目的地车站，经由站台、楼/扶梯、出站检票口、站厅非付费区、通道、出入口直至地面的导向标识。主要包括：楼/扶梯导向、出口导向、换乘导向、地面信息、出口导向(按 20 ~ 30 m 连续设置)等标识。

(3) 换乘导向标识。这是将乘客从某线路的站台引导至另一条线路的站台，经由站台、楼/扶梯、站厅付费区、楼/扶梯至另一站台的导向标识。主要包括：楼/扶梯导向、换乘方向、乘车导向等标识。

(4) 疏散导向标识。这类标识一般设在自站台设备区和公共区至车站出入口。在天花板或站房房顶下方或沿地面和墙壁连续设置(包括在隧道墙壁上连续设置引导往车站方向的疏散标识)，引导乘客在紧急情况下迅速疏散。一般采用蓄能或蓄电发光导向标识。

【任务实施】

根据给定车站列车设备设施的布置状况，设计信息揭示、信息标识。分小组完成以下任务：

1. 根据所学知识，结合给定车站列车设备设施的布置状况，设计信息揭示内容，并注明信息揭示的位置。

2. 根据所学知识，结合给定车站列车设备设施的布置状况，设计信息标识内容，并注明信息标识的位置。

3. 上述任务完成后，进行小组自评和互评，最后教师讲评，取长补短，开拓完善知识内容。

任务三 车站综合信息服务

【任务描述】

除了任务二中提到的信息揭示、信息标识等静态服务外，城市轨道交通系统还需为乘客提供动态的、更易调动人类感官的综合信息服务，主要包含三个子系统。其中，乘客信息子系统可设在站外、站厅和站台，为乘客提供动态的列车运营信息、客流控制信息、突发事件信息，并可为候车乘客播放企业文化宣传片或电视节目等，有效引导乘客乘车并缓解候车焦虑情绪；广播子系统则以精炼、易懂为原则，以提示乘客为目的，分首末班车、平峰期、高峰期、突发事件情况播放不同类型信息,且站内不同位置播放的信息针对该处乘客需求特征可以是不同的；时钟子系统可以向整个路网输出统一时间，为保证列车准点运行提供平台，为旅客提供更为精准、高效的服务。

本任务主要介绍了乘客信息服务内容和方式、PIS 的组成、乘客信息发布的优先级规则、客运广播的分类、客运广播的使用规定、列车客运广播和时钟子系统等。通过本任务的学习，能够根据给定的模拟情景，设计乘客信息系统的内容和方式。

【知识准备】

车站综合信息服务是利用网络技术、多媒体传输、显示技术，在指定时间，在车站将指定信息显示给指定乘客人群。

乘客需求信息的原因是：正常健康者在面对相同相似的空间和设施时易发生错误，需要明确标记信息；外地乘客和外国乘客对该城市交通不熟悉，需要尽可能详细的信息；乘客在黑暗中辨别导向标识困难，有趋光性，需要有能发光的标识；幼小儿童对生僻字、简化字、非口语语言不易理解，对鲜艳色彩和易辨图形标记敏感，需要卡通类提示标识；老年人、拐杖使用者和听觉障碍者对声音诱导听不到或反应迟钝，对位置需要反复求证和确认；轮椅使用者的视点较低且恒定，特殊设施应予以标识；视觉障碍者对面积过大的导向标识不便掌握理解，需要针对性标识。

一、乘客信息系统

乘客信息系统(Passenger Information System 简称 PIS)是运用网络技术与多媒体技术进行信息多样化显示的系统。它通过控制中心、广告编辑中心、车站控制等系统，对所需的信息实施编辑、制作、传递，并通过车站或列车上等离子或液晶显示器，为地铁乘客及地铁员工提供以运营信息为主、商业广告为辅的多媒体综合信息显示。在正常情况下，播放实时列车运营信息、出行信息、政府公告、公益广告等多媒体资讯；在火灾等紧急情况下，可迅速直观、优先播放紧急疏散和防灾等文本和图像信息，以便告知和引导乘客，起到辅助防灾、救灾作用。此外，乘客还可以通过触摸屏自行查询气象信息和换乘信息。

(一) 信息服务的内容和方式

针对不同乘客群体对信息的不同需求，地铁运营公司就需要有针对性地提供相应的信息服务内容和方式。

1. PIS 发布的信息种类

一般将 PIS 发布的信息分为文本信息和多媒体信息。其中文本信息包括常规信息、即时信息和紧急信息。多媒体信息包括图像、影音等信息。PIS 发布的信息包括：(1) 乘客引导信息、乘车须知等信息。(2) 即时显示列车到达和离开的时间。(3) 重要通知和突发事件的通知。(4) 各种广告信息和便民信息。(5) 转播电视节目。(6) 时钟信息。(7) 其他内容。

2. PIS 的终端设备

乘客信息系统终端设备包括 PDP 屏、LED 显示屏、LCD 显示屏、高清电视、触摸式查询机等。

PDP 屏是一种等离子显示器，能够达到真正的纯平面，具有较好的环境适应性，体积小，重量轻，无 X 射线辐射。此外，PDP 屏还具有高亮度、大视角、全彩色、高对比度，便于在公共场所安装等特点。

LED 显示屏是采用单元模块化结构按阵列排列组成的显示屏幕，屏体大小可按 PIS 系统要求灵活拼制。LED 显示屏的特点是具有全彩色、双基色等不同颜色模式，能够按照乘客的需求及视觉模式效果设置在不同地点，工作稳定，寿命长，功耗低，高清晰度，色彩鲜艳，视角大。

LCD 显示器是一种液晶显示器，其特点是画面稳定，无闪烁感，真正完全的平面，不会产生色彩偏差或损失，完全没有辐射，体积小，能耗低。

3. PIS 显示终端的位置

PIS 显示终端一般设在比较醒目的地方，设置位置有：① 出入口外的户外双基色 LED 显示屏；②出入口通道连接站厅处 LED 显示屏；③ 下行自动扶梯上部 LED 双基色大屏幕；④ AFC 闸机群上方 LED 条屏；⑤ 车站触摸屏(LCD)查询机；⑥ 站台双面等离子屏；⑦ 列车车厢内等其他地点。

(二) PIS 的组成和功能

1. PIS 系统的结构

PIS 从结构上可划分为 6 个子系统：控制中心子系统、车站子系统、车载子系统、网络子系统、广告制作子系统、备用中心。

1) 控制中心子系统

控制中心是 PIS 系统的核心部分，通过接口采集外部信息流，如地面交通路况、股票信息、天气预报等，经编辑、处理手段，生成内部信息，按既定规则或版式播出，以达到向乘客传递信息的目的。控制中心负责视频流的转换及各类信息的播放，监控网络及终端设备的工作状态，并负责系统故障维修的集中管理，确保系统正常运营。

中心子系统的主要设备有：中心服务器、视频流服务器、中心操作员工作站、播出控制工作站、数字电视设备。

2) 车站子系统

车站子系统负责接收并下载控制中心下传命令、各类信息内容(连同节目列表)、系统参数(时钟信息等)，并管理车站内的 PIS 系统，集中监控本车站的 PIS 系统设备。除此还负责外部系统数据的导入、导出，控制站内 PIS 系统每一显示终端的信息发布和站务信息的编辑保存。当控制中心或网络子系统故障时，按照下载的节目列表和节目内容在本站显示终端上自动播放。

车站子系统的主要设备包括：车站服务器、车站操作工作站、显示控制器、各类显示终端。

3) 车载子系统

车载子系统采用 WLAN 接入技术，可以实现列车与地面之间的双向高速实时通信。车载设备通过接收无线传输的信息，经处理后实时地在列车车厢 LCD 上进行音视频播放。

本系统兼有对列车乘客乘车情况的监视功能，能够通过监视器采集列车车厢内乘客的乘坐情况，并对视频信息进行记录、显示、实时上传控制中心。

4) 网络子系统

网络子系统是利用系统自身构建的以太网络给 PIS 提供网络通道，该通道用来传输从中心到各车站、车辆的各种数据信息、视频信息和控制信息。

网络子系统包括有线网络、无线网络和车载局域网络三个部分。

5) 广告制作子系统

广告制作子系统主要用于广告节目的制作和播放，它提供直观方便的界面供业务人员与广告制作人员制作广告节目、编辑广告时间表、控制指定的显示屏或显示屏组播放节目，并将制作好的素材经审核通过后通过网络传输到控制中心和各车站进行播出。

6) 备用中心

车辆段设置备用中心，当控制中心建成前及控制中心发生灾难性事故时实现控制中心的主要功能，代行控制中心的职责，同时兼有系统升级测试、员工培训并根据控制中心的维修调度对整个系统进行维修。

2. PIS 系统的功能

1) 紧急疏散功能

(1) 预设紧急信息。乘客信息系统可以预先设定多种紧急灾难告警模式，方便自动或人工触发进入告警模式。通过中心操作员工作站，操作员可以预先设定多种紧急灾难告警模式，如火警、恐怖袭击等，并设定每种模式的警告信息及各种警告发布参数。当指定的灾难发生时，由自动告警系统或人工触发，将 PIS 控制进入紧急灾难告警模式。此时，相应的终端显示发放乘客警告信息以及人流疏导信息。

(2) 即时发布的紧急信息。若出现非预期性灾难，并且需要 PIS 即时发布非预期的灾难告警信息，PIS 系统软件可以即时编辑发布紧急信息。通过中心操作员工作站，操作员可以即时编辑各种告警信息，该信息将自动具有最高优先级，并由操作员发布至指定的终端显示屏。

2) 实时显示功能

屏幕上不同区域的信息可根据数据库信息的改变而随时更新。实时信息的更新可以采用自动的方式或由操作员工作站人为地干预。实时信息包括：数字电视、网上新闻、天气和通告等。通过车站操作员站或中心操作员工作站，操作员可以即时编辑指定的提示信息，并发布至指定的终端显示屏，提示乘客注意。操作员可以设定实时信息是否以特别信息形式或紧急信息形式发放显示，发放高优先的信息可以及时打断原来正在播放的信息内容，及时显示。

3) 时钟显示功能

PIS 可以读取时钟系统的时钟基准，并同步读取整个 PIS 所有设备的时钟，确保终端显示屏幕显示时钟的准确性。屏幕可以在播出各类信息的同时提供时间显示服务。在没有安装时钟的地方，通过播放时间列表，可以设置终端显示屏或指定的子窗口显示多媒体时钟。

4) 广告播出功能

广告可以分为图片广告、文字广告和视频广告。广告内容按播放列表的安排，在指定的时间、车站以及显示终端播出。

5) 多种方式播出功能

PIS 系统会将信息分为 4 级：紧急状态信息、重要信息、预定信息和一般信息。

6) 多语言支持功能

PIS 可以支持简体中文、英文、繁体中文，同时混合输入、保存、传输和显示。也支持 Windows XP 操作系统支持的文字的导入、保存、传输和显示。

7) 集中网管维护功能

为确保系统正常运行，乘客信息系统提供了完备的网管功能。控制中心设置的中心服务器可以实时监控各终端节点的状态，车站服务器管理各自车站的 PIS。中心网管工作站动态显示系统各设备的工作状态，实时监控系统，实现智能声光报警，并能自动生成网络故障统计报表，智能分析故障，实现远程集中控制，理论上可以做到无人值守。

8) 权限管理功能

PIS 是一个面向公众的信息系统，系统分布范围广泛、节点众多，因此信息安全性十分重要，做好对操作员权限的管理便成了重要工作之一。每个站台的操作员工作站均受 OCC 的操作员控制，OCC 的操作员可设定每一车站的操作员工作站以及其信息录入权限。

(三) 信息发布的优先级规则

PIS 系统可以提供多类信息服务，因此 PIS 应充分考虑到每一类信息的显示优先级。信息优先级规则如下：

(1) 信息类型的优先级顺序按照如下顺序递减：紧急灾难信息、列车服务信息、乘客引导信息、一般站务信息及公共信息、商业信息。

(2) 低优先级的信息不能打断高优先级信息的播出。

(3) 高优先级的信息可以中断低优先级信息的播出。

(4) 同等优先级的信息按设定的时间列表顺序播出。

(5) 紧急灾难信息为最高优先级信息，发生紧急情况时可以终止和中断其他所有优先等级的信息。改变紧急状态信息的内容或解除紧急状态需由中心操作人员手工干预。

二、广播子系统

客运广播是引导乘客、方便乘客、进行车站客运组织的重要手段，要用正确的态度对待客运广播，正确地使用客运广播。

广播系统控制台一般设在车站控制室，可对通道、站厅层和站台层同时进行广播，也可以进行区分单独广播。有些车站站台监控亭另设有站台广播控制台，车站站台监控亭值班人员可通过站台广播控制台对本站的站台广播区进行广播。

(一) 客运广播的分类

按照广播区域分为：车站广播、列车广播。

按照广播方式分为：自动广播、人工广播。

按照广播内容分为：正常广播、应急广播。

(二) 客运广播的发布原则

(1) 客运广播的发布以“符合客观实际、服务大众乘客、精练、通俗、易懂”为原则。

(2) 客运广播人员须经专业培训。

(3) 所有自动广播均为双语广播，普通话在前，英语在后。

(4) 在发布广播时，要语调适中，语速保持在 4 ~ 6 字(词)/秒。

(5) 有咽喉病症人员不得发布人工广播。

(三) 客运广播的使用规定

(1) 正常情况下，车站发布自动广播，广播频率依据乘客需求自主掌握。

(2) 客运广播使用人员在使用人工广播系统完毕后，应立即将其关闭，不得利用广播传播私事。

(3) 各车站应制定严密的广播管理制度，无关人员禁止开启和使用广播系统。

(4) 对广播系统的调试等维护工作，应在晚间运营结束之后进行。

(四) 列车客运广播

列车客运广播分为：上行列车广播和下行列车广播，其中所列时间为普通话广播时间、英语广播时间。

列车广播时间控制在乘客可接受的水平，约占列车运行时间的 30%。

列车客运广播依据广播内容分为四类：安全提示、卫生提示、公德倡导、企业宣传。

三、时钟子系统

在控制中心设 GPS 接收单元和一级母钟，各车站、车辆段、停车场设子钟驱动器以驱动各个车站的站控室、站台及相关工作场所所设的显示子钟(终端)，并向各自动化系统提供标准的时间驱动信号，向乘客、控制中心调度员、车站值班员及运营部门的工作人员输出统一的时间信号，为故障分析、保证列车的安全准点运行提供统一的时间平台。

时钟子系统为乘客和控制中心、车站、车辆段、停车场等各部门的工作人员提供统一的标准日期、时间信息，使全线时间标志完全一致。

一级母钟能自动跟踪 GPS 接收单元来校准时钟。

一级母钟能分路输出，连接车站、车辆段、停车场等各子钟驱动器及各系统设备的外时钟输入口。

【任务实施】

根据给定的模拟情景，设计乘客信息系统的内容和方式。分小组完成以下任务：

1. 根据所学知识，结合给定车站列车设备设施的布置状况与给定的模拟情景，设计乘客信息系统的内容，并注明乘客信息系统的呈现方式。

2. 上述任务完成后，进行小组自评和互评，最后教师讲评，取长补短，开拓完善知识内容。

任务四 列车设施设备

【任务描述】

城市轨道交通列车编组及车辆选型与车辆运用、维修、资源共享和列车互联互通之间是有着密切关系的。在进行车辆选型时，应以客流为基础，考虑车辆与供电、信号、通信等子系统接口条件的匹配度，并兼顾既有车辆类型；在确定列车编组数时，一方面要考虑客流量，另一方面还要参照最短站台长度。

本任务主要介绍了列车编组、车辆选型以及列车内部设备设施的种类、位置、性能和使用方法。通过本任务的学习，作为运营相关人员，能够在突发事件条件下临危不乱，正确操作相关应急设备，保障受困乘客安全。

【知识准备】

一、客车的编组及选型

(一) 列车编组的形式

由于城市轨道交通车站间距小，列车启动和制动频繁，因此要求列车具有较大的启动加速度和制动减速度，受轮轨间粘着的限制，城市轨道交通列车一般采用分散动力的动车组编组形式。根据编组车辆的种类和联挂形式，列车编组基本上可以分为以下三种形式：

1. 全动车编组

列车全部由动车编成，一般首尾车为带司机室的动车，其余为不带司机室的动车，除司机室外，各车辆的设备配置基本相同，并相对独立。全动车编组的特点是编组灵活，每列车重量、动力分配均匀，粘着利用好，但列车的设备数量多、车辆购置费较高、维修工作量较大、能耗也较大。

2. 动拖混合编组

列车由独立的动车和拖车混合编成。其特点是编组灵活，牵引动力设备较全动车编组方式有所减少，但列车的重量分布不均，部分设备重复配置，电制动和空气制动的混合及协调控制困难，控制系统及故障自诊断系统复杂。

3. 动拖单元编组

列车由两个以上的动拖单元编成，各单元由动车和拖车固定编组，设备按单元配置，各单元之间相对独立。动拖单元编组可减轻动车的重量，整个列车的重量分布比较均匀，并且能充分利用设备，减少设备数量，降低制造成本和维修工作量，但编组灵活性较全动车编组稍差。

从以上分析来看，动拖单元编组的优点较多，我国的上海城市轨道交通、广州城市轨道交通及深圳城市轨道交通均采用这种形式。因此，为降低车辆的平均单价及维修工作量，一般优先考虑采用动拖单元编组的列车编组形式。

(二) 列车编组数量及定员

由于列车编组问题直接影响车站的土建规模和工程造价，设计中根据规范要求是以远期客流预测量来确定的。同时，列车编组数量还要考虑站台长度的限制。当列车长度接近站台长度时，要求列车准确停车，通常要增加停车附加时分，列车长度也是计算追踪列车间隔时间的影响变量。另外，采用长编组列车，车辆满载率在非运输高峰时间内会降低。列车的编组形式首先要满足客流量的需求，同时，还应考虑到服务水平、列车满载率、工程投资、运营成本及运营管理等因素。城市轨道列车基本上都使用动车组列车。根据轨道车站规模大小，我国一般列车编组为 6 节或 8 节车厢。

车辆定员人数由车辆的座位人数和站位人数组成。车辆的尺寸大小、坐席布置方式、单位站位面积内的站立人数是决定车辆定员数量的主要因素。表 2-1 所示为部分城市地铁车辆尺寸及定员情况。

表 2-1　城市轨道交通车辆尺寸及定员情况

项目	上海	香港	洛杉矶	新加坡	莫斯科
车长(m)	24.14	22.85	22.78	23.65	19.21
车宽(m)	3.00	3.11	3.08	3.20	2.71
座位(人)	62	48	68	62	47
站位(人)	248	279	160	258	187
定员(人)	310	327	232	320	234

(三) 车辆选型

在我国建设部颁布的《城市快速轨道交通工程项目建设标准》中推荐了 A、B、C 三种车辆类型，分别为适应高客运量的 A 型车、大运量的 B 型车、中运量的轻轨适用的 C 型车。我国目前常用的是 A 型车和 B 型车，正常情况下的最大载客量分别是 310 人/辆、245 人/辆，超员情况下分别为 410 人/辆、290 人/辆。各类型车辆技术经济特征如表 2-2 所示。

表 2-2　各类型车辆技术经济特征表

项　目	A 型车	B 型车	C 型车
车辆高度(m)	24.4/22.8	19.82/19.52	19.49/19.44
车辆宽度(m)	3.0	2.8	2.606
车厢内净高(m)	2.05-2.15	2.05-2.15	2.10
地面净高(m)	1.13	1.10	1.14
车辆定距(m)	15.7	12.6	12.6
固定轴距(m)	2.5	2.2	2.0
轮径(mm)	ϕ840	ϕ840	Ø 840
轴重(t)	≤16	≤14	≤14
定员(人)	310	245	218
最高运行速度(km/h)	80	80	80
动拖比	2:1	1:1(2:1)	1:1

国外城市轨道交通车辆大多采用铝合金或不锈钢车体，我国铁路客车目前均采用耐候钢车体，若局部采用不锈钢，通过优化设计，也可以在一定程度上减轻车体重量，可以有效提高列

车速度，从而提高线路运输能力。目前世界先进国家城市地铁的车辆最高运行速度已从原来 80 km/h 提高到了 120 km/h 以上，这反映了当代城市轨道交通车辆制造技术已有了跨越式发展。

车辆选型应具体到每条线路，根据客流预测，从车辆编组、载客量、运能储备等方面对不同车型的适应性进行分析。选择车辆类型及编组要保证满足线路客运量的需求，还要留有一定的运能储备，避免运能浪费。在城市网络化运营中要积极采用相应标准统一的车辆和列车控制系统，以保证列车能够实现不同线路间开行。当前，我国各城市在轨道交通车辆制式的选择上呈现了多样化的特点，但除上海、广州采用了宽体的 A 型车外，其他城市基本采用的是 B 型车和 C 型车以及其他更小容量的车辆制式。

二、城市轨道交通列车的内部设备设施

（一）城市轨道交通列车的一般设备

1. 座位

地铁列车车厢内的设备相对比较简单，其主要功能是运载乘客，提供足够的乘车空间。 根据城市轨道客流的特点，即流量大、乘车时间短、波动规律、快进快出、流动频繁等，车厢内如果大量设置座位，在方便部分乘客的同时会给大部分乘客带来上下车移动的不便。另外，座位占地面积比较大，设置过多会减少乘客站立面积，降低列车的载客能力。大部分乘客的乘车时间短，无须座位完成乘车过程即可，所以车厢内的座位设置要适中，其位置一般靠近车厢两侧壁。为了增加座位的利用率，有些座位设计采用长条板凳形式。

2. 吊环手把、吊杆和立杆

车厢内除了座位外，为了保证乘客乘车途中的安全，站立的乘客在列车启动、停车及晃动时必须有所依靠，因此列车需设置一些吊环手把、吊杆或立杆等。对残疾人、儿童、老人等特殊乘客来说，使用吊环手把和吊杆有一定的困难，而立杆对他们则比较适合。普通乘客使用立杆也会感觉比较舒适方便，因此有些列车内部设置较多的立杆来保证乘客安全。不过立杆的设置会给乘客的流动带来障碍，也不利于特殊情况下车厢内乘客的疏散，而设置吊环手把和吊杆相对要有利一些。

3. 其他设备

大部分列车为了方便乘客随时了解自己的位置，在车厢内不同的位置设置了城市轨道线路、车站示意图。随着外籍乘客的增多，车站站名一般用中、英文双语显示，配合电子技术用不同的灯光显示。随时为乘客提示列车运行所在线路位置和前方停车站等信息。另外，大部分列车车厢设置了电视，供旅客途中消遣观看，同时可以利用其为载体来宣传一些交通知识或播放公益广告。有些电视也播放商业广告。

（二）城市轨道交通列车的应急设备

1. 灭火器

每节车厢配有两个灭火器，列车上一旦遇到火灾，乘客可以从座位下有灭火标志的地方，旋转拉手 90°，开门取出使用。如图 2-9 所示。

2. 车门紧急开门装置

每个车门的上方装有紧急开门装置，如图 2-10 所示。需要时，拉下透明塑料胶片，将手柄

顺时针旋转 90° 直至锁定，待列车停稳后双手用力向两侧拉开车门。注意：开门时后面其他乘客切勿向前推挤，否则车门无法打开。

图 2-9 灭火器

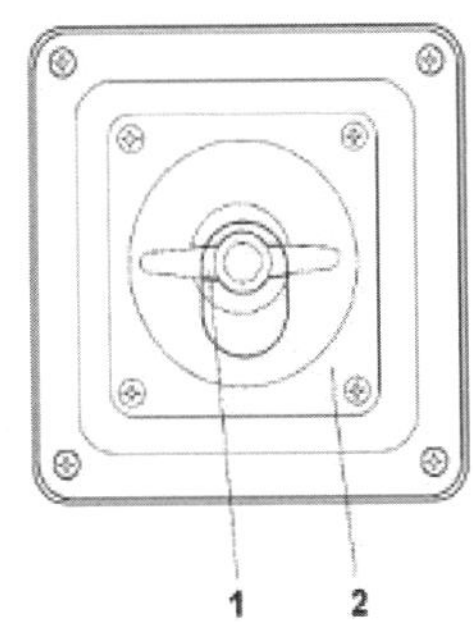

图 2-10　车门紧急开门装置

1－扭转手柄；2—塑料盖板

3. 紧急报警按钮

紧急报警按钮为红色方形或圆形按钮，下有对讲设备，它放置于地铁车厢车门的上方或侧边。在列车运行期间，处在密闭的地铁车厢里的乘客如有急事或发生意外时，可通过列车紧急报警、对讲按钮(如图 2-11 所示)与司机联系。使用方法是：打开钮盖，待“讲话”灯亮后即可与司机通话。

图 2-11　紧急报警按钮

通过使用这个装置，车上乘客可以在发生伤害、火警等情况下，及时与司机通话联系，司机收集信息后，会及时通知车站人员进行处理。

4. 通道门和疏散斜梯

列车两端有通往司机室的通道门，拉下门上方的红色拉手，如图 2-12 所示，推门页即可打开通道门进入司机室，拉下红色疏散门已解锁手柄，用力向前推门即可放下紧急疏散门到轨道。

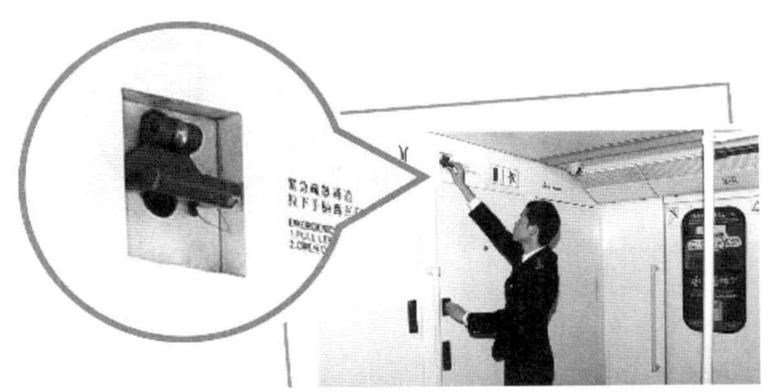

图 2-12　通道门拉手

【任务实施】

根据给定的线路远期客流预测量，设计客车的编组及选型。分小组完成以下任务：

1. 根据所学知识，结合远期客流预测量，确定列车编组数量及定员。
2. 根据所学知识，结合已确定的列车编组数量及载客量、运能储备等，进一步确定车辆选型。
3. 上述任务完成后，进行小组自评和互评，最后教师讲评，取长补短，开拓完善知识内容。

任务五 城市轨道交通车站屏蔽门系统

【任务描述】

站台屏蔽门系统是一个集建筑、电子、信号、机械、控制、装饰等学科于一体的综合性系统，设置于站台边缘，随着列车车门的开闭自动同步开闭。屏蔽门不仅提供了乘客上下车的通道、减少人员跌落轨道问题，更隔离了噪声、活塞风，保证了良好候车环境的同时还节省了运营成本。但相对于站内其他各类设备设施，屏蔽门是故障率高发的设备之一，对乘客乘车和列车正点运行造成了不良影响。作为站务员或其他客运服务人员，应有能力识别常见的屏蔽门故障并及时排除，将故障带来的影响降到最低。

本任务主要介绍了屏蔽门技术的应用、屏蔽门的类型、屏蔽门系统的组成和屏蔽门系统的运行模式等。通过本任务的学习，能够根据给定的情景，确定屏蔽门系统的运行模式。

【知识准备】

一、屏蔽门技术的应用

屏蔽门系统是 20 世纪 80 年代末出现的一种先进环控模式系统，简称 PSDS，由门体、门机、电源和控制系统四大部分组成。1988 年，新加坡地铁 NEL 线安装了世界上第一套地铁屏蔽门系统。

屏蔽门在整个站台长度上将车站的站台区域与车行道区域分隔开来，列车进站停稳后，屏蔽门随着列车门的开启而自动开启，离站时屏蔽门随着列车门同时关闭。屏蔽门能隔断区间隧道内热空气与车站内空调冷气之间的热交换，使车站成为一个独立的空调场所，降低了车站空调系统的运行能耗；另外，屏蔽门还减少了列车运行噪声及活塞风对车站站台候车乘客的影响，防止人员跌落轨道产生意外事故，为乘客提供了一个更加舒适、安全的候车环境，为以后车辆的无人驾驶创造了条件。设置屏蔽门系统还能降低车站的土建、装修及风水电的工程造价，从而使屏蔽门系统成为真正意义上的节能、环保型的环境控制系统，同时也是列车运行的重要安全保障。

屏蔽门系统的优势在于安全、节能、降低人工成本、环保、增加候车面积。但与此同时，屏蔽门系统的建设成本高，意外情况时不利于疏散。

二、屏蔽门的类型

从目前各国设置的屏蔽门系统来看，按其外观形式分，主要有两种类型：全高封闭式屏蔽门和半高敞开式安全门。

第一类屏蔽门系统是一道自上而下的玻璃隔墙和活动门，全高 3m 以上，沿着车站站台边缘和两端头设置，把站台乘客候车区与列车进站停靠区域完全分隔开。这种屏蔽门系统的主要功能是增加安全性、节约能耗以及加强环境保护。这种形式的屏蔽门已应用于新加坡的东北线，香港机场线，伦敦、深圳地铁一期、广州地铁 2 号线等。

第二类屏蔽门系统是一道上不封顶的玻璃隔墙和活动门或不锈钢篱笆门，全高 1.2 ~ 1.5 m，其安装位置与第一种方式基本相同，造价比第一种要低。这种类型的屏蔽门系统较第一种类型屏蔽门相对简单，高度比第一种屏蔽门低矮，空气可以通过屏蔽门上部流通。它相对第一种屏蔽门来说，主要起了一种隔离作用，提高了站台候车乘客的安全，从此意义上说可以称其为“安全门”。半敞开式安全门目前主要应用在巴黎线、日本东京线、香港迪士尼线等。

屏蔽门从结构上分，有上部悬吊式和底部支撑式两种类型。上部悬吊式屏蔽门系统的重量完全由上部悬挂结构承受，简化了系统的结构设计与安装。底部支撑式屏蔽门系统则是由立柱和站台底板来承受其重量。

三、屏蔽门系统的组成

屏蔽门系统由门体结构和门机结构组成。

门体结构包括固定门、滑动门、应急门、端门。固定门设置在两扇门之间，结合规定条件进行设置。滑动门分为标准双扇滑动门和非标准双扇滑动门。非标准双扇滑动门一般设置在靠近列车驾驶室的相应屏蔽门。应急门不带动力，在紧急情况下由乘客在轨行区侧手动打开逃生。端门设置在站台两端，可由列车驾驶员或站务员手动打开，紧急情况下可用作乘客疏散通道。

屏蔽门系统的门机结构包括门控单元、传动装置、驱动装置、锁紧装置和电动机。门控单元是门机系统的核心，具有数据存储和自诊断功能，可以控制电动机工作，对滑动门的整个运行过程进行制动和加速控制。传动装置是指传动同步(齿形)带，负责在规定的周期内完成开/关动作，电动机在开/关阶段一般经历加速、速度保持、减速、低速保持、制动五个阶段。驱动装置负责驱动传动带进行传动。锁紧装置的闸锁上装有 4 个开关，其中，两个锁闭监控安全开关用于确认锁是否已经闭合锁紧；两个应急安全开关用于确认滑动门是否因手动解锁而打开过。

四、屏蔽门系统的运行模式

屏蔽门系统的运行模式包括正常运行模式、非正常运行模式和紧急运行模式。

(一) 正常运行模式(系统级控制)

系统级控制为正常运行模式，用于在系统正常情况下，列车到站并且停在允许的误差范围内时，屏蔽门接受 ATC(列车自动控制系统)指令自动控制或经列车司机确认后控制活动门的开/关。当列车准备发车时，驾驶员发出关门指令给信号系统，信号系统将命令传给屏蔽门主控机，通过门控单元进行关门闭锁操作，然后将信号直接返回给驾驶员，可以发车。

(二) 非正常运行模式(站台级控制)

当系统级控制不能正常运行时，如列车停位不准确、信号系统故障、信号系统与屏蔽门系统通信中断、屏蔽门系统故障等非正常情况下，司机可通过站台端头控制盒(PSL)开关屏蔽门门体，实现屏蔽门的站台级操作。

(三) 紧急运行模式(手动操作)

当正常运行模式(系统级控制)、非正常运行模式(站台级控制)均不能操作屏蔽门时；在站台侧，由站台工作人员用钥匙打开活动门；在轨道侧，由司机通过车内广播通知乘客使用活动门上的手动解锁把手自行开启屏蔽门。

在紧急运行模式下，如隧道内或者站台发生火灾等情况下，可由车站值班员操作车控室内 PSA 控制按钮或经授权后通过电话和广播通知站台值班员操作 PSL 对活动门进行开/关控制。

以上控制方式中，手动控制优先于电动控制，站台端头控制优先于自动控制或列车司机室控制。

【任务实施】

根据给定的模拟情景，确定屏蔽门系统的运行模式。分小组完成以下任务：

1. 老师给定一些车站和列车资料，设计一些模拟场景，如信号系统故障等。学生根据所学知识，确定屏蔽门系统的运行模式。

2. 上述任务完成后，进行小组自评和互评，最后教师讲评，取长补短，开拓完善知识内容。

任务六　城市轨道交通车站环控系统

【任务描述】

环控系统布置在公共区、管理用房、设备用房内，能够对环境的温度及湿度进行检测，自动将通风空调系统的状态调整到最适宜运营，还可执行火灾控制指令，执行防灾设备的火灾控制模式。典型的环控系统为两级管理三级控制，车站工作人员应有能力根据实际情况为环控系统选择运行及控制方式，确保运营安全。

本任务主要介绍了环控系统的概念、环控系统的功能、环控系统的分类、环控系统的运行方式和环控系统的控制方式等。通过本任务的学习，应具备确定车站环控系统的运行方式和控制方式的能力。

【知识准备】

城市轨道交通车站有许多设置在地下，地下环境因封闭、湿度大、发热源多(如人体散热、车站设备散热、列车散热、外界空气带入热等)等因素，导致空气中湿度、温度、空气流动速度、噪声、灰尘、气味等对乘客及工作人员带来不利的影响。环境控制系统(简称环控系统)就是为了解决车站这些不利因素而设置的。

一、环控系统的功能

环控系统简称 BAS。环控系统是一套可以对环境进行空气处理的系统，主要调节指定区域内的空气湿度、温度，并控制二氧化碳、粉尘等有害物质浓度。环境控制涵盖的地点包括：车站站厅、站台、隧道、设备及管理用房等。

环控系统的功能是：

(1) 保证空气质量，控制空气中污染物质的浓度。

(2) 保证热舒适性，提供适当的温度、湿度和空气流动速度。

(3) 提高安全性，列车阻塞时，提供一定的通风量。

(4) 车站发生火灾、毒气等事故时，能及时排除有害气体。

二、环控系统的分类

根据地铁工程的特点，环控系统按车站建筑形式可分为地面高架车站环控系统、地面车站环控系统和地下车站环控系统三种型式。按环境控制对象，环控系统可分为地面车站(含地面、高架车站) 环控系统、地下车站环控系统、地下区间隧道环控系统、主变电站环控系统、牵引变电站环控系统等。其中地下车站环控系统又分为屏蔽门系统和非屏蔽门系统。非屏蔽门系统按地铁系统与地面通风风道的连接方式，又分为闭式系统和开式系统。

(一) 屏蔽门系统

屏蔽门系统是在站台与区间隧道之间设置完全隔断、可以移动的屏蔽门，列车停站时屏蔽门与列车门一一对应打开，列车出站时屏蔽门关闭。这一物理屏障将巨大的列车产热拒之于车站之外，站内采用空调制冷系统，保证站内温度符合标准，而区间隧道则利用列车运行活塞风，通过风井与室外进行通风换气，满足区间通风要求。采用这种环控方式的有上海地铁 1 号线、上海地铁 4 号线、上海地铁 8 号线、深圳地铁一期工程等。由于屏蔽门系统较其他环控系统制式更节能以及确保了站台安全等优点，目前国内各大城市地铁的地下线路，包括在建线路、设计线路或规划线路，一般都采用屏蔽门系统制式。

(二) 非屏蔽门系统

非屏蔽门系统是指在物理结构上地铁车站与区间隧道相连通的系统。非屏蔽门系统主要指闭式系统，何谓闭式系统？即夏季空调季节时，整个地下区间及车站除两端隧道峒口、车站出入口和空调排风口外，地下车站及区间基本与外界相隔绝的一种空调通风方式。闭式系统可根据全年气温变化，转为开式运行(开式系统)。目前我国采用闭式系统的地铁主要有上海地铁 2 号线、广州地铁 1 号线及正在施工中的南京地铁南北线一期工程。

三、环控系统的运行方式

环控系统的运行方式通常分为正常状态运行和非正常状态运行两种方式。

正常状态运行方式是一种占主导地位的运行方式。正常状态运行可分为空调季节和通风季节两种运行方式，其中空调季节又可根据送风的湿度、温度有多种运行方式。

环控设备的非正常运行方式是指下列情况：列车在区间隧道阻塞；列车、车站发生火灾。当上述情况发生时，环控设备要根据相应的情况改变运行方式，对系统作出相应的调整。事故排除后，再恢复正常状态运行方式。

四、环控系统的控制方式

环控系统的控制方式通常采用中央级、车站级和就地级三种，其中中央级控制方式具有最优控制权。

中央级控制设在控制中心，通过网络系统与车站级相连，具有对全线重要的环控设备进行监测、遥控等功能。

车站级控制设在各站综控室，具有对本站环控设备进行操作、检测和控制等功能。

就地级控制设在各站的环控电控室，具有对单台环控设备就地控制功能，便于各种设备调试、检查、抢修和应急。

【任务实施】

模拟现场，设计模拟情景，确定车站环控系统的运行方式和控制方式。分小组完成以下任务：

1. 根据一些车站和列车资料，设计一些模拟场景，如列车在区间隧道阻塞等。
2. 根据所学知识，确定车站环控系统的运行方式和控制方式。
3. 上述任务完成后，进行小组自评和互评，最后教师讲评，取长补短，开拓完善知识内容。

项目三

城市轨道交通 AFC 及票务组织

【知识目标】

1. 掌握车票及其使用管理中的相关规定；
2. 了解 AFC 系统的发展过程；
3. 掌握 AFC 系统的架构；
4. 掌握票款管理的相关规定；
5. 掌握账务管理的相关规定；
6. 掌握自动售/检票终端设备的分类及相关管理原则；
7. 掌握票务事务的处理原则。

【能力目标】

1. 能正确处理车票管理中遇到的常见问题；
2. 能根据现场实际，确定自动售/检票系统运营模式及故障下的处理办法；
3. 能正确处理票款管理中遇到的常见问题；
4. 能正确填写各种车站票务报表；
5. 能对自动售/检票终端设备进行有效管理；
6. 能正确处理票务服务的常见问题。

【项目导入】

项目学习引导书

随着轨道交通及信息技术的发展，售/检票的方式也从人工售/检票、半自动售/检票向更为标准化、简单化、集成化、人性化的自动售/检票方向发展。轨道交通自动售/检票(Automatic Fare Collection，AFC)系统是通过对计算机、统计、财务等专业知识的综合运用，来完成轨道交通的售票、检票、计费、收费、统计、清分结算和运营管理等全过程的工作，同时也为管理决策提供客流、收入等各类信息支持。AFC 系统以其高度的智能化设计实现了票务管理的高度自动化。随着电子技术的高速发展，一卡通、电子钱包等便利手段的应用愈来愈普及，AFC 系统的有效运行已成为轨道交通正常工作、提高运能和方便乘客出行的重要保证。

在城市轨道交通运营管理中，票务组织管理是对车票流向、自动售/检票系统的运行情况、票款收入和账务进行总的监视、控制、协调、指挥和调度。票务工作的好坏直接影响到运营公司的收入和经济效益，因此必须重视票务组织管理工作，将其定位为运营组织管理的核心。票务中心是执行各类票务业务、组织运作和人员管理的主体，代表运营公司行使日常票务业务组织权和管理权，按照运营管理公司宏观票务政策的要求，在实现票务业务正常、稳定和高效的同时，为广大乘客提供优质的客运服务。

任务一　车票及其使用管理

【任务描述】

车票是乘客乘车的凭证，但是乘客在使用车票时出现的问题较多，给乘客和地铁公司增添了不少麻烦。除了车票在使用过程中出现的各类问题外，车票的管理也随着轨道交通的发展暴露出很多弊端。据了解，我国城市轨道交通车票在生产与运营中出现了较高的车票流失现象，这必然会造成收益流失。因此，票务人员应熟知地铁车票使用过程中的细则和相关处理规定，在工作过程中应严格按照相关规定和流程管理车票，避免不必要的损失。

本任务主要介绍了票种分类、车票使用规定、出站票发售规定、车票超时超程更新规定、车票进出站码错误更新规定、过期车票和遗失车票的处理规定、单程票退票规定、IC 卡人工退/换票规定、系统退票流程、车票管理原则、车票的保管规定、车票的交接规定、车票的发售规定等。通过本任务的学习，应能够正确使用与管理车票。

【知识准备】

一、车票使用政策

(一) 票种分类

现行车票种类包括：单程票、应急票、出站票、纪念票、特惠票、团体票、普通储值票、学生优惠票、老人优惠票、乘次票、员工票、测试票等。

(二) 车票使用规定

车票的使用规定如下(以某市地铁公司为例)：

(1) 单程票统一由自动售票机售卖，一经售出概不退换(因地铁原因除外)。

(2) 储值票采用交纳押金租借使用的方式发行，规定押金 10 元。

(3) 储值票充值金额最低为 10 元，卡内余额最高金额为 500 元，每次充值金额为 10 元的整数倍。

(4) 储值票进行付费更新操作时，乘客可选择支付现金或使用 IC 卡卡内金额进行支付，客服岗站务员应根据乘客的选择进行操作。

(5) 纪念票只能在规定的有效期限内使用，在使用期间中不予办理充值业务。

(6) 乘客从进入付费区开始，滞留时间超过 120 分钟，认定为超时乘车，乘客需补交超时乘车费用。

(7) 一名成年乘客可以免费带一名身高不足 1.1 米的儿童乘车(成年乘客应将儿童抱起进闸出闸)，超过一名的，按超过人数购票。

(8) 乘客携带 20 ~ 30 kg 或体积在 0.06 ~ 0.15 m^3 的物品时，需购买同程车票一张，未经许可，不得携带重量超过 30 kg、体积大于 0.15 m^3 的物品进站乘车。

(三) 出站票发售规定

乘客在付费区，所持车票出现下列情况时，客服岗站务员应为乘客发售出站票(以某市地铁公司规定为例)：

1. 车票丢失

乘客丢失单程票或储值票，按照遗失车票处理规定，向乘客收取现金，其中包括工本费和最高单程票价，同时为乘客发售一张“票丢失”的出站票。

2. 车票损坏

乘客所持 TOKEN 经辨认后确定为人为损坏，应向乘客收取现金，其中包括工本费和最高单程票价，同时为乘客发售一张“票损坏”的出站票。

3. 车票不可读

当乘客所持车票出现下列两种情况时，为乘客免费发售一张“票不可读”的出站票：① 乘客所持 TOKEN 或 IC 卡经分析后，无法显示车票内信息；② 乘客所持 TOKEN 为过期票。

4. 车票被吞

当乘客所持车票出现以下两种情况时，为乘客免费发售一张“票被吞”的出站票：① 乘客将 TOKEN 投入闸机后，TOKEN 被回收，但闸机门未开，乘客无法出站；② 乘客持 IC 卡刷卡后，闸机门未开，经半自动分析后 IC 卡已有本次出站信息，乘客无法出站。

(四) 车票超时超程更新规定

车票超时超程的更新规定如下(以某市地铁公司规定为例)：

1. 超时更新

乘客每次乘车从入闸到出闸时限为 120 分钟，超过 120 分钟，须按最高单程票价补交超时车费。客服岗站务员确认车票需进行更新后，若车票为单程票，应先向乘客收取最高单程票价后，再在原车票上进行更新；若车票为 IC 卡，站务员应询问乘客选择支付现金还是使用 IC 卡内余额进行支付，付费后在原车票上进行更新；IC 卡更新完毕后，出站时按照正常规定相应扣除本次车费。

2. 超程更新

乘客所持单程票不足以支付所到达车站的实际车费时，须在客服中心补交超程车费；客服岗站务员确认车票需进行超程更新后，应先向乘客收取相应现金后再在原车票上进行更新；IC 卡不存在超程的概念，无超程更新。

3. 超时超程更新

乘客持单程票乘坐一个车程后既超时又超程，须按最高单程票价补交车费；客服岗站务员确认车票需进行更新后，应先向乘客收取相应现金后再在原车票上进行更新；IC 卡不存在既超时又超程的概念，无此项更新。

(五) 车票进出站码错误更新规定

1. 持单程票进出站码错误更新

在乘客所持单程票不存在超时、超程、过期车票的情况下，无论乘客在付费区还是非付费区，均为乘客免费更新单程票；

2. IC卡进出站码错误更新

(1) 乘客在非付费区，所持IC卡无上次出站信息时，客服岗站务员在收取更新费用后，对IC卡进行付费进站更新。

(2) 乘客在非付费区刷卡后未能进站，所持IC卡有本次进站信息时，客服岗站务员应对IC卡进行免费进站更新。

(3) 乘客在付费区，所持IC卡无本次进站信息时，客服岗站务员应对IC卡进行免费出站更新。

(4) 乘客在付费区刷卡后未能出站，所持IC卡有本次出站信息时，客服岗站务员不应对IC卡进行免费出站更新，应按出站票发售规定为乘客免费发售一张“票被吞”出站票。

(六) 过期车票处理规定

1. 单程票过期时

单程票过期时，根据过期时间，进行如下处理：

(1) 如果购买单程票当日车站启用了紧急或降级模式，应免费为乘客更新单程票。

(2) 如果购买单程票当日属车站正常运营时间，客服岗站务员应将单程票回收，并向乘客说明回收原因(单程票在购买当日乘车有效，过期作废)。

2. 过期需年检的储值票

过期需年检的储值票，根据IC卡类型，进行如下处理：

(1) 学生储值票或老人储值票进行年检时，客服岗站务员应检查乘客本人的学生证或《老年人优待证》，验证是否符合办理学生优惠票或老人优惠票的条件，如条件符合，则为乘客免费年检更新车票，若不符合，不能为乘客更新车票，并建议乘客办理退票并选择其他车票票种进行乘车。

(2) 员工票进行年检时，客服岗站务员应对车票进行免费更新。

(七) 遗失车票处理规定

(1) 乘客在付费区内遗失车票，无论遗失单程票或储值票，均须交纳车票制作成本费，同时支付最高单程票价。

(2) 客服岗站务员收取乘客相应现金后，为乘客发售一张“票丢失”出站票。

(八) 单程票退票规定

(1) 正常情况下，单程票一经售出，概不退换。

(2) 如果乘客强烈要求退票，客服岗站务员上报值班站长，经值班站长确认同意后，客服岗站务员为乘客办理退票，并填写《乘客事务处理单》进行说明。《乘客事务处理单》如图3-1所示。

<table>
<tr><td colspan="8">乘客事务处理单　　　　OP101　NO. 00000</td></tr>
<tr><td>日　期</td><td></td><td>班 次</td><td></td><td>客服中心号</td><td></td><td>员工姓名</td><td></td></tr>
<tr><td>事件详情</td><td colspan="7"></td></tr>
<tr><td>处理结果</td><td colspan="7"></td></tr>
<tr><td>注：</td><td colspan="7"></td></tr>
</table>

图 3-1　乘客事务处理单

(九) IC 卡人工退票规定

IC 卡人工退票规定如下(以某市地铁公司规定为例)：

1. 一般类型储值票(普通、学生、老人储值票)退票流程

(1) 客服岗站务员核对车票信息，填写“储值票退款/取卡凭证”或“退/换票申请表”：

① 客服岗站务员检查乘客手中的售票凭条和车票，分析车票对照卡号是否与凭条一致。凭条形式包括：车站打印凭条、加盖票务专用章的打印凭条、初期的手写凭条(手写凭条并加盖车站章或值班站长签字)。

② 凡是乘客没有售票凭条或车票的，不予办理退票，告知乘客取回凭条和车票后方能办理，车站有回收无凭条车票的情况，中心不予办理，由车站自行处理。

③ 客服岗站务员鉴定车票状态，并与乘客确认，在“储值票退款/取卡凭证”或“退/换票申请表”中进行标注：

- 车票状态 1：车票外观完好，无人为损坏，可以正常分析车票信息，信息无误，为正常退票。
- 车票状态 2：车票外观完好，无人为损坏，但车票不能正常分析，或分析为无效票，均视为票不可读退票。
- 车票状态 3：车票外观完好，无人为损坏，可以正常分析车票信息，但余额与交易明细不符，为车票故障退票。
- 车票状态 4：凡是车票有折损、弯曲、裂痕、穿孔，票面粘贴、涂痕、污渍等影响再次流通使用的，均确认为人为损坏退票。

客服岗站务员如实填写“储值票退款/取卡凭证”或“退/换票申请表”，注明卡状态和办理类型，检查后由乘客签字确认并留下联系电话，客服岗站务员将单页联撕下交给乘客作为取款凭证，告知乘客 7 日后到本站领取押金及卡内余额。

(2) 客服岗站务员将车票及售票凭条放入卡袋中，于班次结束后如实填写《SATVM 结算单》中本班次退票数量，并将其上交客运值班员。

(3) 客运值班员根据当日退票数量如实填写《运营日结算单》，注明站存退票种类及数量，退票留存车站，待票务中心回收。

(4) 票务中心根据《SATVM 结算单》和《运营日结算单》的退票结存数，派专人去车站票务室收取，车站须将未上交的全部退票交给票务中心，填写《车票交接单》，同时在有关车票台账中注明各项信息。

(5) 票务中心对收回的退票进行车票分析，系统查询和后台分析余额，填写《退款意见单》装入“退款取卡凭证”或“退/换票申请表”中，车票和售卖凭条留存中心。

(6) 待票务中心完成车票分析及处理工作后，将装有《退款意见单》的“退款取卡凭证”或“退/换票申请表”退回车站，客运值班员与票务中心交接时在《退款记录表》上签字确认，同时在有关车票台账中注明各项信息。

(7) 车站收到“退款取卡凭证”或“退/换票申请表”票袋后，由客运值班员负责保管，当乘客到车站领取退款时，客服岗站务员回收乘客持有的取款凭证，核对后根据退款意见单为乘客办理退款手续，并填写《乘客事务处理单》(须注明车票编号后六位)。使用“退款取卡凭证”时还应在意见单背面注明办理日期、办理车站、办理人员，若使用 “退/换票申请表”则填写所有信息。

(8) 办理完退款后，将注明办理信息的意见单或申请表连同回收的单联取款凭证重新装入“退款取卡凭证”或“退/换票申请表”中，装订在《乘客事务处理单》和粉色的《SATVM 结算单》上，于次日上交票务中心。

2. 特殊类型储值票(乘次票、半价票等)退票流程

(1) 客服岗站务员核对车票信息，填写“储值票退款/取卡凭证”或“退/换票申请表”。

(2) 客服岗站务员检查乘客手中的车票、售票凭条和说明书，对照卡号是否与凭条及说明书上的一致，车票、售票凭条、说明书任何一项丢失，车站不予办理退票。

后续处理流程同一般类型储值票退票流程。

3. 特惠票出售时无售票凭条，不予受理退票。

(十) IC 卡人工换票规定

1. IC 卡换票范围及规定

(1) 所有票种在车票出现票不可读、车票故障或人为损坏时，均可办理换票业务。车站办理 IC 卡换票业务时，无论乘客有无售票凭条或车票说明书，均予以受理；原车票有售票凭条或车票说明书时，在办理换票业务时，客服岗站务员将其回收，待新车票制作完毕后，将新车票的售票凭条或车票说明书交予乘客；原车票无售票凭条或车票说明书时，待新车票制作完毕后，不将新车票的售票凭条或车票说明书交予乘客。

(2) 经鉴定乘客所持原车票的车票状态为人为损坏时，须由乘客在取票时交纳成本费；

(3) 客服岗站务员在受理换票业务时，应在退款取卡凭证或退/换票申请表上注明“换票”字样，若换领的新车票由车站制作，则还须注明“已更换”字样；

2. 普通储值票、学生储值票、老人储值票、特惠票、集团优惠票换票方式

票务中心为乘客制作一张新车票，新车票余额为原车票余额 10 的整数倍，差额由乘客补齐。例如：一张普通储值票不能使用，余额为 32.5 元，票务中心重新制作一张 40 元的车票，对于两张车票的差额 7.5 元由乘客补齐，其余流程同一般类型储值票退票流程。

3. 乘次票换票方式

(1) 工作日内(节假日除外)，车站接到乘客换票申请后，电话联系票务中心，上报原车票卡号，经票务中心系统查询后，告知车站原车票已消费乘次，其后客服岗站务员为乘客重新发售一张新车票，新车票与原车票差额由乘客补齐。例如：50 乘次的乘次票乘客消费了 2 次后，乘客提出换票申请，需由乘客补交 2 乘次的票价后，车站重新发售一张 50 乘次的乘次票。如果乘客于节假日或休息日内提出换票申请，车站应告知乘客此项业务只能在正常工作日内办理，推荐乘客选择另一种换票方式，其余流程同一般类型储值票退票流程.

(2) 客服岗站务员填写退款取卡凭证或退/换票申请表，注明“换票”，将车票、售票凭条和车票说明书装入卡袋，待票务中心回收，并告知乘客 7 日后持凭证到本车站取票，中心将按照原车票内剩余乘次制作一张新车票，其余流程同一般类型储值票退票流程。

4. 半价票换票方式

(1) 工作日内(节假日除外)，车站接到乘客换票申请后，电话联系票务中心，上报原车票卡号，经票务中心系统查询后，告知车站原车票已消费金额，其后客服岗站务员为乘客重新发售一张新车票，新车票与原车票差额由乘客补齐。例如：200 元的半价票消费了 18.6 元后，乘客提出换票申请，需由乘客补交 18.6 元乘车费，车站重新发售一张 200 元的半价票。如果乘客于节假日或休息日内提出换票申请，车站应告知乘客此项业务只能在正常工作日内办理，推荐乘客选择另一种换票方式，其余流程同一般类型储值票退票流程。

(2) 客服岗站务员填写退款取卡凭证或退/换票申请表，注明“换票”，将车票、售票凭条和车票说明书装入卡袋，待票务中心回收，并告知乘客 7 日后持凭证到本车站取票。票务中心按照原车票余额 10 的整数倍制作一张新车票，差额由乘客补齐，其余流程同一般类型储值票退票流程。

(十一) 系统退票流程

(1) 客服岗站务员检查乘客手中的售票凭条和车票，如果是特殊车票还应检查车票说明书，并确定乘客退票原因：

① 乘客请求：车票外观完好，无人为损坏，可以正常分析车票信息，信息无误，确认为乘客请求退票。

② 乘客损坏：车票有折损、弯曲、裂痕、穿孔，票面粘贴、涂痕、污渍等影响再次流通使用的，确认为乘客损坏退票。

③ 车票不可读：车票外观完好，无人为损坏，但车票不能正常分析、使用，或车票可以正常分析使用，但余额与交易明细不符，均确认为车票不可读退票。

客服岗站务员确认可以办理退票时，在 SATVM 操作界面上点击“退票—IC 卡退票申请”，输入车票售票凭条号，根据退票的性质选择符合“正常退票、票不可读、车票故障、人为损坏”的退票原因，点击“发送确认”，并按照提示将车票放在读卡器上注销，办理完退票申请将打印的退票凭条交给乘客，并说明 7 日后持本凭条到任意站领取退款。

(2) 客服岗站务员将车票及售票凭条放入卡袋中，于班次结束后如实填写《SATVM 结算单》中本班次退票数量，并将其上交客运值班员。

(3) 客运值班员根据当日退票数量如实填写《运营日结算单》，注明站存退票种类及数量，退票留存车站，待票务中心回收。

(4) 票务中心每日查看 AFC 系统中的退票申请，同时与《SATVM 结算单》和《运营日结算单》中的记录进行核对，根据退票申请到相应车站回收退票，并按照日期顺序进行处理，而后根据车票状态回复退票意见，由系统下发至车站。

(5) 当乘客前来领取退款时，客服岗站务员检查乘客手中的退票凭条，确认无误后点击“退票—IC 卡退票确认”，输入乘客手中退票凭条的 ID 号，点击“发送查询”，核对系统屏幕显示的印刻编号与乘客手中的退票凭证信息是否相符，按照系统显示的应退金额，根据备注中的说明办理退款，最后确认上传(注意：查询退款金额后必须完成退款操作，即查询后不得按“取消”键)。

二、车票管理

车站车票管理涉及车票的接收、保管、发售和回收等。以下阐述车票管理的相关规定(主要针对车站内正常可用车票的管理进行叙述)，如图 3-2 所示。

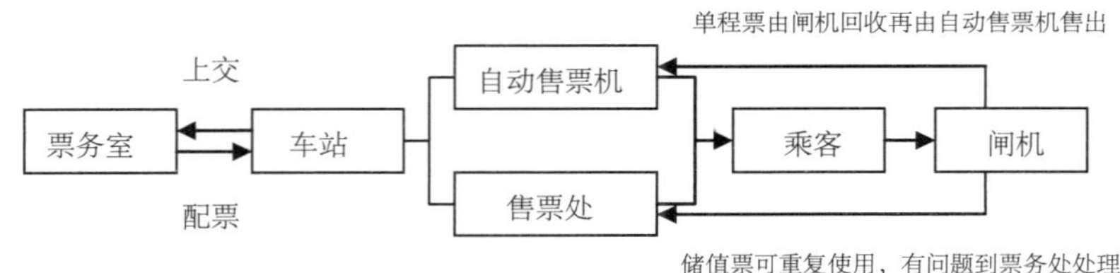

图 3-2 车票管理示意图

(一) 车票管理原则

车票是 AFC 系统票务收益的载体，也是联系乘客乘客与 AFC 系统的载体。因此车票需要进行妥善保管，以保证车票的安全。车票安全要点如下：

(1) 任何时间，车票只能存放于 AFC 票务室、售票问询处、自动售票机、出站闸机等处，除特殊原因外，任何人不可在其他地点放置车票。

(2) 车票在运送途中，一律放在上锁的票箱或封闭手推车内。

(3) 车票在任何地点存放都要有相应人员负责，一旦发生丢失、损坏，应依据相关规定追究有关人员责任。

(4) 在有监控设备条件下，任何车票，在清点交接时，均需在监控摄像头有效范围内进行操作。

(二) 车票的保管规定

1. 普通单程票保管

接收车票后，由客运值班员及时入账，并将车票存放于保险柜规定位置；在封签完整的情况下，可以按照封签上的信息交接；车站拆封车票时必须双人且在摄像头的控制区域内正面操作，如发现封签信息与实际不符时，该盒/袋车票禁用，并及时通知车务部票务技术主办和票务中心。

普通单程票需存放在安全的地方进行保管。车票通常只能存放在票务室、自动售票机和出站闸机设备内。为避免混淆不同性质的单程票，保管单程票应划分不同的区域，一般可分为“上交区”和“循环区”。

循环区车票来源有：车票主管部门配发或调配的普通单程票；车站闸机回收的普通单程票；

运营结束后自动售票机票箱结存的普通单程票；运营结束后单程票人工回收箱分拣出的可用单程票等。

上交区车票来源有：自动售票机、票务处理机、单程票清分机等设备产生的废票；运营结束后单程票人工回收箱分拣出的废票、已售单程票、无效单程票；过期预制单程票等。

当保管的车票数量发生变化时，必须在相关台账上进行登记或在台账系统录入数据。为确保车票安全，车票的保管区应设立在车站票务室且专用，平时须上锁，钥匙由客运值班员负责，每班要进行交接。

2. 预制单程票保管

预制单程票由车票主管部门制作并配发到各站，以应对大客流情况下的客运组织。与普通单程票不同，预制票已赋值，处在“已售”状态，应等同现金管理。为确保预制单程票的安全，车站应将预制单程票放置在保险柜内保管。存放时要注意以下要点：一是不同价格的预制票不能混放；二是不同有效期的预制单程票不能混放。对于已经过期的预制单程票，则要放在票柜的“上交区”保管。

3. 储值票保管

储值票由于本身的成本较高，其保管和预制单程票一样，需要放入保险柜内存放，由客运值班员负责，每班要进行交接。

4. 车票的安全管理

以某市地铁公司的规定为例：

(1) 任何时间，车票只能存放于点钞室、票务处、TVM、BOM、出闸机，除非特殊原因，不得在其他地点放置车票。

(2) 对有值车票，均应根据票种归类存放于上锁的专用文件柜或保险柜中；其他车票应按车票类型(闸机回收票、废票等)归类存放于固定的文件柜。

(3) 有值车票在运送途中，一律放在上锁的售票盒、票箱或封闭手推车中，由一车站员工负责运送。

(4) 保管车票时，注意防折曲、刻画、腐蚀、水、重压和高温。

5. 车票的加封规定

以某市地铁公司的规定为例：

(1) 车票可以根据其种类、性质等需要，使用特制票盒、钱袋或票务专用信封等予以加封，也可以使用封条直接对车票加封。

(2) 对车票实施加封时，应两个人一起加封(其中一人须为客运值班员)。加封后，封条上必须注明加封内容(含车票种类、车票数量等)、加封车站、加封人和加封日期。

(3) 钱袋加封时，应将钱袋口用封条缠绕扎紧加封；使用票务专用信封加封时，应采用“工”字加封，放入车票后将信封口封住，再用封条将信封背面的接缝处封住，最后在信封背面封条骑缝处及封面上盖章；使用封条直接对车票加封时，采用“十”字加封法，将车票整理整齐后用封条进行直接加封。

6. 车票开封、清点原则

以某市地铁公司规定为例：

(1) 车站所有车票的开封、清点须由当班客运值班员与车站人员两人共同完成。

(2) 对开封后非即时配出的车票，开封人员需及时对清点过的车票按规定两人加封。

(3) 开封后。发现车票数量或信息有误，开封人员需及时报站长或当班值班站长到点钞室确认，并在相关台账或交接本上做好记录，车票封条封存，待站长或值班站长核查清楚后方可使用。

(三) 车票的交接规定

在实际运营中，配发车票、上交车票、车票站间调配等环节都存在车票交接的情况。

交接车票必须进行封装。车站接收人员须依据相应的配票单据当面检查车票包装及封条是否完好，在确认封条与配发单据所写票种、数量一致后在单据上签名，将车票存放在相应的区域，并登记相关台账和进行系统数据录入。

以下为某市地铁公司车票交接规定：

1. 车票交接原则

(1) 预赋值储值票。预赋值储值票必须当面清点车票数量，确认车票信息无误后办理签收交接手续。

(2) 预赋值单程票。当班客运值班员与车站另一站务员工负责将预赋值单程票用专用专用点票机进行清点。

(3) 编码车票，对已加封的编码车票交接时，接班人确认加封正确完好后凭加封数量交接。

(4) 交接时若发现车票数量或信息有误，接班人员应及时报站长或当班值班站长到点钞室确认，并在相关台账账或交接本上做好记录，车票按实际数量进行签收。站长或值班站长应及时调查原因，视情况进行处理，同时，将事情经过及时上报车务、票务、稽查等部门。

2. 客运值班员之间的车票交接

(1) 接班客运值班员应依据“值班员交接班簿”上的记录与交班客运值班员当面清点钞室内所有车票、当日的车票上交单、车票配给单，确认无误后进行签收。

(2) 接班客运值班员应检查每一包车票封装盒的封口是否完好，若有破封的情况即报站长或值班站长，该包车票严禁使用，等站长或值班站长核查清楚后方可使用。车站需要用票时可开另一包封口完好的车票。

3. 客运值班员与售票员之间的交接

(1) 开窗前的车票交接：客运值班员与售票员当面清点和交接车票，确认车票信息后，填写“售票员结算单”的“开窗张数”栏。

(2) 结账时的结余车票交接：客运值班员与售票员当面清点和交接车票，确认车票信息后，填写“售票员结算单”的“关窗张数”栏。对于 BOM 不能正常发售的车票，售票员须及时加封，封条上注明 BOM 无法发售，车票的票种、数量、加封人、加封日期。结余车票交当班客运值班员。

(3) 结账时无效票及与乘客事务处理有关的车票交接：经售票员回收的其他种类的车票，由本人将车票分类扎好，根据加封的车票数量封入票务专用信封或钱袋，注明车票类型、票种、数量、加封车站、加封人和加封日期，由客运值班员根据信封封面的张数与“无效／过期票处理记录表”所填写的张数进行核对，确认无误后随报表上交票务室。

4. 配发、接收、调配

经济管理部将车票配发到各车站，车站客运值班员和值班站长负责接收。具体流程如下：

(1) 值班站长按照经济管理部预先填好的《车票交接单》中车票种类和数量核对实际交接的车票，按照票盒、票袋等交接时，检查封签是否完整无损，确认信息无误后签字，并由车站保管《车票交接单》粉联；封签破损时车站可拒收或者在时间允许的情况下清点实数，最后签字确认，并由车站保管《车票交接单》粉联；

(2) 票务室配给车票，原则上票务室每周为全线各站配票。例如某地铁公司规定当班客运值班员负责接收票务室配发的车票。客运值班员在车站 AFC 室依据“车票配给单”当面交接各种车票，确认无误后签名，并在“车站售票／存票日报”和“值班员交接簿”上做好记录。

5. 车票上交

(1) 在营业过程中产生的无效车票、与乘客事务处理有关的车票，用票务专用信封“工”字加封与报表同时上交。

(2) 指定上交的车票：票务室车票管理组电话通知各车站，说明需回收车票的种类、数量；客运值班员按要求准备车票，并填写“车票上交单”；票务室车票管理组员工依据“车票上交单”清点各车票的数量，确认无误后签收，“车票上交单”第二联留存车站。

(3) 其他种类的车票：经售票员回收的其他种类的车票，由本人将车票分类扎好，根据加封的车票数量封放人票务专用信封或钱袋，注明加封内容、加封车站、加封人和加封日期，由客运值班员进行核对，确认无误后，次日连同报表一起上交票务室。

6. 借票及归还

(1) 车票仅限于 AFC 专业人员、票务稽查人员、票务审核人员借用，除此以外未经票务室许可，严禁向其他部门或人员借出车票。

(2) 当班客运值班员根据借票人员提供的借票情况填写“车票/现金借出记录表”，与借票人员确认车票信息、数量无误后，双方在车票现金借出记录表上签名。

(3) 借票人应在当天将车票交还车站(测试出闸机或测试有关设备且需经过出闸机的车票除外，但需在“车票/现金借出记录表”上注明原因)。

(4) 借出车票归还时，车票封入票务专用信封，“工”字加封，连同“车票/现金借出记录表”随次日报表上交票务室。

(5) AFC 专业人员测试完毕后，必须向票务室提交相关数据。

(四) 车票的发售规定

车票发售主要包括普通单程票、预制单程票和储值票的发售等。

1. 普通单程票的发售规定

车站正常运营时，普通单程票经自动售票机发售，乘客可自助购买单程票。

2. 预制单程票的发售规定

预制单程票是车票主管部门提前制作并配发到车站，以应对设备故障或大客流时乘客购票困难的问题。预制单程票是属于预售票，在车站售票问询处或临时票亭通过人工进行售卖，它的特点是已赋值，具有较长使用期限，可以在沿线各车站进站乘车。

预制单程票的发售，应具备以下条件：客流较大时，车站站厅等待购票的乘客持续增多，在自动售票机发售和票务处理机售票都无法缓解排队现象。

一般情况下，预制单程票发售的原因有：

(1) 节假日期间客流较大，已经超出车站设备发售的最大能力；

(2) 车站周边组织某类活动，活动结束时导致车站短时间内客流大量增加；

(3) 部分或全部自动售票机故障，导致车站设备发售车票的能力下降。

预制单程票发售指令由车站管理人员视具体情况发出。

3. 储值票的发售规定

车站正常运营时，储值票在车站售票问询处发售。目前国内各个城市考虑到储值票成本问题，乘客购买储值票时需要交纳一定的押金。

【任务实施】

根据给定的模拟情景，正确使用与管理车票。

1. 模拟现场，设计各种场景，例如：

场景一：一乘客持单程票乘坐一个车程后既超时又超程，票务工作人员帮助处理。

场景二：一乘客在付费区内遗失车票，票务工作人员帮助处理。

其他场景教师另行设计。

2. 学生根据已学知识，分小组进行角色扮演，正确处理以上问题。

3. 上述任务完成后，进行小组自评和互评，最后教师讲评，取长补短，开拓完善知识内容。

任务二　自动售/检票系统认知

【任务描述】

自动售/检票系统(AFC)在地铁服务中与乘客接触比较直接，票务系统的业务管理也是借助自动售/检票系统实现的，它对地铁运营起着至关重要的作用。随着自动售/检票系统技术的不断进步，不同时期投入使用的终端设备存在较大差异性。国外对自动售/检票系统的研制、投入运营起步较早，发展也比较成熟。我国的城市轨道交通建设起步晚，但经过二十多年的使用，也积累了丰富的经验。作为票务人员，应掌握自动售/检票系统的架构，对整个系统有全面的、整体的认识。

本任务主要介绍了 AFC 技术的发展历程、AFC 系统发展的关键阶段、城市轨道交通 AFC 系统的内涵、AFC 系统的架构、AFC 系统与其他系统的接口说明等。通过本任务的学习，应掌握 AFC 系统的构成，对 AFC 系统有全面认识。

【知识准备】

城市轨道交通自动售/检票系统(Automatic Fare Collection System，简称 AFC 系统)是通过对计算机、网络技术、现代通信技术、自动控制技术、智能卡技术、大型数据库技术、机电一体化技术、模式识别技术、传感技术、机械制造技术、统计、财务等专业知识的综合运用，来实现城市轨道交通的售票、检票、计费、收费、统计、清分结算等全过程自动化，大大减少了票务工作人员的工作量，提高了运行效率和效益，使乘车收费更趋合理，减少了逃票情况的发生。轨道交通自动售/检票系统可大大减少现金流通，减少人工售/检票过程中的各种漏洞和弊端，避免售票“找零”的繁琐，方便乘客。同时通过对客流量、运营收入等综合业务信息的汇总分析，可以让决策者增强客流分析预测的能力，合理地调配资源，以提高运营单位的经营管理水平。

一、AFC 技术的发展历程

国际上第 1 个轨道交通自动售/检票系统(AFC)于 1967 年在加拿大蒙特利尔市开通，最初的 AFC 系统采用磁介质票。20 世纪 70 年代后，世界主要城市的轨道交通，如墨西哥、圣地亚哥等都装备了自动售票或检票系统。此后，在轨道交通 AFC 系统中，各种先进技术不断涌现并得到应用。1974 年，美国旧金山城市地铁票务系统(BART)率先在收费系统中使用电子钱包，1982 年中国香港地铁票务系统(MTRC)在国际上率先采用可循环使用的磁卡票，1993 年，香港地铁用接触式 IC 卡取代了磁卡票。

随着制票技术的发展，出现了多种轨道交通应用技术体系，主要有基于一维条码的纸质票人工售/检票系统、基于二维条码的纸质票自动售/检票系统、一次性磁票自动售/检票系统，循环使用的磁票自动售/检票系统、非接触式 IC 卡票自动售/检票系统等。AFC 应用技术发展的同时，AFC 系统的硬件设备，特别是专用设备，如自动售票机(TVM)、自动检票机(AG)、窗口制票机(TIU)等技术也在发展。TVM 硬件模块的集成度越来越高；AG 的门控技术从三杆式发展到拍打式、剪切式，以适应不同场合、不同环境的需要；TIU 制票技术向支持多票种(条码、磁、IC 卡)打印、多票卷方向发展。

二、AFC 系统发展的关键阶段

AFC 技术在我国城市轨道交通售/检票系统的应用过程主要经历了以下几个发展阶段。

(一) 标准制订阶段

这一过程需要协调和规划同一地区或同一行业之间的技术标准，建立统一的软件标准体系，以及硬件接口标准和票制标准。

(二) 系统建设阶段

AFC 系统建设分单一线路系统建设、路网系统建设和城市公交大系统建设三个阶段。单一线路系统建设从整条线路角度考虑功能需求，切忌采取先建一个简单系统来满足现在需求，待日后再去完善的做法，以免造成浪费。路网系统建设以路网而不是单条线路确定系统结构和功能，AFC 系统在整个路网中是功能统一的系统，建设过程中要对系统的规模、应用和投资进行总体规划，确保系统可持续发展。城市公交大系统建设综合考虑铁路与公共交通的互通互换，从不同交通方式的换乘与衔接、旅客购票、检票等作业环节统一考虑 AFC 系统的功能设置和票价清分规则。

(三) 信息管理和利用阶段

这一阶段开始加强对售/检票原始数据和信息的整理分析能力，找出客流变化规律，为客运服务和运营管理提供及时、准确的数据分析，为客运资源的综合利用和调整提供决策参考，并促进票务市场的营销推广。

(四) 设备国产化阶段

设备国产化可以降低 AFC 系统后期维护和运营成本。按技术的难易程度主要分为设备设计和组装技术国产化、设备制造技术国产化和关键部件国产化三个阶段。

三、AFC 系统的内涵

(一) 个性化

城市轨道交通自动售/检票系统为乘客设置了符合人体工程学的售票机和检票闸机，方便了乘客的购票和检票过程，同时提供符合地方特色的操作方式。

(二) 客流导向

城市轨道交通自动售/检票系统可方便地实现乘车路径和优惠票价管理，可以通过票价设定来为乘客提供导向性服务，实现柔性的乘客自主对出行路径或时段的选择，合理调整客流分布。

(三) 社会效益

一方面可通过城市轨道交通自动售/检票系统形成对区域交通客流状况的调整，对社会生活产生影响；另一方面可通过自动化的设施影响人们的行为模式，克服票务工作中的舞弊行为。

(四) 提供信息支持

城市轨道交通自动售/检票系统能够提供客流量、票务收入等统计信息，为城市轨道交通的运营、规划和管理决策提供信息支持。

(五) 提高运行效率

城市轨道交通运营单位可根据自动售/检票系统的客流信息及时调整运行组织，合理安排运能，提高运行效率。

(六) 强化安全管理

借助自动售/检票系统付费区的封闭条件，可对乘客在车站内的行为进行管理。在紧急情况下，可通过闸机的禁行和放行措施疏导人群，实现安全管理。另外，还可以通过闸机的关隘作用，协助社会治安管理。

(七) 提升形象

通过自动售/检票系统，增加了城市轨道交通与乘客的操作交互性和乘客的主动性，良好的应用效果可以提升运营企业和所在地区的形象。

四、AFC 系统的架构

城市轨道交通的自动售/检票系统是处理城市范围内众多轨道交通线路售/检票业务的管理系统。涉及路网业务、线路业务、车站处理、终端处理和车票媒介方面的内容。根据业务和层次。城市轨道交通自动售/检票系统架构的参考模型包括五个层次，从底层到上层分别为：车票、车站终端设备(SLE)层、车站计算机(SC)层、线路中央计算机(LCC)层、清分中心(ACC)层。系统架构的参考模型如图 3-3 所示。

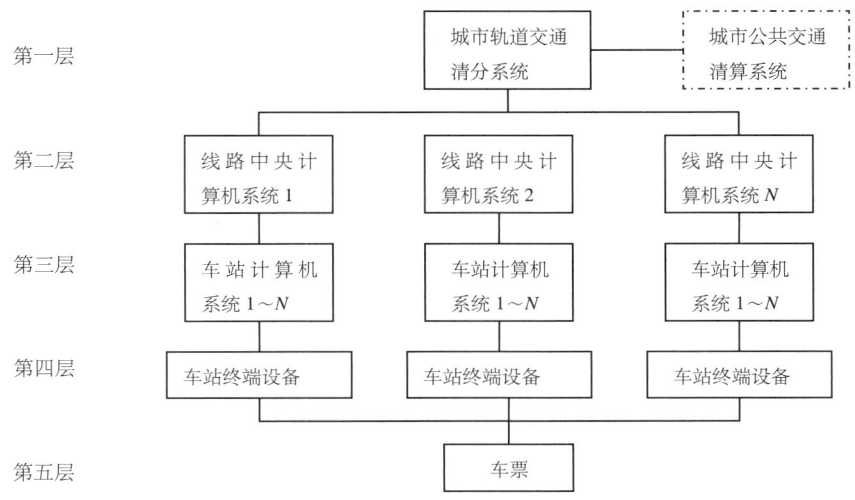

图 3-3　城市轨道交通自动售/检票系统的架构

(一) 城市轨道交通清分系统

1. 构成

城市轨道交通清分系统应包括服务器、工作站、网络设备、车票编码 / 分拣机、不间断电源和打印机等。

2. 基本功能

城市轨道交通“一票通”清分中心主要有以下功能：

(1) “一票通”车票管理，包括：“一票通”车票类型定义；“一票通”车票初始化编码；“一票通”车票发行；“一票通”车票分拣；“一票通”车票的调配管理。

(2) 票务管理，包括：车票交易数据处理；车票发售收益统计；运营收益统计；运营报表处理；运营交易数据清分；票务对账结算；车票发售现金收入管理；运营收益转账；完成同交通卡中心数据的交互。

(3) 运营管理，包括：系统运营参数管理；客流统计与分析；系统运营模式管理；系统运营信息发布；车票使用信息查询。

(4) 系统维护，包括：系统用户管理；权限管理；数据归档和备份；系统数据恢复；系统日志管理。

3. 主要性能

(1) 大型数据库应采用关系型数据库，符合 SAG、ODBC 工业级标准，支持 SQL092 结构化查询语言和 RAC 集群及并行处理技术。

(2) 应能保存不少于 13 个月的业务数据。

(3) 支持系统 24 小时连续在线实时运行。

(二) 线路中央计算机系统

线路中央计算机系统是负责线路运营管理的信息管理系统，它是 AFC 系统的核心部分。通过线路中央计算机系统对地铁 AFC 系统内所有设备进行监控，实现系统运作、收益及设备维护集中管理，实现对系统数据的集中采集、统计及管理，并且能实现与“一卡通”系统的数据交换及财务清算。

1. 构成

线路中央计算机系统包括服务器、工作站、网络设备、不间断电源和打印机等。

2. 基本功能

每条运营线路配置一套线路中央计算机系统，线路中央计算机系统主要具有以下功能：

(1) 票务管理，包括：车票交易数据处理；车票发售收益统计；运营收益统计；运营报表处理；票务对账结算；车票发售现金收入管理。

(2) 运营管理，包括：系统运营参数管理；在线设备状态监控；系统运营模式管理；客流统计与分析；车票分拣；票卡库存管理；系统通信监测。

(3) 系统维护，包括：系统用户管理；权限管理；数据归档和备份；系统数据恢复；系统时钟管理；系统日志管理。

3. 主要性能

(1) 大型数据库应采用关系型数据库，符合 SAG、ODBC 工业级标准，支持 SQL-92 结构化查询语言。

(2) 应能保存不少于 6 个月的业务数据。

(3) 支持系统 24 小时连续在线实时运行。

(4) 具备每日处理不少于 400 万笔交易量和每秒能处理 5000 条交易数据的能力。

(5) 实时查询车站设备状态及数据，在 5s 内下达查询命令并返回查询结果。

(6) 对保存的数据进行统计及报表查询，在 30s 内显示并返回查询结果。

(7) 在运营结束时，应能在 4 小时内完成当日运营作业程序的统计。

(三) 车站计算机系统

1. 构成

车站计算机系统包括服务器、网络设备、工作站、紧急按钮、不间断电源和打印机等。

2. 基本功能

每个车站配置一套车站计算机系统，车站计算机系统主要具有以下功能：

(1) 系统数据管理，包括：接收和储存车站各终端设备上传的交易数据；将交易数据上传给线路中央计算机系统；接收线路中央计算机系统的各类系统运行参数；接收线路中央计算机系统的控制命令和指令信息；交通卡充值授权的管理功能，包括正常授权和降级授权。

(2) 运营管理，包括：实时监控本车站 AFC 系统的设备运行状态；提供与车站运营业务有关的统计分析报告；车票的发售和现金管理；客流监控；票卡库存管理；紧急情况下 AFC 系统设备的管理。

(3) 系统维护，包括：时钟管理；数据归档、备份；数据恢复；系统日志管理。

3. 主要性能

(1) 车站计算机系统中的服务器应为工业级计算机。

(2) 应能支持系统 24 小时连续在线实时运行。

(3) 断电时应具有系统和数据自动保护功能。

(4) 应具备每日处理不少于 30 万笔交易量和每分钟能处理 5 000 条交易数据的能力。

(5) 应能实时查询车站设备状态及数据在 5 s 内下达查询命令并返回查询结果。

(6) 应能对保存的数据进行统计及报表查询，在 30 s 内显示并返回查询结果。

(7) 车站计算机下达的系统命令应能在 5 s 内下达到车站所有设备。

(8) 在运营结束时，应能在 15 s 内完成当日运营作业程序的统计。

(四) 车站 AFC 系统终端设备

1. 构成

车站终端设备包括自动售票机、自动检票机、票房售/补票机和自动加值机等相关配套设备。

2. 基本功能

车站终端设备主要具有以下功能：

(1) 售/检票功能，包括：进/出站自动检票；车票发售；补票、加值；车票查询、验票。

(2) 运行管理，包括：接收车站计算机下传的命令、参数、文件；存储所有的交易数据并上传到上级系统；具有独立运行能力；采用易于维护的模块化、通用化硬件；具有良好的人机界面，操作方法和步骤相对统一；具有较好的防范及错误提示功能；具有安全保护装置，防止对人员的伤害。

(五) 车　票

从种类上分，车票包括单程票、储值票、员工票和测试票等。车票是携带票务信息的电子化乘车凭证，其在售票、进站检票和出站检票过程中，票内电子化信息被售/检票设备作相应更改。

五、AFC 系统与其他系统的接口说明

(1) 与城轨交通办公自动化系统(OA)的接口：城轨交通办公自动化系统一般要使用 AFC 运营数据，而 AFC 系统不会采用城轨交通办公自动化系统的数据。可采用数据管道方式处理以上事宜。

(2) 紧急报警和消防报警系统的接口：与紧急报警和消防报警系统的接口可以采用人工和自动化控制两种方法。但根据实际情况和以往经验，认为采用人工相对较好。

(3) 与信号系统的接口：主要是时钟同步接口，目前采用中心和车站两级分别时钟同步的方式，即所在地的信号系统分别接入控制中心和各车站 AFC 系统。

(4) 与银行系统的接口：主要是车站的自动转账机通过专线与银行系统相连接，进行有关银行卡方面的数据交换，同时将相应数据转输到车站 AFC 系统中。

【任务实施】

掌握 AFC 系统的构成，全面认识 AFC 系统。

1. 在学习相关知识的过程中，现场参观或使用设备模型，通过现场参观或模型观摩，掌握 AFC 系统的构成，全面认识 AFC 系统。

2. 分小组进行测验，然后进行小组自评和互评，最后教师讲评，取长补短，开拓完善知识内容。

任务三　自动售/检票系统的运营模式管理

【任务描述】

为了实现在轨道交通地下铁路系统联网运营中，正常情况下为乘客提供售、补、检票等服务以及各种异常情况下采取针对性措施，保障运营商、乘客的权益和安全，AFC 系统定义了内部统一的系统运营模式及相应的处理办法，以满足 AFC 系统运营的要求(如客流环境、安全环境、运营截止环境等其他异常运行环境的要求)。作为客运服务人员，应有能力根据运营中出现的实际问题，为自动售/检票系统启用相应模式，保障乘客安全，并尽量降低企业受损失程度。

本任务主要介绍了 AFC 系统的运营模式及管理。AFC 系统的运营模式包括系统运营模式、车站运营模式和设备运营模式三类。通过本任务的学习，能够根据实际情景，确定自动售/检票系统的运营模式及相应的处理办法。

【知识准备】

一、运营模式的定义和分类

为实现在轨道交通地下铁路系统联网运营中，正常情况下为乘客提供售、补、检票等服务以及各种异常情况下采取针对性措施保障运营商、乘客的权益和安全，AFC 系统定义了内部统一的系统运营模式及相应的处理办法，以满足 AFC 系统运营的要求(如客流环境、安全环境、运营截止环境等其他异常运行环境的要求)。

AFC 系统可实现不同的运营模式，在不同的运营模式下可对某线路、某车站、某组、某类设备的运行方式、车票处理方法等进行灵活定义，以达到在各种运营模式下，减少工作人员对设备的操作，快速响应地铁不同运营模式的目的。运营模式下发采用实时下发方式，各个线路和车站接收到运营模式后把结果反馈给线路中心或清分中心，线路中心或清分中心根据反馈结果采取相应的措施。

AFC 系统的运营模式是指 AFC 系统为满足轨道交通人性化运营管理需求而采取的针对系统、车站和终端设备的不同控制策略，包括系统运营模式、车站运营模式和设备运营模式 3 类。

系统运营模式是指整个线网 AFC 系统根据不同的系统运行环境(如客流环境、安全环境、运营环境等)而制定的运行对策方案。

车站运营模式是指某一车站内部对所有设备运营模式的组合。如双向检票机检票方向预先设定等。车站运营模式不影响线网 AFC 系统中其他线路或车站的运行。

设备运营模式是指某一车站内设备各功能模块运营模式的组合。如单个设备的孤岛运营模式、TVM 非找零模式、闸机的只接收储值卡模式等。该模式不影响整个线网 AFC 系统的其他线路或车站的运行。

二、系统运营模式

系统运营模式包括三种运营管理模式：正常运营模式、降级运营模式和紧急放行模式。

通常情况下，自动售/检票系统在正常运营模式下自动运行。正常运营模式是系统默认模式，包括正常服务模式和关闭服务模式。正常服务模式下进行正常的售票、补票、检票等处理。关闭服务模式下，不对车票进行任何处理。

在运营过程中如出现特殊情况，为保证客运安全和运营收益，应根据实际情况，经设定系统进入相应的降级运行模式。基本降级运行模式包括：列车故障运行模式；进站免检运行模式；出站免检运行模式；时间免检运行模式；日期免检运行模式；车费免检运行模式。

在运营过程中，当车站或列车发生火灾、爆炸等危及乘客和工作人员安全的紧急情况下，需要乘客紧急撤离车站时，启用紧急放行模式。进入紧急放行模式后，闸机处于全开状态，乘客出站不检票。紧急放行模式具有最高级的模式执行优先权。车站紧急模式的设置可由车站防灾系统自动设定，亦可由站控室值班站长通过按压紧急按钮进行设定。

系统运营模式规定了各种运营情况下模式执行对象、模式执行时间和模式履历。

系统运营模式的执行对象为车站。模式执行的时间是指模式执行的开始时间和结束时间，也可称为模式变更的时间。为了保证所有车站对在非正常模式下使用的车票进行后续处理，线路中心或清分中心需记录非正常模式的模式类型、日期和所影响的车站。清分中心使用 EOD(设备运营参数数据)将模式履历下发到 AFC 线路中央计算机，经 AFC 线路中央计算机下发到车站，最后到设备。履历日期以运营日为单位。

(一) 正常运营模式

正常运营模式是系统默认模式，该模式处理正常状态下的售补票及检票等。系统正常运营模式包括：正常服务模式、关闭模式、暂停服务模式、设备故障模式、维修模式和离线运营模式。

在每日运营开始时，自动售/检票系统可根据时间表设置，自动将各车站终端设备(如检票机、半自动售票机、自动售票机等)设置为正常服务状态；每日运营结束时，系统也同样按顺序关闭终端设备，将设备置于关闭状态。同样，运营操作人员可以通过车站计算机将车站终端设备设置为正常服务状态或关闭状态。

在正常服务状态下，当乘客持车票进站，进站检票机检验车票有效时，释放自动检票机闸门，让乘客通行；当进站检票机检验车票无效时，锁闭闸门，乘客显示器显示相关信息，引导乘客到服务点查询车票。

当乘客持车票出站，出站检票机检验车票有效时，释放闸门，让乘客通行，出站检票机根据预先设置回收规定类型车票；当出站检票机检验车票无效时，锁闭闸门，乘客显示器显示相关信息，引导乘客到服务点查询车票。

当设备由于钱箱满、票箱满、票箱空等原因，或设备门被非法打开时设置进入暂停服务状态，在此状态下终端设备不应对车票作任何处理。

(二) 降级运营模式

当线网 AFC 系统在运行过程中出现一些特殊情况，在不影响人员安全的前提下，系统不能正常对乘客提供完全服务时，经清分中心批准车站可启动降级运营模式。清分中心向关联线路中央计算机转发降级运营模式指令，关联线路中央计算机向本线路车站计算机下发并启动相应的联动模式。模式执行对象接收到不同的模式指令时产生模式组合，模式组合以最低车费、最有利乘客为执行原则。线网环境中的降级运营模式包括：运营故障模式、进站免检模式、出站免检模式、时间免检模式、日期免检模式和超程免检模式。

1. 运营故障模式

当出现运营故障，部分车站暂时中止运营服务时，暂停服务的车站需根据相关规定设置运营故障模式。

可通过中央计算机系统、车站计算机系统将车站终端设备设置为运营故障模式，并做好相关记录，以后设的为优先。

1) 设备的表现

(1) 中央计算机系统工作站上要明显地显示该车站名称及模式，如字体或颜色闪烁等，以便进行监控。

(2) 设置了该模式的车站计算机系统应在显著的位置，用明确的文字或符号显示所设置的模式，并用明确的文字或符号显示车站内的哪些设备已进入该模式。

(3) 在收到车站计算机系统下达的命令后，车站终端设备按模式要求进入相应的状态，按模式要求对车票进行处理。

2) 对车票的处理

(1) 设置运营故障模式的出站检票机应根据车票的票种及进站地点作不同处理。

① 对本站进站的单程票及乘次票不扣除车费或乘次，单程票不回收，并写入此模式的标志信息。

② 对本站进站的其他车票不扣任何车费，并写入出站码和此模式的标志信息。

③ 对其他车站进站的单程票及乘次票不扣除车费或乘次，单程票不回收，并写入此模式的标志信息。

④ 其他车站进站的其他类型车票不扣车费，写入出站码和此模式的标志信息。

(2) 模式结束后，所有车站的自动检票机对车票进行处理。

① 若单程票或乘次票具有列车故障模式标志信息，并在规定时间段内(系统设置)，则允许任何车站进站使用。出站时根据实际车费进行检查，车费不足应到半自动售补票机进行　超程更新处理。

② 储值票等其他车票正常使用和扣费。

2. 进站免检模式

出现下列情况之一时，车站可设定为进站免检模式：

(1) 售票设备全部故障，无法发售车票时。

(2) 进站及双向检票设备全部故障时。

(3) 客流集中进站，致使售/检票能力严重不足，危及乘客安全时。

在进站免检模式下，乘客不需检票直接进站，其他车站对于无进站信息车票视同免检模式站进站，乘客可持车票正常检票出站，出站时出站检票机自动补全车票信息，将回收类车票回收。

3. 出站免检模式

出现下列情况之一时，车站可设定为出站免检模式：

(1) 出站及双向检票设备全部故障。

(2) 客流集中出站，检票设备能力严重不足，危及乘客安全时。

在出站免检模式下，乘客出站不需检票直接出站。持非回收类车票的乘客在规定日期内再次进站时，进站检票机依据车票内进站信息和模式信息扣除上次乘车费用后按照正常检票进站。回收类车票作废不可再次使用。

4. 时间免检模式

由于列车延误、时钟错误或其他原因导致大量持票乘客超时无法出站，应及时设置时间免检模式。

可通过中央计算机系统和车站计算机系统，将车站终端设备设置为时间免检模式，并做好相关记录，以后设的为优先。

1) 设备的表现

(1) 中央计算机工作站上要明显地显示设置为该模式的车站名称，如字体或颜色闪烁等，以便进行监控。

(2) 设置了该模式的车站计算机应在显著的位置，用明确的文字或符号显示所设置的模式，并用明确的文字或符号显示车站内的哪些设备已进入该模式。

(3) 在收到车站计算机下达的命令后，车站终端设备按模式要求进入相应的状态，并按模式要求对车票进行处理。

2) 对车票的处理

设置此模式车站的出站检票机对所有车票不检查车票上次的进站时间，但是仍检查车票的票值、进站码、日期等，所有车票按正常票价扣费。

5. 日期免检模式

若由于轨道交通运营的原因，导致车票过期，根据运营工作的需要及相关规定的要求设置日期免检模式。若终端设备时钟出现故障，系统能自动避免对车票时间及日期方面的检查，而不需设置时间及日期的免检模式。

可通过中央计算机系统和车站计算机系统，将车站终端设备设置为日期免检模式，并做好相关记录，以后设的为优先。

1) 设备的表现

中央计算机工作站上要明显地显示设置为日期免检模式的车站名称，如字体或颜色闪烁等，以便进行监控。

(1) 设置了该模式的车站计算机应在显著的位置，用明确的文字或符号显示所设置的模式，并用明确的文字或符号显示车站内的哪些设备已进入该模式。

(2) 在收到车站计算机下达的命令后，车站终端设备按模式要求进入相应的状态，对车票进行处理。

2) 对车票的处理

设置此模式的出站检票机对所有车票不检查车票上的有效日期，但是仍检查车票的其他信息，如进站码、车票票值等，所有车票按正常票价扣费。

6. 超程免检模式

由于某个车站因为事故或者故障而关闭，导致列车越过该站后才停车，可根据相关规定的要求设置超程免检模式。

可通过中央计算机系统和车站计算机系统，将车站终端设备设置为超程免检模式，并做好相关记录，以后设的为优先。

1) 设备的表现

(1) 中央计算机工作站上要明显的显示设置为该模式的车站名称，如字体或颜色闪烁等，以便进行监控。

(2) 设置了该模式的车站计算机应在显著的位置，用明确的文字或符号显示所设置的模式，并用明确的文字或符号显示车站内的哪些设备已进入该模式。

(3) 在收到车站计算机下达的命令后，车站终端设备按模式要求进入相应的状态，按模式要求对车票进行处理。

2) 对车票的处理

设置此模式的出站检票机不检查车票的余值，但检查车票的其他信息，如车票的进站码、时间、日期等，储值票按最低票价扣费，乘次票扣一个乘次，轨道交通专用票回收。

(三) 紧急放行模式

在运营过程中，当车站或列车发生火灾、爆炸等危及乘客和工作人员安全的紧急情况，需要乘客紧急撤离车站时，启用紧急放行模式。可通过中央计算机系统、车站计算机系统、车站控制室紧急按钮及检票机本机控制等多种方式实现，并做好相关记录，将车站终端设备设置为紧急放行模式。

1. 设备的表现

(1) 中央计算机工作站上要明显地显示设置为该模式的车站名称，如字体或颜色闪烁等，以便进行监控。

(2) 设置了该模式的车站计算机应在显著的位置，用明确的文字或符号显示所设置的模式，并用明确的文字或符号显示车站内的哪些设备已进入该模式。

(3) 在收到车站计算机下达的命令后，车站终端设备按模式要求进入相应的状态，按模式要求对车票进行处理。

(4) 半自动售票机可正常运作，但操作员显示器上显示紧急状态的信息。自动售票机应处于暂停服务的状态。

(5) 检票机所有扇门处于打开状态，保证乘客无阻碍地离开付费区。同时，所有检票机(包括进、出站检票机)的乘客显示器显示紧急信息，所有面向付费区的导向指示器闪烁显示“通行”标志，所有面向非付费区的导向指示器闪烁显示“禁止通行”标志。

2. 对车票的处理

所有检票机不对车票进行写处理。在该模式下，回收票不可再次使用，在一段时期内可按规定退票；非回收票下次进站时补齐出站记录，不收取上次乘车费用。紧急放行模式具有最高级的模式执行优先权。

三、车站运营模式

所有车站设备可根据时间设定，按顺序开启和关闭(或待机)，能工作在正常服务模式、关闭模式、紧急模式、降级模式及离线模式下。

(一) 正常服务模式

在正常服务模式下，车站设备应能处理乘客车票、发售车票和处理现金，各设备的乘客显示器应显示允许使用的信息。

(二) 关闭模式

通过中央计算机、车站计算机及本地控制应可将车站设备设置为关闭模式。在运营时间内，停止单台或部分终端设备的工作可通过操作中央计算机、车站计算机及本地控制实现。在关闭模式下，所有售票设备应停止发售车票，所有检票设备只允许乘客持票出站。

(三) 紧急模式

当发生紧急情况需要乘客紧急撤离车站时，可通过事发车站的车站计算机或者 EB(紧急按钮)启用紧急模式。进入紧急模式后，所有闸机打开扇门，乘客出站不检票。车站紧急模式具有最高级的模式优先权。在启用紧急模式后，车站计算机将自动向中央计算机传相关信息。

(四) 降级模式

当系统运行过程中出现一些特殊情况，在不影响人员安全的前提下，系统不能正常对乘客提供完全服务时，经设定后进入降级运营模式。根据不同的降级模式定义，系统进入不同的运行状态。模式执行对象接收到不同的模式指令时产生模式组合，模式组合以最低车费、最有利乘客为执行原则。降级运营模式包括：进站免检模式、出站免检模式、时间免检模式、日期免检模式、车费免检模式和列车故障模式。

(五) 离线模式

当车站计算机与中央计算机通信中断时或无网络连接时，设备可工作在离线模式下。在该模式下，设备应能保存 7 天的数据，车站计算机应能保存 1 个月的数据，并可通过外部专用设备上传数据和下载参数。当恢复通信时，可自动检测未上传的数据，并自动上传；可自动检测未下载的参数，并自动下载。

车站运营模式应可根据条件、参数设置组合形成。车站应具备多种自定义的运营模式，以满足运营拓展的需要。

四、设备运营模式

(一) 自动售票机

自动售票机除满足地铁运营的各类运营模式外，还根据设备本身特点具有无找零、只接收硬币、只接收纸币和孤岛运行等模式。在各运营模式下，自动售票机均应对乘客有相应的提示。

(二) 自动检票机

自动检票机除满足地铁运营的各类运营模式外，还根据设备本身特点具有只接收储值卡、只接收单程票和孤岛运行等模式。在各运营模式下，自动检票机均应对乘客有相应的提示。

(三) 票房售票机

票房售票机为功能较全面的终端设备，根据所布置的位置不同，可有售票模式、补票模式、售补票模式和孤岛运行等模式。在各运营模式下，票房售票机均应对乘客有相应的提示。

五、模式管理

模式管理应至少包括以下功能：

(1) 线路 AFC 系统应接受清分中心下发、转发的降级模式启用/解除命令和紧急模式启用/

解除命令。

(2) 设备、车站计算机、中央计算机须应答清分中心下达的总体运行状态查询命令。

(3) 不同的运营模式可由线路中心、车站、设备本地启用/解除。关闭模式(适用于整座车站关闭情况)启用/解除、降级模式启用/解除、紧急模式启用/解除等的命令须逐级上传至线路中心和清分中心，并由线路中心向本线其他车站转发，由清分中心向其他线路转发。

(4) 系统应可对接收到的 AFC 系统模式信息进行分类告警，告警信息分类可通过用户自定义参数编辑。

(5) 系统应可对 AFC 系统的模式进行记录和统计报表。

【任务实施】

根据给定的模拟情景，确定自动售/检票系统的运营模式及相应的处理办法。分小组完成以下任务：

1. 老师设计一些模拟场景，如车站或列车发生火灾、爆炸等。
2. 学生根据已学知识，确定自动售/检票系统的运营模式及相应的处理办法。
3. 上述任务完成后，进行小组自评和互评，最后教师讲评，取长补短，开拓完善知识内容。

任务四　票款的管理

【任务描述】

票款是车站现金的重要组成部分，主要包含自动售票机和半自动售票机的售票及充值收入、临时售票处的售票收入等。对于车站票款，应严格执行财务管理相关规定，对票款和备用金实行分区管理，每日运营结束后进行清点、登记、系统录入、封装和解行。

本任务主要介绍了轨道交通票款的管理原则和流程。通过本任务的学习，能够较好地掌握车票和现金管理等票务基础知识，熟知相关票款管理原则和操作流程，面对突发事件能够根据规定程序严肃妥善处理。

【知识准备】

票款管理就是对系统内的票务收入进行汇缴、清算、入账等过程管理，包括票款汇缴、登账稽核、凭证管理等。

一、车站现金管理

车站的现金主要由两部分组成：一部分是车站的票款，另一部分是用于车站日常票务运作的备用金。车站的现金管理要严格执行财务管理规定，严禁坐支票款、挪用备用金和弄虚作假；票款和备用金要分区管理，避免备用金发生误解行的情况；备用金交接必须双方当面清点和确认。

车站现金通常要求存放在车站的安全区域。一般现金安全区域主要是指 AFC 票务室、售票问询中心、临时售票处、自动售票机和自动充值机的钱箱中。在现金安全区域内，严禁存放私人钱款和车票，任何无关人员未经车站当班负责人批准不得进入。在售票问讯中心和临时售票处，售票员应将现金存放在现金抽屉和配币箱中，避免乘客接触。在有监控设备监控的条件下，涉及现金交接、清点应在监控区域内进行，现金处理完毕，应立即锁入保险柜中。

(一) 轨道交通票款收入构成

从理论上讲，轨道交通票款收入即指一个运营日内各类售补票设备上的交易总金额扣除当天各类票务事务总支出后的余额。轨道交通票款收入不等同于运营收入。

轨道交通票款收入=各类车票发售(充资)收入+补票收入+超时更新收入－

退卡金额－各类乘客票务事务抵冲金额

(二) 备用金

1. 票备用金的定义

车票备用金是指为了满足地铁售票、充值、退票、罚款等业务活动的需要而准备的找零用现金。车票备用金分为纸币车票备用金及硬币车票备用金。纸币车票备用金包括一角、一元、五元、十元、二十元、五十元六种面额人民币。硬币车票备用金包括一角、五角、一元三种面额人民币。

车站票务运作的备用金主要用于自动售票机找零、乘客兑零、储值票和特殊情况下的退票款以及乘客异常事务退款。备用金的使用范围应严格控制，不得挪用，各站之间不得调拨和借用。车站备用金的保管要指定专人负责，每班进行交接。备用金的使用和借出要有登记备案。

2. 车票备用金管理原则

(1) 车票备用金为专项资金，专款专用，仅适用于车站售票找零使用，车票备用金须与当日现金收入分别统计、分别管理，现金收入中不应包括车票备用金。

(2) 车站留存的车票备用金总量不能满足使用需求时，由车务部票务技术主办统一向经济管理部提出车票备用金申请。

(3) 为方便清点银行配送的车票备用金金额，车站在提出车票备用金申请或兑换需求时，车票备用金纸币以 100 张为单位计数，硬币以 1 000 枚为计数单位，不设零头。

3. 一般地铁公司对备用金的操作

(1) 备用金的配发：① 备用金由财务部门统一配发车站；② 车站备用金基本为固定数额，根据每个车站的客流和现金周转情况确定。遇到大型节假日，可根据需要增配备用金，节　假日结束后归还增配的部分；③ 备用金的配发和归还方式由财务部门规定。

(2) 备用金的使用：① 配备给售票员，满足当班兑零或找零需要；② 补充到 TVM，满足当班兑零需要；③ 预交给银行，作为与银行兑换硬币的现金。

(3) 备用金的清点：① 与银行兑换的硬币，需两人(其中一人必须为当班值班站长)清点。在确认无误后共同签章加封。发现异常情况，在相应账册、报表上做好记录。② 开封时必须两人(其中一名为客运值班员)确认封条正确完好后，开封共同清点。清点后若发现金额不符，应立即报站长或值班站长到点钞室。开封人及站长或值班站长在“值班员交接班簿”备注栏签名确认。若原因无法查明，差额由加封人负责；如未执行两人开封清点规定时，差错由开封人负责。

(4) 备用金的补还：① 车站与银行兑零时发生差错由银行负责多退少补，可由财务部门与银行协商采取按次或按月(季)结算、补还；② 原则上，车站在运作过程中不造成备用金的差额，若特殊情况产生备用金差额时，通过报告形式申请财务补还。

4. 硬币配送差错处理

车站拆封银行配送的硬币后，若发现硬币枚数与实际清点枚数不符，应及时将差错情况电话通知经济管理部收益分析室，同时，拆封客值及值班站长应在硬币包装纸上注明实际清点数量，双人签字确认，将硬币包装纸留存好，以备上交。

在进行账务处理时，客值应按照正常流程进行登记记账，硬币添加数量为实际清点数量，但于每次结算时，票务室硬币实际结存金额与账面金额不符，差额为硬币配送差错，此时，客值应在《票务室现金台账》及《客运值班员交接班簿》中进行记录说明，直到银行更正差错为止。

二、轨道交通票款收缴

对于车站票款收入，要求每日运营结束后，进行清点、登记、封装。

轨道交通企业要设计合理的票款收入管理流程，以保证票款收入能及时足额地集中到企业账户。

(一) 现金收益收缴方式及内容

(1) 每日现金收益收缴方式为由指定的解款人员到地铁沿线各车站进行统一收缴。

(2) 每日车站上缴的现金收益收缴款内容为前一个运营日车站的发售收入，即每日运营结束后，车站留存的全部现金金额扣除车站车票备用金固定库存金额后的其余现金。

(二) 现金收益收缴款流程

(1) 每日运营结束后，地铁车站客运值班员将当日车站留存现金总额扣除车站车票备用金固定库存金额后的其余现金按照具体要求进行封包，针对每个封包钱袋填写相应的《现金送款单》，注明封包钱袋内各种面额纸币数量及金额，并将其放入封包钱袋内与钱币一同进行封装，客运值班员在封包钱袋封签上签字确认。

(2) 客运值班员归集完每日待上缴的封包钱袋后，根据封包钱袋具体内容填写《现金收益收缴款明细表》，其中注明封包钱袋编号、封签编号及钱袋内现金金额。

(3) 解款人员到达车站后，车站员工必须确认其身份后，才能在车站票务室进行交接。

(4) 与解款人员进行交接工作时，须有车站客运值班员与值班站长共同在场，当班值班站长因特殊原因无法到达交接现场时，应委派其他人进行交接，并将委派人情况提前通知解款人员。

(5) 车站正常运营情况下，车站人员应在解款人员到达车站前做好交接准备工作，待解款人员到达后立即进行交接工作，全部交接程序应在五分钟之内完成。由于车站原因造成交接工作延迟，车站相关人员应承担相应责任。

(6) 每日早上解款人员到达车站后，依据车站填写的《现金收益收缴款明细表》，核对封包钱袋编号、封签编号、封包数量及封签是否完好，解款人员核对无误后，在《现金收益收缴款明细表》上签字确认。

(7) 车站票务人员将《现金收益收缴款明细表》放入解款人员收款钱箱内，将钱箱上锁并进行铅封，完成与解款人员的收缴款交接过程。

(8) 车站票务人员在与解款人员交接完毕且解款人员离开车站票务室之前，车站须确保封包钱袋及封签的完整性。

(9) 如果车站的票款不能缴纳，需及时通知经济管理部，并以书面的形式写明原因，由当班客运值班员、值班站长、中心站长签字后报送经济管理部。票款待转天上缴。

（三）车站现金的运作管理

1. TVM 现金的处理

TVM 的钱箱分纸币钱箱和硬币钱箱。一般由客运值班员负责安排更换 TVM 钱箱。若在运营时间更换钱箱时，须设置“暂停服务”牌。更换完毕，须确认自动售票机已恢复正常服务状态后，撤除“暂停服务”牌，并立即将钱箱送返点钞室。

1）更换钱箱的时机

(1) SC 提示 TVM 钱箱将满时。

(2) 各站结合本站具体情况制定的更换钱箱的固定时间。

(3) 本站最后一列载客列车开出后的规定时间内。

2）更换钱箱的注意事项

(1) 更换钱箱的工作必须在车站计算机设置的系统运营结束时间之前全部完成。

(2) 每日运营结束后，必须更换所有投入服务的 TVM 的钱箱。

(3) 每日实际运营结束后更换钱箱，须将找零器和该找零器内的所有硬币回收至硬币钱箱内。

(4) 更换钱箱时需两人进行操作：一人负责具体操作，一人负责更换钱箱操作的监控和安全工作。

(5) 打开 TVM 维修门及取出钱箱时必须报车控室，在得到车控室许可并在车站计算机上下达命令后，用员工号和个人密码登录。

3）钱箱的清点

钱箱清点是收益管理的重要环节，应严格把控。钱箱清点要在车站票务室进行；在有监控设备的条件下，所有清点工作都要在摄像头的有效范围内进行；钱箱清点工作至少确保两人在场，并互相监督；钱箱清点完成后，系统数据录入、台账填写要规范，并按解行的要求进行封存。一般钱箱的清点事项如下：

(1) 由当班客运值班员及另一名车站站务员工两人进行钱箱的清点工作，低职员工负责清点，高职员工负责监督，并填写“钱箱清点报告”的相应部分。

(2) 纸币钱箱和硬币钱箱需分开并逐一清点。

(3) 在清点过程中，若发现假币、机币等异常情况，需在“钱箱清点报告”的备注栏注明。

(4) 假币、机币用票务专用信封加封后随报表上交票务室。

4）补充找零硬币

一般由当班客运值班员与值班站长负责找零器的补币工作。由客运值班员负责具体操作，值班站长负责监督和安全工作。一般补充找零硬币的时机是：

(1) 每天运营开始前车站需进行找零器的补币工作。

(2) 在运营期间，当 SC 上 TVM 设备状态显示找零器将空或厅巡报告 TVM 处于不找零模式时，需及时进行补币。

2. 收到的其他票款

一般情况下，值班员在收到 AFC 维修人员或厅巡上交的现金后(在 TVM 出币／出票口或其他地方拾获)，必须要求拾获人员在“车站营收日报”上备注并签名。严禁售票员收取 AFC 维修人员或厅巡上交的现金。

(四) 票款解行

1. 票款解行流程

车站票款主要有自动售票机售票收入、自动充值机储值票充值收入、票务处理机售票收入、临时售票处售票收入等。对于车站的票款收入，要求每日运营结束后进行清点、登记、系统录入、封装和解行。

票款收入一般要求每日按时解行，不得在车站过夜保管。解行方式由各个地铁视情况而定：

解行方式：打包返纳或直接送行。

解行时间：各站结合本站的特点及银行的服务时间，确定解行时间。

解行负责人：一般由车站客运值班员和一名车站员工负责，另一名车站员工负责运送途中的安全。

注意事项：各站所有的隔夜票款、早班 TVM 钱箱收入及 BOM 收入(隔夜票款可视各站情况，尽量在上午解行)，必须在每日下午银行停止营业时间前全部解行(直接解行)。

为确保安全，车站应将中班票款尽可能多地存入银行，尽量减少留存车站的隔夜票款。

2. 解行金额错误调整说明

针对车站出现的多解行(或少解行)并于其后进行调整的现象，根据不同情况，特制定如下操作流程：

1) 对于由票务中心在审核过程中发现的多解行(或少解行)问题

(1) 由票务中心书面通知车站需调整解行的时间及金额，并将此通知随车站报表票袋交于车站。

(2) 车站收到书面通知后，由当班值长立即联系解行错误当日的客值与值班站长，告知其到车站对书面通知内容进行确认，并于确认后由解行错误当日的客值与值班站长更正结算单及台账，对错误原因进行书面说明(按照规定格式进行书写)，同时在客运值班员交接班簿中注明“在今日营收的基础上调增(减)解行金额××元(附经管部书面通知××号)”。

(3) 由当日夜班客值对照经管部书面通知及交接班簿上注明调整金额对当日解行金额进行调整，当日解行金额 = 当日营收金额 ± 解行调整金额。

在填写《运营日结算单》时，应注意：当日营收金额仍按照常规程序进行计算，解行调整金额对其无影响。

(4) 次日上报经管部收益分析室的解行金额为实际解行金额。

(5) 解行错误当日客值与值班站长填写的书面通知于次日随车站报表票袋上交票务中心。

2) 对于由车站发现的多解行(或少解行)问题

(1) 由解行错误当日的客值与值班站长填写调整解行金额申请，经中心站长审核签字确认后，将此书面申请随车站报表票袋上交票务中心。

(2) 票务中心核实无误后，将书面通知车站需调整解行的时间及金额，并将此通知随车站报表票袋交于车站。

(3) 其后流程同由票务中心在审核过程中发现的多解行(或少解行)问题。

(五) 现金借用

原则上，车站的票款和备用金不得借作它用。如有特殊情况需要借用车站现金时，须经票务管理部门和财务部门批准方可借用。

(1) 借用现金从车站备用金中支付，借款时由当班客运值班员填写“车票／现金借出记录表”后，借款人签收。

(2) 借款人应在经票务管理部门和财务部门要求的期限内归还借用现金，并在“车票／现金借出记录表”做好记录。

(3) 当班客运值班员应在“值班员交接簿”上作相应的借还款记录。

(4)“车票/现金借出记录表”随当天报表上交票务室。

(六) 钱箱运送及回收规定

售/检票终端设备中涉及现金交易的自助设备主要有自动充值机和自动售票机。在车站日常票务运作中或运营结束后需要回收设备内的钱箱，以便清点现金和票款解行。设备钱箱主要有自动充值机纸币钱箱、自动售票机纸币钱箱和硬币回收箱。为确保现金安全，操作员在钱箱回收和运输过程中需遵守如下规定：

(1) 根据需要准备一定数量的空钱箱，以便回收售/检票终端设备内钱箱时作替换用。

(2) 回收设备钱箱需两人在场，同时要严格按照设备操作规程的要求进行操作。

(3) 回收钱箱要详细填写记录表中的内容，包括日期、时间、设备号、钱箱号和经办人签名等。

(4) 钱箱从设备上取下要立即放入运营小车中并上锁(如有该功能)，同时按操作规程要求装上空钱箱。

(5) 运营小车应紧跟操作员身边，并避免无关人员接近。

(6) 钱箱回收完毕后，设备后门要及时上锁。

(7) 不要粗心大意，确保回收所有钱箱。

(8) 将运营小车推回票务室途中要两人进行，并选择安全的路线且任何一人都不可擅自离开。

三、车站现金交接规定

(一) 纸币交接

纸币交接需双方当面清点后签认。交接时若发现数目有误，应及时上报上级主管部门，并调查处理此事。若差额原因无法查明，则所短款项由交班人当场补足。长款随当日票款上交。

(二) 硬币交接

硬币交接需双方当面清点后签认。交接已加封的硬币时。接班人确认加封正确完好后可凭加封数目交接。

四、收益管理

(一) 伪钞的识别原则与处理程序

车站工作人员要认真学习中国人民银行发布的各版本人民币真伪的识别方法。对乘客交付的现金，均需经过人工及设备的识别，发现伪钞应交还给乘客，请乘客另换一张。对于设备和人工都不能确认真伪的钞票，应请乘客另换一张；车站相关人员要严格把关，以谁收取谁补为原则，杜绝伪钞流入。

若员工收取假钞时，原则上实行收取假钞等价赔偿。如有特殊情况，可经票务运作和票务管理部门(如车务、财务、票务和稽查等)专门会议决定。

(二) 假币责任人规定

(1) 客服岗站务员在收到乘客支付的纸币时、应先验证纸币真伪，确认后收款。

(2) 客服岗站务员在与客值结算时，客值应仔细验证纸币真伪，若在验证过程中发现假币，赔偿责任人为进行结算的客服岗站务员。

(3) 客值在进行班次交接时，接班客值应仔细验证纸币真伪，若在验证过程中发现假币，赔偿责任人为交班客值。

(4) 若每日解行款中发现假币，赔偿责任人为解行款封包客值。

【任务实施】

根据给定的模拟情景，正确管理票款。

1. 模拟现场，设计各种场景，如：进行现金收益收缴款、车站现金交接、伪钞识别等。
2. 分小组进行角色扮演，然后根据所学知识，正确处理以上问题。
3. 上述任务完成后，进行小组自评和互评，最后教师讲评，取长补短，开拓完善知识内容。

任务五　账务的管理

【任务描述】

城市轨道交通的票务工作纷繁复杂，每天都需要整理票务工作并填写相关报表。每个站务员都要系统学习账务管理知识，了解不同报表反映的实际内容，达到会填报表、会看报表、会查报表的要求，能够独立进行报表的交接与管理。

本任务主要介绍了票务报表的类型及填写要求、票务报表更正要求、票务报表作废要求、票务报表的管理和交接等城轨交通账务管理工作。通过本任务的学习，能够正确完成各种车站票务账务管理工作。

【知识准备】

一、账务管理

账务管理就是对系统内的票务收入进行汇缴、清算、入账等过程的管理，包括账户设置、票款汇缴、登账稽核、收益清算、资金划拨和对凭证进行有效管理等。

二、报表管理

报表是记录车站现金交接、收益汇总、车票交接、发售与站存的原始台账，也是结算部门对服务员进行收益管理的原始依据。车站票务报表包括手工填写和计算机打印出来的报表。报表是了解车站票务收入和车票售卖情况的重要依据，也是进行票务收益核对的重要依据。车站票务报表种类较多，根据岗位不同，需要填写不同的报表。由于各个城市轨道交通公司的管理模式和要求不同，故票务报表的类型也有所不同。

(一) 报表种类

车站票务报表种类较多，各个城市轨道交通运营公司的管理模式不同，票务报表的类型也有所不同。以上海轨道交通系统为例，根据车站现金、车票管理需要及收益管理需要，目前通常使用的报表有退票报告、交通卡退款抵冲凭证、乘客事务处理退款抵冲凭证、售票员日营收结算单、TVM/CVM 日营收结算单、单程票(应急票)储耗日报表、票卡收发柜存账、编码室票卡、物品收发台账等。

1. 交通卡退款抵冲凭证

交通卡退款抵冲凭证是当发生交通卡扣款时发生错误，需要补给乘客相应金额时所填写的。

2. 售票员日营收结算单

该报表主要包括单程票的售出张数、售出金额、BOM 废票数和结存数，补票栏内的补票数以及补票金额，应急票栏的应急票售出张数和售出金额，退票金额栏包括单程票、故障退票、IC 卡押金、储值票、公共交通卡以及它们的合计金额，公交卡栏的公共交通卡金额，包括公共交通卡的售出张数、押金、加值。

3. TVM/CVM 日营收结算单

该报表主要包括找零加币，其中包括纸币、1 元硬币、0.5 元硬币；票卡栏包括今加数、售出数、废票数、今余数；钱箱回收数包括纸币、硬币以及小计的数目等。

4. 单程票(应急票)储耗日报表

单程票(应急票)储耗日报表内容有：上日结存、调入本站数、使用 GATE 回收数、BOM 售出数、TVM 售出数、补票、BOM/EFO 废票数、TVM 废票数等。

(二) 报表填写要求

报表填写要真实、准确、完整、及时。报表填写是一项细致而又严肃的工作，填制人员必须遵守票务规章制。

- 真实：报表必须由相关人员填写且如实反映票务情况，不得捏造事实、弄虚作假。
- 准确：报表填写前认真核对实际情况，以正确无误的数据填列，并要仔细复核。
- 完整：必须按报表所列事项填写，不得遗漏，且每日上交报表必须连号(报表号码按票等管理部门配发的报表号码)。
- 及时：报表必须在规定期限内填制完毕，并按规定时间上交票务管理部门，不得故意延迟时间。
- 属于多联过底的报表，一定要写透，不要上面清楚，下面模糊。报表的各项指标必须按要求填写，不应留用空格不填，若因客观原因不产生数字的空格用“一”符号表示。
- 报表填写必须用蓝色或黑色笔填写，字迹必须清晰、工整，不得潦草。属于过底的报表用圆珠笔填写，属于非过底的报表用钢笔或签字笔填写。填写人员必须用私章确认。
- 报表中使用的数字应用阿拉伯数字，填写时应逐字书写，不得连笔书写。对金额一项，小数点后无数时，应写“00”或“—”。

(三) 报表更正要求

因报表是作为车站现金交接、收益汇总、车票交接、发售与站存的原始台账及服务员收益结算的原始依据，一经填写完毕原则上不得修改。当报表填写发生错误确实需要更改时，需要通知相关人事确认后进行更改。必须用画线更改法进行更改，在报表中错误文字或数字上画一红线，以示注销，然后在该处盖上更改人员的修正章以示负责；若要改动的次数过多，导致报表不清时，应另填写一份，原报表作废。

(四) 报表作废要求

报表在写坏作废时，应当加盖“作废”戳记，全部保存，不得撕毁，并随当日报表于次日上交票务管理部门。

(五) 报表的交接

报表的交接要按规定的时间、地点、方式进行，各站客运值班员将车站的报表归整后放入文件袋中，做好报表交接的准备，由票务室人员按既定方式收取车站报表。

(六) 报表的管理

报表应分类归整，检查报表是否齐全。报表均应按月装订成册。装订时要加具专用封面、封底，封面注明加封车站、加封报表名称、加封时间及装订人姓名、员工号。

报表需在一定期限内留存，以备结算部门、审计部门提取相关数据。车站应定期按报表分类、整理并装订报表，检查报表是否完整，并设立专门的保管区域对报表进行管理，确保报表安全，严禁私自进行报表的注销和销毁。报表的注销与销毁由企业按规定，由专门部门负责处理。

【任务实施】

模拟现场，正确填写各种车站票务报表。分小组完成以下任务：

1. 模拟现场，分小组进行角色扮演，然后根据所学知识，按给定的相关数据填写票务报表，如：售票员日营收结算单、TVM/CVM日营收结算单等。

2. 上述任务完成后，进行小组自评和互评，最后教师讲评，取长补短，开拓完善知识内容。

任务六　票务设备的管理

【任务描述】

自动售/检票终端设备面向乘客、服务于乘客，站务员应清楚每一台终端的功能和使用方法，协助乘客操作并能够进行常见的故障处理。另外，由于城市轨道交通车站的票务工作手续严格且流程复杂，还需要多种备品协助完成票务工作。这些备品一般均有专人看管，备品申领需登记，借出需及时归还。在日常工作中，员工需严格遵守企业对票务备品管理的规定，避免给车站车票、现金、设备等带来安全隐患。

本任务主要介绍了自动售/检票终端设备的分类及相关管理原则、票务工器具的管理、票务钥匙的管理等。通过本任务的学习，应全面认识票务设备并掌握其管理原则。

【知识准备】

一、自动售/检票终端设备的管理

自动售/检票系统是以磁卡(直至磁卡和PET磁卡)或智能卡为车票媒介，利用自动售票机、半自动售票机、自动检票机、查询机等终端设备，并通过计算机网络实现轨道交通运营中的自动售票、自动检票、自动收费、自动统计的封闭式票务管理自动化系统。

(一) 自动售/检票终端设备的分类

自动售/检票终端设备是乘客直接接触的设备，也是城市轨道交通运营收入的重要设备。按应用分类，AFC 系统终端设备主要有以下几种：

1. 入站闸机

入站闸机用于乘客从车站非付费区进入付费区的合法性检查，并处理有关事宜。主要功能有：车票合法性检查、入站信息登记、允许或禁止旅客通行以及相关的业务统计和设备部件状态监视等，能与 SC 进行网络通信和数据交换。

2. 出站闸机

出站闸机用于乘客从车站付费区进入非付费区的合法性检查，并处理有关事宜，主要功能有：车票合法性检查、出站信急登记、车费扣除、允许或禁止旅客通行以及相关的业务统计和设备部件状态监视等，能与 SC 进行网络通信和数据交换。

3. 出入站兼用闸机

出入站兼用闸机具有入站闸机和出站闸机的两套不同用途功能，但在同一时间最多只有一套功能使用，同时具有用途方式的选择功能。

4. 票务处理机

票务处理机也叫半自动售票机，用于车站票务员与乘客之间有关票务的处理。主要功能有：售票、退票(储值票)、补票(单程票)、挂失(记名储值票)、充值(储值票)、验票以及相关的业务统计和设备部件状态监视等，能与 SC 进行网络通信和数据交换。

5. 自动售票机

自动售票机用于协助乘客自助式购买车票(单程票)。主要功能有：硬币自动识别、出票以及相关的业务统计和设备部件状态监视等，能与 SC 进行网络通信和数据交换。

6. 自动充值机

自动充值机用于协助乘客自助式补充车票(储值票)金额，主要功能有硬币自动识别、票卡充值以及相关的业务统计和设备部件状态监视等，能与 SC 进行网络通信和数据交换。

7. 自动转账机

自动转账机用于协助乘客自助式通过银行卡转账方式补充车票(储值票)金额。主要功能有：银行卡自动识别和扣款转账、票卡充值以及相关的业务统计和设备部件状态监视等，能与 SC 进行网络通信和数据交换。

8. 自动验票机

自动验票机用于协助乘客自助式检查车票的剩余金额，主要功能有 IC 卡读卡和显示功能、有关的设备部件状态监视等，能与 SC 进行网络通信和数据交换。

9. 自动补票机

自动补票机用于协助乘客在单程票面额不足以支付车费的情况下自助式补充车票的不足金额。主要功能有：硬币自动识别、票卡充值以及相关的业务统计和设备部件状态监视等，能与 SC 进行网络通信和数据交换。

10. 自动兑币机

自动兑币机用于协助乘客自助式兑换硬币。主要功能有：纸币自动识别、兑币以及相关的业务统计和设备部件状态监视等，能与 SC 进行网络通信和数据交换。

11. IC 卡初始化机

IC 卡初始化机用于对外购卡进行初始化处理，为城轨交通车票和对需初始化车票进行再处理。主要功能有：IC 卡分区、基础信息写入以及相关的业务统计和设备部件状态监视等，能与 CC 进行网络通信和数据交换。

（二）相关管理原则

在日常运营工作中，影响车站 AFC 系统终端设备运作的主要有闸机紧急放行装置、供电设施、通信网络和用户权限等。为确保车站 AFC 系统的正常运作，必须对相关人员的使用行为进行规范。现从闸机紧急放行装置、供电设施、网络设备、病毒防范、用户权限等方面介绍 AFC 系统的相关管理原则。

1. 闸机紧急放行装置

闸机紧急放行装置控制着整个车站所有闸机的紧急放行，只有在发生紧急情况需要疏散乘客时使用。所以在管理上，须要求车站人员在正常情况下不得按压紧急放行按钮，以免引发闸机的误开放，导致单程票流失和票务收益损失。对 AFC 系统的 MCP(带驾驶室和受电弓的动车)盘盒及相关附属设施(如配电箱、输入插座、电源开关、控制盒等)也应加强管理，禁止非专业人员接触。

2. 供电设施

车站 AFC 系统供电一般都属于一级负荷，配备有不间断电源(UPS)对所有 AFC 终端设备进行供电，所以对 UPS 和配电箱一般禁止非专业人员接触。

3. 网络设备

网络设备用于及时上传各类交易数据，要求非专业人员不得拔插车控室和客服中心网络设备的接线以及 AFC 终端 AFC 设备的网络接线。

4. 病毒防范

车站 AFC 终端设备以及各种 AFC 专用计算机一般安装的都是 Windows 操作系统，对 AFC 专用计算机的各种数据接口，如 USB(通用串行总线)、软驱、光驱等，都应进行屏蔽，以免引发病毒感染和传播。整个 AFC 系统也应与外网隔离，如与公司内部其他网络存在数据接口，也应设立防火墙。AFC 终端设备以及各种 AFC 专用计算机上应安装杀毒软件，以便实时监控；对杀毒软件，应定期更新病毒代码库。

5. 用户权限

对车站 AFC 系统的各类操作人员应设立用户号，每位操作员的用户号应唯一，一般采用员工号以便识别。对不同的用户应设立不同的权限和使用范围，原则上非本站员工不得拥有本站 AFC 终端设备的操作权限。用户的密码由操作员自行设置。操作员密码长度不得少于六个字符，密码更换周期不得长于一个月。操作员应记住自己的密码，不应将密码记载在不保密的媒介物上。系统在运行过程中，若操作人员需要离开工作现场，则应在离开前退出系统。以防其他人员越权操作。

二、票务工器具的管理

票务工器具通常也叫票务备品，包括钱箱、补币箱、闸机票箱(补票箱)、点钞机、验钞机、配票箱、手推车、点币机、点票机、售票盒等。

票务工器具在车站日常票务工作中使用频繁，保管不慎容易造成损坏或丢失，从而造成财产损失。并给车站正常票务工作带来不便。

车站票务工器具管理的要求有：

(1) 车站票务工器具要逐级进行管理，明确责任人，各班进行交接。如在“值班员交接班簿”上建立相应的管理台账，由当班的客运值班员全权负责保管。备品的更换统一报站务分部，由站务分部负责进行更换。

(2) 票务工器具要存放在 AFC 票务室或其他专门位置，以免无关人员接触。

(3) 票务工器具应轻拿轻放，不可随意摆放，用后要及时放回。

(4) 票务工器具要严格遵守操作规程进行操作，严禁违规操作。如钱箱、票箱要轻放，不要在地上拖行，以免刮花；装有钱的钱箱及装有票的票箱要用双手摆放；钱箱、票箱放入手推车时要注意放置平稳，推行时要匀速前进；保持钱箱、票箱的清洁；放在高处的钱箱、票箱注意靠墙放，以免落下造成损坏；禁止脚踩钱箱或坐在钱箱上。

三、票务钥匙的管理

票务钥匙种类较多，为了保证现金和车票的安全，减少违章行为，必须规范票务钥匙的使用和管理。

(一) 票务钥匙的种类

(1) 票务室钥匙，包括票务室大门钥匙、保险柜钥匙、五节柜钥匙、钥匙柜钥匙，解行钱箱钥匙。

(2) AFC 设备钥匙，见表 3-1。

表 3-1　AFC 设备钥匙表

设备	工　作	锁
ATVM	维修、硬币找零加币	大门
	更换票箱	票箱
	更换硬币钱箱	大门 + 抽出硬币储币箱
	更换纸币钱箱	抽出纸币储币箱
	补充纸币	大门 + 打开纸币找零箱
	数钱	硬币储币箱
	数钱	纸币储币箱
	维修硬币找零模块	大门 + 硬币找零模块
	设置报警模式	大声报警
	打开 PC 机	PC 机
SATVM	打开现金抽屉	钱抽屉
TCM	维修	大门
AGM	维修	大门
	更换票箱	票箱

(3) 客服中心钥匙，包括客服中心大门钥匙、半自动抽屉钥匙。

(4) 备品钥匙，包括手提金柜的钥匙等。

(5) 备用钥匙，包括所有票务钥匙的备用钥匙。

(二) 钥匙管理的基本原则

AFC 设备钥匙应由车站站长指定人员进行逐级管理；设置专门的“设备钥匙借用／归还登记本”；所有借用钥匙的站务人员或检修人员必须做好相应的记录，详细填写借用时间、借用人员、原因和归还时间等内容；钥匙使用后，应立即归还。特殊情况下，可适当延长借用时间，但要注明原因。

例如，某地铁公司票务钥匙的使用保管办法如下：

(1) 任何人不得私自配制票务钥匙，一经发现，按票务事故处理。

(2) 车站票务钥匙在借出、归还时须登记，记录于《车控室钥匙借用登记表》，信息应该完整、准确。

(3) 票务钥匙由当班客运值班员保管，在借出/回收时规范填写记录，客运值班员交接班时，须在《客运值班员交接班簿》中写明钥匙的数量。

(4) 当车站发生钥匙丢失、损坏时，须及时报车务部票务技术主办，必要时客运值班员和值班站长须书面说明。

(5) 客服中心半自动售票机现金抽屉的钥匙在初次使用时，车站须将现金抽屉钥匙与对应抽屉的编号一致，最后将钥匙挂在钥匙柜左上角的固定位置。

(6) AFC 终端设备的钥匙在正常情况下只能由值班站长或客运值班员持有，使用时不得带出使用区，须根据操作设备的模块取出相应的钥匙，不得将整套钥匙借出。

(7) 当站务员、维修人员借取钥匙操作设备时，应在值班站长或客运值班员的陪同下进行设备操作。

(三) 票务钥匙的交接

(1) 借用票务钥匙必须在“票务钥匙使用记录本”上登记，注明使用人、发放人、归还人、接受人、发放时间、归还时间、钥匙名称、个数。

(2) 日常使用的票务钥匙(AFC 室门钥匙、保险柜钥匙、文件柜钥匙和钥匙柜门钥匙及维修专用钥匙除外)全部由使用人和当班的客运值班员直接进行交接。

(3) AFC 室门钥匙、保险柜钥匙、文件柜钥匙、钥匙柜门钥匙由每班客运值班员之间进行当面交接。

(4) 维修专用钥匙由坐台人员负责与维修工程部 AFC 专业人员之间交接。

(5) 紧急按钮钥匙由每班值班站长之间进行当面交接。

(6) 钱箱钥匙由值班站长携带保管当面交接。

(四) 钥匙使用注意事项

使用前认清钥匙是否与该设备配套。使用前确认钥匙是否到位，不要未到位就用力转动。严禁使用钥匙去撬硬物。

【任务实施】

全面认识自动售/检票终端设备并掌握其管理原则。

1. 在学习相关知识的过程中，通过现场参观或模型观摩，全面认识自动售/检票终端设备并掌握其管理原则。

2. 分小组进行测验，然后进行小组自评和互评，最后教师讲评，取长补短，开拓完善知识内容。

任务七　票务事务的管理

【任务描述】

日常运营中，客服中心除处理正常的问询、售票和兑零外，还可能要处理乘客的各种票务事务。站务员首先要能够处理好常见的票务事务，如车票余额不足、滞留超时、扣费不对等。另外，当运营过程中出现 AFC 或其他设备故障以及列车延误、越站等特殊情况时，值班站长要全面指挥在岗员工，完成车站票务工作。这就要求站务员必须掌握常见的票务设备故障以及非正常运行模式下的票务应急处理办法。

本任务主要介绍了一般情况下的票务事务处理、特殊情况下的票务事务处理、票务差错违章管理及票务处(中心)的管理等。通过本任务的学习，能够正确处理乘客的各种票务事务，更好地为乘客服务。

【知识准备】

日常运营中，客服中心除处理正常的问询、售票和兑零外，还可能要处理乘客的各种票务事务。

轨道交通乘客票务事务泛指由于车票性能不佳、车票票面值与发售价值不符、车票使用保管过失或 AFC 设备原因等导致乘客的个别行为举措有悖于轨道交通管理条例，从而引发的乘客利益与轨道交通企业利益之间的矛盾和纠纷。

一、一般情况下的票务事务处理

(一) 车票余额不足

(1) 当乘客所持储值票余额不足时，请乘客充值，乘客充值后即可正常刷卡出站。

(2) 当乘客所持单程票卡余额不足时，表示乘客购买的单程票的金额已不足以支付乘车的费用，应收取乘客需补交的金额。

(二) 滞留超时

乘客乘坐地铁刷卡入站后需在规定时间内出站，超过规定时限就无法正常刷卡出站。从入站至出站这段时间超过允许的最大时间称为滞留超时。滞留超时要按各个地铁规定的票务相关规定补交超时金额。

(三) 无效车票

经读写器无法验出车票内的信息或车票状态信息不正常的车票，都称为无效车票。

(1) 如果乘客所持的车票是储值票，应询问乘客乘车站点，收取其相应车费后发售一张付费单程票给乘客。

(2) 如果乘客所持的车票是单程票，应询问乘客乘车站点，收取其相应车费后发售一张付费单程票给乘客，并回收无效的单程票。

(四) 疏散、清客时的票务事务处理

当车站发生不可预料的事情，比如列车故障、安全事故或存在隐患导致需要紧急疏散乘客的情况时，在任何车站，持单程票的乘客可在规定日期内办理单程票退票，使用储值票的乘客可在下次进站时给予免费更新等。

(五) 出闸机扣费不对

以某市地铁票务处理为例：

(1) 车站人员询问乘客乘车和车票扣值情况，同时在 BOM 上查询车票使用记录。

(2) 若车票使用记录显示闸机多扣值，则填写“乘客事务处理单”，退还多扣部分的款额给乘客。

(3) 办理本事务时，须由当值站长到现场确认并在“乘客事务处理单”上签章。

(六) 出闸机转杆被误用后无法出闸

以某市地铁票务处理为例：

(1) 车站人员询问乘客乘车情况，并在 SC 上查询出闸记录(若乘客所持储值票或一卡通时，则应查询车票使用记录)。

(2) 若出闸记录或车票使用记录与乘客反映情况一致，则填写“乘客事务处理单”，并在 BOM 上发售免费出站票供乘客出站使用。

二、ATVM 故障票务处理规定

(一) ATVM 纸币回收钱箱查询规定

当 ATVM 出现上述故障，乘客反映吞钱金额大于等于 20 元，经车站人员查询 ATVM 操作记录无法证实时(不包括纸币识别器卡钱情况)，需打开纸币回收钱箱进行查证的操作规定如下：

(1) 首先由乘客填写《乘客事务处理单》，详细说明情况，并签字确认。

(2) 由值班站长通知驻站民警到场监督。

(3) 在值班站长、驻站民警、乘客三方同时在场时，打开纸币回收钱箱进行查证。

(二) ATVM 特殊情况下的处理方法

运营日结束后，由于 ATVM 故障无法取出纸币回收钱箱回收现金时，在《ATVM 现金结算单》中相应的 ATVM“回收现金”栏目中填写“0”，“营收”栏目仍按照 SC 查询金额进行填写，计算出 CLOSE 金额，此时 CLOSE 金额为 AFC 找零钱箱及回收钱箱合计剩余数，不影响当日计算的解行金额。

对 ATVM 进行正常操作时，设备未打印凭条的由客运值班员人工填制，并由客运值班员及值班站长签字确认，填制格式参照正常打印凭条，但不对凭条进行编号。

ATVM 进行维修时，维修人员测试使用及回收的钱币，均按照运营当日添加及回收现金情况进行处理，即填写《ATVM 钱箱操作记录表》及《票务室现金台账》，记录添加及回收金额，设备未打印凭条的由客运值班员人工填制，并由维修人员及值班站长签字确认。

ATVM 进行维修时，维修人员测试使用及回收的车票，均按照运营当日添加及回收车票情

况进行处理，即填写《ATVM 票箱操作记录表》及《票务室 TOKEN 台账》，记录添加及回收数量，设备未打印凭条的由客运值班员人工填制，并由维修人员及值班站长签字确认。

ATVM 车票发售失败，开盖后取出的车票虽已赋值，但不能再次发售，应作为废票回收进行处理，即填写《ATVM 车票结算单》及《废票台账》，记录回收废票数量。

车站人员对 ATVM 无操作时，若在 ATVM 设备周边捡到钱币或车站内捡到的钱币，均按照失物原则进行处理，不作为票款的回收，同时，上述钱币不允许保管在票务室里。

（三）ATVM 故障的处理原则

1. ATVM 在售卖车票时发生吞钱、卡票、出售无效票的现象

ATVM 出现该类故障时，客服中心分析车票信息，查询 ATVM 交易记录，必要时打开纸币回收钱箱进行核查。处理时，客服岗站务员只能退还乘客现金，不能发售车票；在 ATVM 故障时，客服岗站务员应准确计算应退还给乘客的现金金额，计算公式为：

退还现金金额=乘客投入的全部现金－ATVM 已找零现金－
乘客持有的已正常发售的车票金额

若 ATVM 卡票后，车票由维修人员取出或由其他乘客购买时弹出，客服岗站务员应将其作为废票处理，不能进行发售，同时填写《乘客事务处理单》。

2. ATVM 在为 IC 卡充值时发生吞钱、IC 卡充值错误、用 IC 卡购买车票时卡票的现象

ATVM 出现该类故障时，客服中心首先分析 IC 卡卡内信息，在需要时查询 ATVM 交易记录，必要时打开纸币回收钱箱进行核查，客服中心在进行处理时，只能退还乘客现金或为 IC 卡补充充值，不能发售车票；ATVM 故障时，客服岗站务员应准确计算应退还给乘客的现金金额，计算公式为：

退还现金金额=乘客投入的全部现金－ATVM 已找零现金－乘客持有的
已正常发售的车票金额－IC 卡已正常赋值金额

三、特殊情况下的票务处理

（一）列车延误导致乘客超时时的票务处理

(1) 由值班站长或值班员在 SC 上设置“时间免检模式”。

(2) 设置本模式后，对于所有超时的单程票、储值卡及一卡通均能正常出闸。

(3) 列车延误产生的影响结束后，由值班站长在 SC 上取消“时间免检模式”。

（二）列车越站时的票务处理

(1) 由值班站长或值班员在 SC 上设置“车费免检模式”。

(2) 设置本模式后，对于持储值卡及一卡通的乘客出闸时，按该票种的最小车程费进行扣费；对持单程票的乘客出闸时，不检查车票的票值放行。

(3) 对于超时之外的不能出闸的车票处理，与正常时处理办法相同。

(4) 列车越站产生的影响结束之后，由值班站长在 SC 上取消“车费免检模式”。

（三）车站发生运营故障时的票务处理

(1) 由值班站长或值班员在 SC 上设置“列车故障模式”，并将信息汇报控制指挥中心(OCC)。

(2) 车票的处理如下：

① 储值票及一卡通使用车票出闸，出闸机不在车票上扣除任何车费，车票下次可正常使用。

② 单程票使用车票出闸，出闸机不在车票上扣除任何车费并将车票退还给乘客。乘客可持单程票到票务处(中心)办理退款或在规定时间内与购买的单程票一样在本站使用。

③ 运营故障的影响消除后，由值班站长或值班员在 SC 上取消“列车故障模式”，并将信息汇报 OCC。

(四) 处理特殊情况的注意事项

(1) 在处理乘客事务时必须保持耐心、冷静、有礼貌。

(2) 尽量把同乘客的争执、纠纷等安排在远离公众的场所处理。

(3) 当列车运行、车站的设备故障等影响到车站票务管理工作的正常进行时，必须保持镇静，并及时向上级报告。

(4) 当 AFC 设备出现车站人员无法处理的故障时，值班站长必须立即报负责维修的部门。

(5) 运营时间内，若站厅层的 AFC 设备无法向乘客提供服务时，该设备应放置“暂停服务”牌。所有 AFC 设备的故障均应由值班站长在相关记录台账上做好记录。

四、其他乘客事务处理

(一) 清起始标志

车票进出站状态有两种，一种是已入站，另一种是未入站。当乘客入站刷卡后。车票为已入站状态；出站刷卡后，车票为未入站状态。当乘客乘坐地铁出站时由于地铁原因或个人行为(如设备故障、车站清客紧急放行或乘客故意逃票出站等)造成未扣值，这时车票仍为已入站状态。当乘客持已有入站标志的车票就无法入站。需要对车票进行清起始标志处理。

(1) 若乘客持储值票入站，上次入站时间不超过规定的时间，则免费对车票进行标志更新，改为“未入站”；若入站时间超过相应的规定时间。则按规定收取费用并对车票进行标志更新，改为“未入站”；若上次进站不是本站，则按规定收取费用并对车票进行标志更新，改为“未入站”。若是地铁原因所致，则免费进行标志更新。

(2) 若乘客持单程票入站，上次入站时间不超过规定的时间，则免费对车票进行标志更新，改为“未入站”；若入站时间超过相应的规定时间，则按规定回收车票，请乘客重新购票；若上次进站不是本站，则按规定回收车票，请乘客重新购票。

(二) 票务事务退款

由于地铁设备故障或其他原因导致乘客损失，应依据相关的票务规定给予乘客办理退款。如乘客购买单程票时，自动售票机少找零或收钱不出票等情况。凡是涉及乘客事务退款，应保留相关的单据，并请当事人签名确认，以作为核销备用金的依据。

乘客事务处理除了异常事务处理外，还有一些其他非异常的事务处理，如售票(包括储值票、单程票、纪念票等)、发售行李票、充值、记名卡挂失、卡有效期更改、黑名单卡锁定和解锁等。

五、票务差错、违章管理

在车站日常票务运作中，对票务差错、违章的处理，不同运营单位会有不同的规定和管理办法。其目的是为规范车站的票务操作，减少不必要的差错，杜绝票务违章，确保收益安全。

(一) 票务差错、违章的定义

票务差错是指与票务有关的各岗位在日常票务运作(包括管理、设备操作作业)过程中因工作疏忽而造成轻微损失或影响的违规行为。

票务违章则是指与票务有关的各岗位因工作疏忽而造成较大损失的违规行为或是损失轻微但违规人员带有恶意企图的行为。

票务违章行为按照其造成的影响、损失、性质可划分为不同的等级。

(二) 票务差错、违章处理原则

(1) “四不放过”原则，即违章原因分析不清不放过，责任者和员工没有受到教育不放过，没有制定防范措施不放过，责任者没有受到处理不放过。

(2) 实事求是原则，即票务差错或票务违章处理应以规章为准绳，事实为依据，力求客观、公平、公正。

(3) 逐级考核、落实到人原则，即实行层级管理，依据考核指标及办法，部门考核到室，室考核到班组，再由班组考核到人。

(4) 有责赔偿原则，即因票务差错造成的公司损失由责任人赔偿。

六、票务处(中心)的管理要求

(1) 运营时间内，各站根据车站客流情况决定开放的票务处(中心)数量，但确保至少有一个票务处(中心)为乘客提供服务。当班期间售票员未经许可，不得擅自离岗。

(2) 客运值班员定时查看 BOM 票箱的车票数量，不足时应及时补充。

(3) 售票员严禁携带私款、私人车票(员工票除外)进入票务处(中心)。

(4) 处理乘客事务过程中，当有任何需上级确认的问题时，应立即通知相关人员处理。售票员在携带车票及现金往返票亭时，必须将现金或车票放入上锁的售票盒中，并放入上锁的小推车中(加封的硬币可直接放入上锁的小推车中)，由售票员负责运送和确保途中安全。

【任务实施】

模拟现场，正确处理乘客的各种票务事务。

1. 模拟现场，设计各种票务事务情景，如：疏散、清客时的票务事务处理、列车延误导致乘客超时时的票务处理及列车越站时的票务处理等。

2. 学生分小组进行角色扮演，根据已学知识，正确处理以上票务事务。

3. 上述任务完成后，进行小组自评和互评，最后教师讲评，取长补短，开拓完善知识内容。

项目四

城市轨道交通运输计划

【知识目标】

1. 掌握客流计划的作用和编制依据；
2. 掌握全日行车计划编制程序；
3. 了解车辆配备计划。

【能力目标】

1. 能够依据站间到发客流量资料，分别计算出各站上下车人数和断面客流量数据；
2. 能够利用地铁营业时间、全日分时最大断面客流量、列车定员、线路断面满载率编制全日行车计划，其中包含营业时间内各个小时应开行列车数、行车间隔时间；
3. 能够根据车辆配备计划推算运用车辆数、在修车辆数和备用车辆数。

【项目导入】

项目学习引导书

城市轨道交通系统是一个复杂的、技术密集型的公共交通系统，只有各部门、各工种、各项作业之间相互协调配合，才能保证列车运行安全，提高运输效率。运输计划在保证城市轨道交通运营各部门相互配合和协调上发挥着重要的作用。

城市轨道交通的用户主要是旅客，旅客运输组织和列车的开行需要我们制定城市轨道交通运输计划，它包括客流计划、全日行车计划、车辆配备计划和列车交路计划。客流计划是对运输计划期间轨道交通线路客流的规划。它是全日行车计划、车辆配备计划和列车交路计划编制的基础。全日行车计划是营业时间内各个小时开行的列车对数计划，它规定了轨道交通线路的日常作业任务，是科学地组织运送乘客的办法。它又是编制列车运行图、计算运营工作量和确定车辆配备数的基础资料。

任务一　客流计划

【任务描述】

在轨道交通线路的各个区段、各个时段的客流不尽相同，因此，制定客流计划是作为客运组织的基本依据。在建成新线投入运营的情况下，客流计划根据客流预测资料进行编制；在既有运营线路的情况下，客流计划根据客流统计资料和客流调查资料进行编制。客流计划的主要内容包括：站间到发客流量，各站方向上下车人数，全日、高峰小时和低谷小时的断面客流量，分时最大断面客流量等。

客流计划的编制依据和方法是本任务的核心内容。通过本任务的学习，应掌握客流计划的编制方法。

【知识准备】

一、客　流

客流是指在单位时间内，城市轨道交通线路上乘客流动人数和流动方向的总和。客流的概念既表明了乘客在空间上的位移及其数量，又强调了这种位移带有方向性和具有起讫位置。客流可以是预测客流，也可以是实际客流。

二、客流计划

客流计划是指运输计划期间城市轨道交通系统线路客流的规划，是其他计划的基础和编制依据，是运输计划的重要组成部分。在建成新线投入运营的情况下，客流计划根据客流预测资料进行编制；在既有运营线路的情况下，客流计划根据客流统计资料和客流调查资料进行编制。客流计划的主要内容包括：站间到发客流量，各站方向上下车人数，全日、高峰小时和低谷小时的断面客流量，分时最大断面客流量等。

客流计划以站间到发客流量数据作为原始资料，通过计算得到各站方向上下车人数和全日分时最大断面客流量等客流数据。在客流计划编制过程中，高峰小时的断面客流量可以通过高峰小时站间到发客流数据来计算，也可以通过全日站间到发客流量数据来估算。在用全日站间到发客流数据时，在求出全日断面客流量数据后，高峰小时的断面客流量按占全日断面客流量的一定比例来估算，比例系数的取值可通过客流调查来确定。

最基本的站间客流资料可以用一个二维矩阵来表示，也可称为站间交换量 OD 矩阵。表 4-1 是一个五站间的 OD 矩阵，右下角中的数据为全线客流总量。

表 4-1　某地铁五站间客流 OD 表(单位：人)

到达 / 始发	1	2	3	4	5	合计
1	—	3 260	22 000	1 980	1 950	29 190
2	2 100	—	21 900	2 330	6 530	32 860
3	5 800	4 900	—	3 220	4 600	18 520
4	5 420	4 100	3 200	—	4 390	17 110
5	1 200	4 320	7 860	3 420	—	16 800
合计	14 520	16 580	54 960	10 950	17 470	114 480

注：本表数据来源于毛宝华《城市轨道交通系统运营管理>。

根据客流 OD 表可以统计各站上下车人数。每行之和为上车人数，每列之和为下车人数。如果要分方向，则还需要看车站的排列顺序。区间的断面流量可以在此基础上生成。表 4-2 所示是北京地铁按车站统计的一个流量表。

高峰小时的断面客流可以通过高峰小时的 OD 矩阵来推算。当没有高峰小时矩阵时，也可以采用全日矩阵来推算，这时一般还需要有客流的全日分布统计。

表 4-2 北京地铁车站流量表(单位：人)

站名	西直门	车公庄	阜成门	复兴门	长椿街	宣武门
上车人数	29 160	23 358	19 459	84 011	14 728	16 252
下车人数	29 960	23 554	20 721	83 461	12 378	18 735
合计	59 120	46 912	40 180	167 479	27 106	34 987

【任务实施】

分小组完成以下任务：

1. 根据已掌握的客流定义和客流计划的基本内容，依据表 4-1 所示的站间到发客流量资料，分别计算出各站上下车人数和断面客流量数据。

2. 上述任务完成后，进行小组自评和互评，最后教师讲评，取长补短，开拓完善知识内容。

任务二　全日行车计划

【任务描述】

全日行车计划是营业时间内各个小时开行的列车对数计划，它规定了轨道交通线路的日常作业任务，城轨运营公司依据它来科学地组织运送乘客。同时，它又是编制列车运行图、计算运营工作量和确定车辆配备数的基础资料。

【知识准备】

一、全日行车计划编制的依据

(一) 营业时间计划

营业时间计划即城市轨道交通系统全日营业时间范围，它与城市居民的出行特点和文化背景、习惯有关。

城市轨道交通系统营业时间的安排主要考虑了两个因素：一是方便乘客，满足城市生活的需要，即考虑城市居民出行活动的特点；二是满足轨道交通系统各项设备检修养护的需要。目前，世界上大多数城市的轨道交通系统营业时间为 18～20 小时，个别城市是 24 小时运营，如美国的纽约和芝加哥。适当延长运营时间，是城市轨道交通系统提高服务水平的体现。表 4-3 所示为目前世界主要城市的轨道交通营运时间。

表 4-3　目前世界主要城市的轨道交通系统营运时间

城市	类型	始运年份	营业时间(小时)
伦敦	地铁	1863	20
纽约	地铁	1868	24
芝加哥	地铁	1892	24
布达佩斯	地铁	1896	19
巴黎	地铁	1900	20
柏林	地铁	1902	21
东京	地铁	1927	19.5
莫斯科	地铁	1935	19
北京	地铁	1969	18
华盛顿	地铁	1976	18
香港	地铁	1979	19
上海	地铁	1993	18

(二) 全日分时最大断面客流量

全日分时最大断面客流量通常是在高峰小时断面客流量的基础上，根据全日客流分布模拟图来计算确定。

(三) 列车定员数

列车定员数是列车编组辆数和车辆定员数的乘积。列车编组辆数的确定以高峰小时最大断面客流量作为基本依据。在客流量一定的情况下，为达到一定的运能，除了可以采用增加列车编组辆数的措施外，也可采用缩短行车间隔时间的措施。但在行车密度已经较大时，为满足增长的客流需求，增加列车编组辆数往往成为选用措施。

车辆定员数的多少取决于车辆的尺寸、车厢内座位布置方式和车门设置数。在车辆限界范围内，车辆长宽尺寸越大载客越多，车厢内座位纵向布置较横向布置载客要多，车厢内车门区较座位区载客要多。

(四) 线路断面满载率

线路断面满载率是指实际载客量与设计载客容量之比，反映着系统的服务水平。一般来说，线路断面满载率可取 0.75 ~ 0.90。

二、全日行车计划编制程序

(一) 计算营业时间内各小时应开行列车数

全日行车计划的编制一般要在分时行车计划编制完毕的基础上汇总后完成。分时行车计划的列车开行对数计算式为：

$$n_i = \frac{p_{\max,i}}{(c_p \times \beta)}$$

式中：n_i 为某小时(i)内应开行的列车数；$p_{\max,i}$ 为该小时内最大客流断面旅客数量；c_p 为列车的设计载客能力；β 为列车满载率。

全日列车开行对数为：

$$N = \sum n_i$$

(二) 计算行车间隔时间

在实际交通系统中，经常需要用到另一个指标来评价行车计划，即发车间隔 I_i。

$$I_i = \frac{60}{n_i} \quad \text{(分钟)}$$

(三) 确定全日行车计划

在已经计算得到各小时应开行列车数和行车间隔时间的基础上，应检查是否存在某段时间内行车间隔时间过长的情况。行车间隔时间过长，会增加乘客的候车时间，降低乘客的出行速度，不利于吸引客流。为方便乘客、提高服务水平，轨道交通系统在非高峰运营时间内，如 9：00～21：00 间的非高峰运营时间，最终确定的行车间隔时间标准一般不宜大于 6 分钟；而在其他非高峰运营时间内，最终确定的行车间隔时间标准也不宜大于 10 分钟。另外，对全日行车计划中的高峰小时行车间隔时间应检验是否符合列车在折返站的出发间隔时间。

【任务实施】

根据已学知识，分小组完成以下任务：

1. 以小组为单位进行调研目前全国已经开通城市轨道交通的系统运行时间。
2. 根据开行间隔时间、列车时刻表和列车种类、线路断面满载率推算全日各时段客流量。
3. 利用地铁营业时间、全日分时最大断面客流量、列车定员、线路断面满载率编制全日行车计划，其中包含营业时间内各小时应开行列车数、行车间隔时间。
4. 上述任务完成并汇总后，制作成 PPT 进行小组汇报，各小组间进行互评，最后教师讲评，取长补短，开拓完善知识内容。

任务三　车辆配备计划

【任务描述】

车辆配备计划是根据行车计划所制定的车辆保有数量计划，是执行行车组织的根本保障。根据车辆配备计划推算运用车辆数、在修车辆数、备用车辆数，确定在一定类型的设备和行车组织方法条件下为完成一定的运输任务而必须保有的车辆数量。

【知识准备】

车辆配备计划是指为完成全线全日行车计划所需要的车辆保有数量计划。车辆保有数量计划包括运用车辆数、在修车辆数和备用车辆数三部分。列车保有量：根据线路远期客流预测数据，测算远期运行行车间隔即可得出所需运用列车数。备用列车数量按照运用列车数量的 10%

取得。检修列车数量需根据运用列车数量，综合维修能力、修程修制取得，一般为运用列车数量的 10%～15%。

一、车辆运用

城市轨道交通系统是一个复杂的、技术密集的公共交通系统，具有高度集中和各个环节紧密联系、协调动作的特点。而车辆运用组织系统又是这个大系统中重要的组成部分之一，它在上级运营指挥部门的统一指挥下，按运行图制订的行车计划完成日常的车辆运营工作。

列车运转流程指的是每日列车运营过程，包括四个环节，即列车出车、列车正线运营、列车回库收车及列车场内检修及整备作业。这些作业由车辆运用部门各个岗位协同配合，共同来完成。

（一）列车出发

列车发车工作流程分为制订发车计划、出乘作业及发车作业三部分。从制订发车计划开始到列车发出结束。其中制订发车计划可分为编制、下达发车计划与检修交车、确认计划两个环节。出乘作业可细分为驾驶员出勤、出车前检查、列车出库三个环节。列车出车的工作流程如图 4-1 所示。

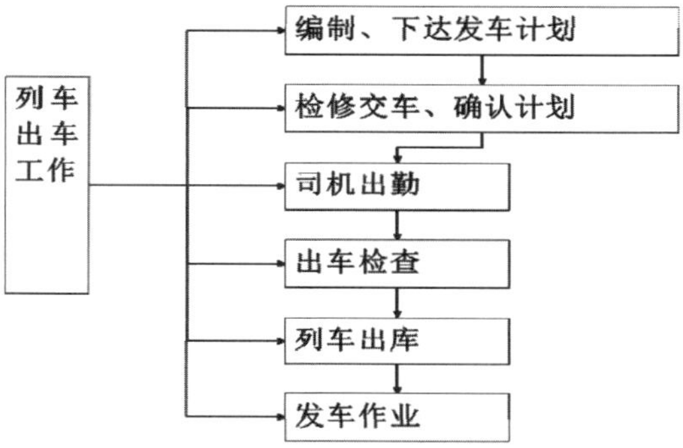

列车出车工作
编制、下达发车计划
检修交车、确认计划
司机出勤
出车检查
列车出库
发车作业

图 4-1 列车出车工作流程图

（二）列车正线运行

列车正线运行主要由乘务员(电动列车驾驶员)来完成。主要工作内容包括正线运行中的信息交流、正线交接班作业。

1. 正线运行中的信息交流

(1) 正线列车或其他行车设备发生故障时，驾驶员应及时报告行车调度员故障车次、故障时间、故障现象以及处理结果。

(2) 行车调度员将故障车次/车号、故障情况以及其他相关信息通报维修部门。

(3) 驾驶员除向调度员汇报行车有关故障信息外，还应将故障信息在报单上记录备案。

(4) 运营中列车因故障而导致下线时，行车调度员应及时通知运转值班员。

2. 正线交接班作业

(1) 司机在正线交接班时应提前 20 分钟至有关地点出勤，出勤方式按部门制定的相应规定执行。

(2) 司机在途中交接班时必须向接班人员说明列车的运行技术状态及有关行车注意事项，并填写在司机报单上，内容包括制动性能、故障情况、线路情况、当前有效调度命令及执行情况以及其他必须交接的情况。

（三）列车收车工作

列车收车工作分为接车及回库作业，其中回库作业可细分为列车入库、回库检查及收车、驾驶员退勤这三个环节，见图 4-2。

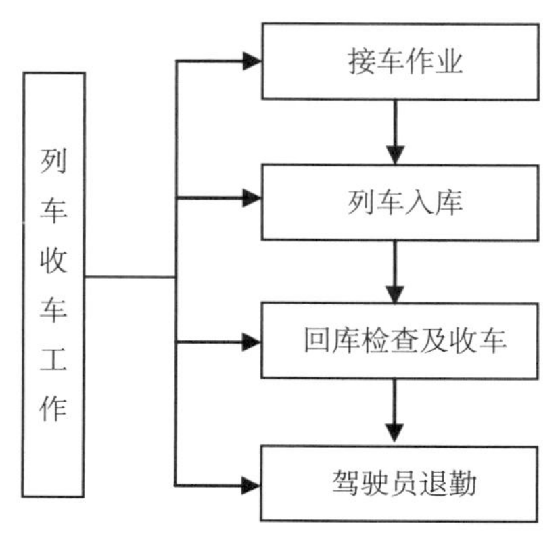

图 4-2 列车收车工作流程图

二、运用车辆配备计划

(一) 运用车辆数

运用车辆数是指为完成日常运输任务所必须配备的技术状态良好的可用车辆数。它与高峰小时开行的最大列车对数、列车旅行速度及折返站停留时间等因素有关，计算方法为：

$$n=\frac{n_{高峰}\theta_{列}m}{60}$$

式中：$n_{高峰}$ 为高峰小时开行的列车对数；$\theta_{列}$ 为列车周转时间；m 为平均每列车编成辆数。

考虑到地铁车辆有时是以动车组形式编组，动车组可用下式计算：

$$n=\frac{n_{高峰}\theta_{列}L}{60}$$

式中：L 为每列车内动车组组数。

(二) 列车周转时间

列车周转时间是指列车在线路上往返一次所消耗的全部时间。它包括列车在区间运行时间、列车在中间站停留时间以及列车在折返站作业停留时间。列车周转时间计算如下：

$$\theta_{列}=\sum t_{运}+\sum t_{站}+\sum t_{折停}$$

式中：$t_{运}$为列车在线路上折返一次各区间运行时间之和；$t_{站}$为列车在线路上折返一次各中间站停站时间之和；$t_{折停}$为列车在折返站停留时间之和。

三、在修与备用车辆计划

(一) 在修车辆

在修车辆是指处于定期检修状态的那部分车辆。车辆的定期检修是一项有计划的预防性的维修制度。车辆检修计划包括车辆检修级别和车辆检修周期，它们是根据车辆设计的技术性能、各部件在正常情况下的使用寿命以及车辆运用的环境等因素进行确定的。通过对车辆不同部件制定不同的技术标准、检修级别和检修周期，到期进行车辆的检修，可使车辆在经过定期检查后在整个检修周期内保持良好的技术状态。

轨道交通的检修级别通常分为日检、双周检、双月检、定修、架修和大修 6 种(见表 4-4)。

表 4-4　车辆检修级别、周转及停时

检修级别	运用时间	走行公里	检修停时
日检	1 日	—	
双周检	2 周	4 000 km	4 小时
双月检	2 月	20 000 km	48 小时
定修	1 年	100 000 km	10 天
架修	5 年	500 000 km	25 天
大修	10 年	1 000 000 km	40 天

(二) 备用车辆

轨道交通系统为了适应客流变化，确保完成临时紧急的运输任务，以及预防运用车辆发生故障，必须要储备若干技术状态良好的车辆，这部分车辆成为备用车辆。备用车辆数可控制在运用车辆数的 10% 左右。备用车辆原则上停放在线路两端终点站或车辆段内。新线车辆状态较好，客流量不大，备用车辆数量可适当减少。例如，上海地铁运营设备配置情况如表 4-5 所示。

表 4-5　上海地铁运营设备配置情况

线路编号	1 号线	2 号线(一期)	3 号线(一期)	合计
线路长度(km)	21.0	19.0	24.9	64.9
地下线路长度(km)	13.0	15.8		28.8
车站数量(座)	16	13	19	48
地下车站数量(座)	11	12		23
计划配属列车(列)	29	24	28	81
目前配属列车* (列)	21	17	12	50
正线运行列车(列)	17	10	10	37
运行间隔	4′30″	7′15″	9′00″	
日均客流(万人次)	47.70	27.03	18.03	93.13
最大日均客流(万人次)	57.31	33.46	21.22	111.99

【任务实施】

请利用本任务所学知识完成下列题目：

1. 了解列车运转流程。
2. 熟悉运用车辆数的计算方法。
3. 了解车辆检修级别、周转及停时。

任务四　列车交路计划

【任务描述】

在轨道交通线路的各个区段客流量不均衡的情况下，采用合理的列车交路安排是运输计划的一个重要组成部分。列车交路计划规定了列车的运行区段、折返车站和按不同列车交路运行的列车对数。

列车交路可分为长交路、短交路和长短混合交路三种。长交路是指列车在线路上全线运行；短交路是指列车在线路的某一区段内运行，在指定的车站上折返；长短混合交路是指线路上两种交路并存的列车运行。

列车折返方式根据折返线的布置分站前折返和站后折返两种方式。站前折返方式是列车经由站前渡线折返；站后折返方式是列车经由站后渡线、尽头式折返线或站后环形折返。各种折返方式的组织方法不同，因此它们的优缺点也不尽相同。

【知识准备】

一、列车交路计划

在轨道交通线路的各个区段客流量不均衡的情况下，采用合理的列车交路安排是运输计划的一个重要组成部分。列车交路计划规定了列车的运行区段、折返车站和按不同列车交路运行的列车对数。

合理的列车交路既能提高列车的车辆运用效率，避免运能虚靡，降低运营成本，又能给乘客提供较大的方便。因此，采用不同列车交路相结合的列车运行方式，能使行车组织做到经济合理。

根据轨道交通的特点，列车交路可分为长交路、短交路及混合交路三种类型(见图 4-3、图 4-4、图 4-5)。

长交路(见图 4-3)是指列车在全线各站间运行，为全线提供运输服务，列车达到折返线/站后返回。短交路(见图 4-4)是指列车在某一区段内运行，在指定车站折返，它可为某一区段旅客提供服务。混合交路(见图 4-5)则是指线路上长短交路并存的情形。

从行车组织的角度看，长交路较短交路列车运行组织简单，对中间站和折返站的设备要求也不高，但在各区段客流量不均衡的情况下，会产生部分区段运输能力的浪费。

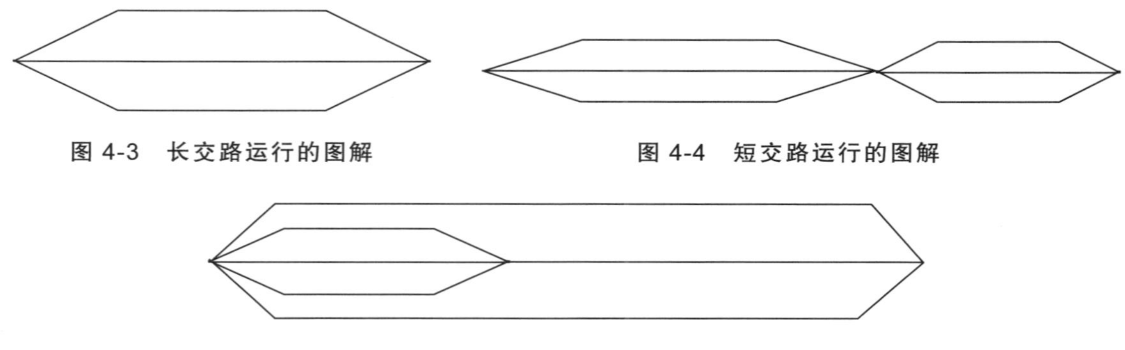

图 4-3 长交路运行的图解

图 4-4 短交路运行的图解

图 4-5 长短交路混合运行的图解

将长交路改为短交路，能适应不同客流区段的运输需求，运营也比较经济，但要求中间折返站具有两个方向的折返能力并具有方便的换乘条件。从乘客的角度看，服务水平有所降低。

长短交路混合的组织方案，既能满足运输需求，又能提高运营效益。因此，在线路各区段客流量不均衡的情况下，可以采用以长交路为主、以短交路为辅的列车交路计划，组织列车在线路上按不同的密度行车。同样，当高峰期间客流在空间分布上比较均匀，而低谷期间客流在空间上分布相差悬殊时，也可以在低谷时间采用长短交路列车运行方案，组织开行部分在中间站折返的短交路列车。

二、列车交路计划的确定

首先，区段客流分析是列车交路计划确定的主要因素之一，也就是根据客流在时间上、空间上所表现出的不均衡性加以研究分析，作为列车交路计划确定的依据。

其次，行车条件决定了交路计划实现的可能性。城市轨道交通的线路设置由于其运营特点，不可能采取每个车站设置具备调车作业功能的线路，交路计划的实现只能在两个设有调车或折返线路的车站之间进行，同时还必须注意列车交路是否会影响到行车组织的其他环节，例如，是否会影响行车间隔、车站后续列车的接车，等等。

第三，客运组织是确定列车交路计划的必要客观条件。由于列车交路计划的实现可能导致列车终到站的变化，相关车站的乘客乘降作业、列车清客、客运服务工作都会随之不断调整，对客运组织水平的要求比较高，如果客运组织得不力可能会直接影响到列车运行图的执行情况，因此，确定交路计划应该对客运组织的条件加以考虑。

列车交路计划的确定应建立在对线路各区段客流量进行统计分析的基础上，充分考虑行车组织与客运组织的条件，进行可行性研究后加以确定。

三、列车折返方式

由于大多数城市轨道交通系统的车站没有侧线，列车折返是设置列车交路需要考虑的一个重要任务。一般来说，列车折返方式可根据折返线位置情况分为站前折返和站后折返两种。

(一) 站前折返方式

站前折返方式是指列车经由站前渡线折返，如图 4-6 所示。其中一种方式是列车在终点站经由站前渡线折返；另一种是方式是短交路运行时列车在中间站经由站前渡线折返。

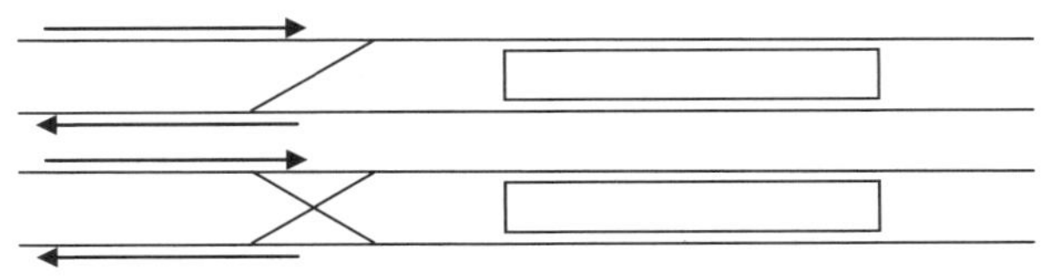

图 4-6　站前折返方式

在采用站前折返方式时，列车空车走行少，折返时间短；乘客能同时上下车，可以缩短停站时间；此外，站线和折返线相结合，能节省投资费用。但站前折返的缺陷是出发列车和到达列车存在着进路交叉，影响行车安全；而且乘客同时上下车，在客流量大的情况下，站台秩序会受到影响。

列车到发作业产生交叉干扰的条件是进路有交叉，并且占用进路的时间相同，必须同时具备这两个条件，才构成真正的进路交叉。列车折返会占用区间线路，从而影响后续列车闭塞，并且对行车安全保障要求较高。城市轨道交通行车组织中较少采用这种折返模式，特别是在行车密度高、列车运行间隔时间短的条件下，一般不会采用站前折返方式，因为要完全消除到发列车的交叉干扰难度较大。

(二) 站后折返方式

站后折返是列车经由站后渡线、尽端折返线或站后环线折返。站后折返的第一种方式是列车经由站后渡线折返，当列车在中间站时经常使用中途折返[见图 4-7(a)]；站后折返的第二种方式是列车经由站后尽端折返线折返[见图 4-7(b)]；站后折返的第三种方式是列车经由站后环形线折返[见图 4-7(c)]。

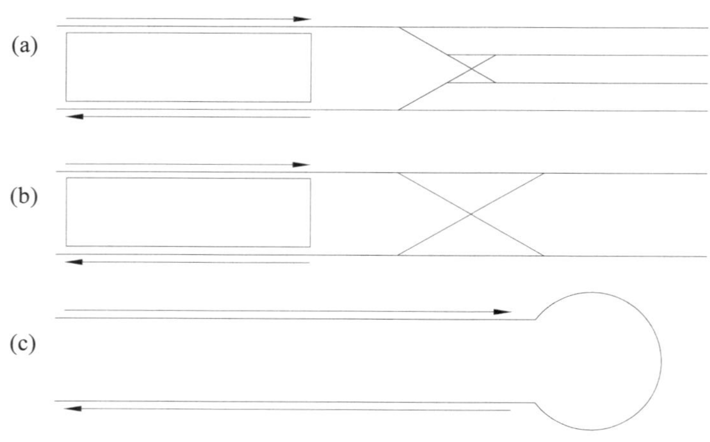

图 4-7 站后折返方式

采用站后折返方式能避免采用站前折返方式时存在的缺点，另外，出发列车与到达列车不存在进路交叉的问题，采用平行作业，行车还是安全的。列车的进出站速度高，有利于提高运行速度，因此，站后折返方式被广泛采用。

站后折返的缺点是列车折返时间较长。

环行线折返设备能保证最大的通过能力，节约设备费用与运营成本。但它也存在一些缺点，如由于列车在小半径曲线上运行，造成单侧钢轨磨耗；折返线不能停放检修列车和难以进一步延长；若用明挖法施工会增大开挖范围。所以在线路的终点站常采用尽头式折返设备。采用尽头式折返设备，列车既可以折返，也可以临时停留检修。

【任务实施】

请利用本任务所学知识完成下列题目：

1. 了解列车交路的概念和分类。
2. 熟悉列车折返方式及优缺点。
3. 案例分析：

2009 年 9 月 9 日凌晨，东京地铁一辆故障维修车与一辆空置地铁列车发生追尾事故，尽管没有造成人员伤亡，但致使东京市区和周边地区的地铁交通在当日上午早高峰期间严重受阻。

事故发生在当地时间清晨 4:08。当时一列 10 节车厢的空置旅客列车停靠在地铁东西线的东阳站，一列 4 节故障维修车撞向该车，致使列车尾部受损。

东京地铁系统运营商——东京地铁有限公司的官员介绍说，事故没有造成人员伤亡。这名官员解释说，是故障维修车驶入东阳站时的行驶速度超过最高限速 40 公里/小时，而司机又忘记站内停有其他列车，终因刹车不及时而酿成事故。

东京地铁这一线路因事故全线停运，直至当地时间上午 9:57 才正式恢复通车，多达 29 万乘客的出行因此受到影响。

问题：

(1) 结合案例和实际，讨论合理安排列车交路对行车安全的重要意义。

(2) 结合案例，分析人在行车安全生产中的作用。

项目五

城市轨道交通车站运作管理

【知识目标】

1. 了解车站岗位架构；
2. 熟练掌握各岗位职责及作业流程；
3. 熟悉车站日常运作管理工作。

【能力目标】

1. 掌握车站的岗位划分、岗位职责以及岗位作业流程；
2. 能够进行车站的基本运营作业，并做好相关记录；
3. 掌握车站的开放和关闭程序，能够配合值班站长进行车站的开放和关闭工作。

【项目导入】

项目学习引导书

车站运作管理是城市轨道交通运营管理最基础也是最重要的环节，车站是城市轨道交通面对乘客的服务窗口和形象标识，车站服务质量与运营效率的高低直接影响乘客的满意度评价。

车站在运作的过程中会出现各种各样的问题，作为一名优秀的员工，必须要做到“招之即来、来之能战、战之能胜”这一目标。为了能更好地服务乘客、维护公司的形象、保护自我人身安全，我们需要熟悉车站岗位架构、严格遵循岗位职责。

本项目通过介绍轨道交通车站岗位架构，对车站各岗位职责及作业流程以及车站的日常运作管理等各个环节做了详细介绍，内容包括车站组织架构、站务员岗位职责及作业流程、客运值班员岗位职责及作业流程、值班站长岗位职责及作业流程、车站开/关站作业流程等。

任务一　站务员客服中心岗位职责及作业流程

【任务描述】

轨道交通现在已经成为城市交通必不可少的环节，它是未来城市发展水平的标志。地铁岗位目前已经成为社会就业的生力军。进入轨道交通行业，首先要知道车站的岗位架构，了解岗位职责及工作流程，这样才能更好地定位自己，实现自己的岗位理想，以求出色地为乘客服务。

在轨道交通岗位架构中，站务员岗是车站的神经末梢，他们深入工作基层为乘客服务。因此他们工作的熟练程度、业务水平直接影响着车站的运行；他们的一举一动、一言一行也是轨道交通的形象和文明的象征。做好站务员岗位是我们进入地铁岗位的必修课。

本任务主要对车站岗位架构以及对站务员客服中心岗位的职责及作业流程进行了详细的说明等。通过本任务的学习，能够让同学们对车站岗位架构的了解更加清晰，对站务员岗位的职责及作业流程更加熟知。

【知识准备】

一、车站架构

地铁运营单位负责地铁运营筹备和运营生产管理，向社会提供运输服务，保证地铁运营安全顺畅，实现运营收益目标。根据其生产需要可分三大块进行管理，即车务、维修和综合。

综合负责为一线部门提供安全技术、人力、物资、后勤保障等方面的服务，确保整个公司的有序运作。架构可按安全技术、人力资源部门、物资、综合业务等分别设置。

维修主要负责地铁车辆、工程车辆及检修设备、环控、给排水、电扶梯、屏蔽门、低压照明、AFC、SCADA、EMCS、FAS、通信信号、轨道、隧道及房建等系统的日常维护保养、计划性维修和故障性维修以及紧急状态下抢修及综合管理，保持地铁车辆、各系统设备呈良好的运用状态。架构一般按车辆检修和其他设备检修两大部门设置，也可根据不同的系统细分设置。

车务主要负责运营方案的编制与实施，具体负责行车组织指挥、车站客运服务、票务管理、列车服务等工作。架构一般按策划部门、调度控制指挥中心、车站管理部门、票务管理部门、司机管理部门来设置。

车站管理部门主要负责车站面向乘客的服务和车站人员、设备、设施的管理工作以及各车站的具体运作，包括行车、客运、票务、综合治理等，其架构与岗位设置如图 5-1 所示。

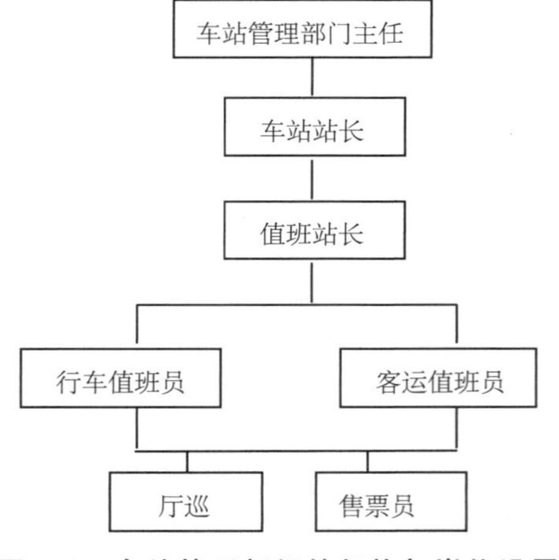

图 5-1 车站管理部门的架构与岗位设置

二、站务员客服中心岗位的职责及作业流程

我国各城市轨道交通系统对站务员的具体岗位描述有一些差异。例如，有些地铁的站务员工作包括售票、问讯、厅巡等，而有些地铁车站则将上述工作内容各自定义岗位为售票员、售/检票员、厅巡员等。但不论岗位如何定义，其具体负责的是车站最基层的工作，其内容大致如下：

(一) 通用标准

(1) 按规定统一着装，挂牌上岗。

(2) 上岗时精神饱满，举止规范，态度和蔼。

(3) 遵章守纪，坚守岗位，服从车站管理。

(4) 认真负责，履行岗位职责，遵守职业道德。

(5) 扶老携幼，遵守公德，服务为本，不损害乘客利益。

(6) 服务语言文明，讲普通话，使用“您好、请、谢谢、对不起、再见”十字文明用语。

(二) 岗位技能

(1)熟练掌握 BOM (POST)机、 TVM 的操作方法。

(2) 熟练掌握对票卡的分析，熟知票务政策。

(3) 掌握售票员结算单及乘客事务处理单等相关报表的填写。

(4) 按照公司规定掌控车票、钱款的操作，确保车票、现金安全。

(5) 处理与乘客相关的票务事宜。

(6) 其他需要掌握的相关技能。

(7) 掌握车站周边的地理环境及交通状况。

(三) 岗位职责

(1) 执行分公司、部、中心、车站的有关规章制度，做到有令必行，有禁必止。

(2) 在客运值班员的领导下，负责车站售票工作，按规定处理与乘客相关的票务事宜。

(3) 按规定时间开关售票窗口。

(4) 严格执行“一验、二售、三找、四清”的作业程序，准确发售票、卡，按规定提示乘客确认票卡面值，不得拒收分币。

(5) 负责售票问讯处的相关工作，热情接待乘客，对乘客提出的问题，要按规定妥善解决。

(6) 对无法过闸票卡进行分析，并按规定处理。

(7) 完成相应票务报表的填写，准确填写结算单，交清当班票款。

(8) 能正确使用设备，处理简单的 AFC 设备故障，确保售票亭内整洁和设备内部清洁。

(9) 加强防范，确保票款安全。

(10) 完成上级布置的其他票务工作。

(四) 作业流程

1. 客服中心岗位售票的相关规定

工作地点：各车站的客服中心或临时售票点。

服务时间:车站客服中心对乘客的服务时间为营运开始至本站最后一班车开出的前 5 分钟。

服务业务：问询、售票、兑零、充值、退票、验票、挂失、异常票务事务处理等。

2. 客服中心岗位工作流程

1) 班前

(1) 首班客车到站前，按规定着装，到车控室签到，参加点名交接班，学习重要文件、指示，了解当天工作注意事项，听从当班值班站长的岗位安排。

(2) 到点钞室领票，领取备用金；依据《售票员结算单》上所列车票的数量、备用金等当面清点，并在《售票员结算单》上确认并签收；领取客服中心钥匙(若为第一班，则向客运值班员领取；若为接班人员，则向交班人员领取)。做好早班开窗准备。

(3) 检查对讲设备、乘客求助按钮能否正常使用。

(4) 检查票务设备、备品的状态、数量(如验钞机、分钞盒、发票等)。

(5) 检查票务处卫生和票务处外栏杆、立柱的摆设。

(6) 检查票务处内有无来历不明的现金、车票；如有问题，立即上报值班站长或客运值班员。

(7) 检查并填写《票务处交接班本》。

(8) 接班程序：

① 登记进入 BOM。

② 摆放好车票。

③ 叠放好一盘硬币，将备用金放入抽屉。

④ 将本班验钞机投入使用。

2) 班中

(1) 开启 BOM 设备，使用自己的密码、员工号登录。

(2) 开始办理业务，有关工作要求如下：

① 保持票务处的整洁，票证、报表、钱袋摆放整齐。

② 车票在交给乘客之前，必须经 BOM 分析，确保每一张车票的有效性，并需乘客确认；若异常情况需立即通知客运值班前来确认，不能将问题的车票发售给乘客。

③ 在售票时，不得私自接受外币和支票。

④ 若报表、车票、备用金不足时，售票员须提前要求客运值班员补充；客运值班员补充车票、备用金后，须在《售票员结算单》上注明。

⑤ 当售票员由于个人原因误收假币时，原则上由售票员负责补齐。

⑥ 由客运值班员依据本站的实际情况，从售票员处及时收取预收款，当面清点，并在《售票员结算单》上签收。

⑦ 锁好门，不能让非当班人员随意进出。

⑧ 当乘客索取发票时，给予相应面额的报销凭证给乘客。

⑨ 严格按售票作业程序工作，具体程序见表 5-1。

⑩ 发现站厅异常情况(如乘客携带“三品”、乘客纠纷、老、病、伤、残等特殊乘客进闸等)及时通报相关岗位或车控室。

表 5-1 售票作业程序

步骤	程序	内容
1	收	收取乘客购票的票款。
2	唱	讲出票款金额，重复乘客要求的购票张数和车票类型，如未听清乘客的要求，应主动礼貌的询问。
3	操作	正确、迅速的操作： ① 检验钞票真伪，如钞票为伪钞，则要求乘客另换张钞票。 ② 在 BOM 上选择相应功能键，处理车票，让乘客确认余值
4	找	清楚说出找赎金额和车票张数，将车票和找赎的零钱一起礼貌地交给乘客。

3) 交班程序

(1) 最后一趟载客列车到站前 5 分钟停止兑零，售票。摆好“服务停止”牌。

(2) 退出 BOM，报告车控室。

(3) 搞好票务处卫生，整理好票务处内务：将抽屉里的钱和车票整理放入票盒；将硬币清理好装回硬币袋；将本班验钞机关掉；拿走本班的钱袋。

(4) 填写《票务处交接班本》。在《BOM 操作员交接台账》上进行登记。

(5) 收齐自己的物品、交接客服中心内的票务工器具，拿齐所有车票、现金回 AFC 点钞室结账。

(6) 结账完毕到值班站长处报到，在《当班情况登记本》上签名下班。

【知识拓展】

车站售票员交接班作业标准

作业性质：例行	作业项目：车站售票员交接班作业
作业条件	1. 接班售票员按时到岗接班，交班售票员已做好交班准备工作； 2. 乘客事务未处理完毕时，严禁办理交接手续。
作业工器具	1. BOM 机； 2. BOM 外置读卡器； 3. SAM 卡； 4. 验钞机。
安全要点	1. 办理交接班须在不影响客服质量时进行，避免发生乘客投诉事件； 2. 交班人必须确认 BOM 已退出，接班人必须用自己的用户名及密码登录，防止发生票务违章； 3. 售票员携带配票箱在上下票过程中必须保证配票箱锁闭，确保钱、票安全。
作业项目	作业步骤及标准
1. 票务室的交接作业	(1) 配票，标准：售票员与客运值班员当面清点所配发的钱、票无误后，双方在《售票员结算单》上签章确认； (2) 备品借用，标准：售票员上班时，售票员核对 BOM 外置读卡器、 SAM 卡及相关钥匙无误后，在《票务钥匙使用记录表》签名登记； (3) 结算，标准：客运值班员与售票员当面清点所上交的钱、票无误并核对报表填写正确后，双方在《售票员结算单》上签章确认； (4) 备品归还，标准：售票员下班时，客运值班员核对售票员所归还的 BOM 读卡器、SAM 卡和相关钥匙与《票务钥匙使用记录表》的记录无误后签章确认。
2. 客服中心的交接作业	(1) 与客运值班员办理接班，标准：早班售票员根据《车站售票问询处交接记录表》中的内容与客运值班员核对无误后签名确认； (2) 交班准备，标准：接班人检查票务设备状态；清点票务备品、钥匙、 BOM 外置读卡器及 SAM 卡；按指定区域摆放物品并将临时票务规定等重要注意事项记录于《车站售票问询处交接记录表》； (3) 交班作业，标准：交班人设置暂停服务牌，收拾好自己的钱、票、报表以及工号牌等物品，退出 BOM； (4) 接班作业，标准：接班人认真核查《车站售票问询处交接记录表》中所填写的交接内容是否属实，是否存在漏填和错填现象，使用自己的用户名登录 BOM； (5) 交接确认，标准：双方在《车站售票问询处交接记录表》中接交班栏中签名确认，并向值班员汇报，接班人确认客服中心门锁好，插入工号牌，撤除暂停服务牌，开始服务。

车站售票员配票、结算作业标准

<table>
<tr><td colspan="2">作业性质：例行</td><td>作业项目：车站售票员配票、结算作业</td></tr>
<tr><td>作业条件</td><td colspan="2">1. 首班车到站前 15 分钟或停止服务后售票员需要进行的作业；
2. 售票员的配票、结算需与客运值班员双人在场。</td></tr>
<tr><td>作业工器具</td><td colspan="2">1. 配票箱 1 个；
2. BOM 外置读卡器 1 个；
3. 客服中心钥匙 1 把。</td></tr>
<tr><td>安全要点</td><td colspan="2">1. 客运值班员与售票员必须当面清点所有车票及备用金并确认签章；
2. 在票务室配票和结算必须在摄像头有效围内进行并确保票务室门已锁闭；
3. 防止填写报表或输 SC 时填(输)错、填(输)漏。</td></tr>
<tr><td>作业项目</td><td colspan="2">作业步骤及标准</td></tr>
<tr><td>1. 售票员配票</td><td colspan="2">(1) 配备票务备品、工器具，标准：售票员在客运值班员处领取当班所需的客服中心钥匙和 BOM 外置读写器、SAM 卡后在《票务钥匙使用记录表》上进行登记；
(2) 配备车票及备用金，标准：售票员与客运值班员双方当面清点所配车票以及找零备用金，售票员清点确认后双方在手工《售票员结算单》上签章确认。同时在 SC 录入相关配发票、款信息，打印《售票员配票款清单》，售票员签名确认；
(3) 追加配备车票或备用金，标准：在运营过程中，如售票员需要追加找零备用金(或车票)时应补登记在《售票员结算单》“备用金配备”(或“票种”)栏，双方签章确认，由客运值班员在 SC 上登入所追加的相关数据，打印《售票员配票款清单》，售票员签名确认；
(4) 配备预制票，标准：在运营过程中根据客流变化或设备情况需要配备预制票时，客运值班员在经站长或值班站长授权后配备，同时在《售票员结算单》相关栏注明，由客运值班员在 SC 上输入相关数据，打印《售票员配票款清单》，售票员签名确认。</td></tr>
<tr><td>2. 售票员结算</td><td colspan="2">(1) 结算准备，标准：售票员下班结算需退出 BOM 系统并携带本班所有的现金、车票及各类报表回 AFC 票务室；
(2) 车票清算，标准：售票员退回的单程票、乘客退票(含无效票)需经客运值班员与售票员共同点数及检测状态后确认；
(3) 票款清算，标准：与客运值班员共同清点票款并计算数额由客运值班员填写《售票员结算单》的“回收张数”、“实收金额”等栏目。客运值班员核查无误后填制退款金额、备用金余额等相关栏，填写完毕后双方签章确认；
(4) 数据录入：标准：清点、检查确认后，客运值班员在 SC 上输入售票员备用金余额和实收金额等数据，打印《售票员下班上交票款清单》，售票员签名确认后统计售票员结算单核对应收款项；
(5) 报表处理，标准：售票员所填制的相关报表须经客运值班员检查确认；
(6) 备品归还，标准：晚班售票员需交还客服中心处钥匙、BOM 外置读写器、SAM 卡等并进行登记。</td></tr>
</table>

车站售票窗口作业标准

作业性质：例行	作业项目：车站售票窗口作业
作业条件	1. 车站运营时间内；2. 人员精神状态良好。
作业工器具	1. 半自动售票机 1 部；2. 验钞机 1 部。
安全要点	1. 防止误充值、误操作；2. 避免乘客投诉投诉。
作业项目	作业步骤及标准
1. 作业准备	(1) 检查仪容仪表，标准：上岗前发饰保持整洁，长发女员工须将头发挽于发网内；统一穿着工作制服，佩戴领带(领结)，不卷袖挽裤，当班时要精神饱满，避免显露疲态； (2) 放置服务牌，标准：把本人服务牌插入牌座，置于窗口旁乘客容易看见的位置； (3) 整理钱票，标准：把现金、车票放置在收银箱内，硬币可放置在硬币盘内。
2. 售票操作	(1) 收取钱票，标准：面带微笑，正视乘客，口说“您好”，接过乘客的钱、票； (2) 唱票，标准：口说“收您××元”，通过验钞机和人工确认真伪，把钱放桌面； (3) 充值操作，标准：操作完毕后五指合拢，手掌指向 BOM 显示器请乘客确认充值金额，口说“充值×元，请确认”； (4) 售卡操作，标准：操作完毕后五指合拢，手掌指向 BOM 显示器请乘客确认，口说“余值×元，请确认”； (5) 找零，标准：按乘客需求把大钞兑换成零钞，交予乘客，口说“找您 XX 钱，请确认”，与乘客礼貌告别，口说“请慢走”。
3. 咨询指引	(1) 乘客咨询，标准：回答乘客询问时应耐心有理，双面注视乘客；不能立即为其服务时，应口说“对不起，请稍等”； (2) 乘客指引，标准：为乘客指引时应五指并拢，掌心向上，以肘关节为支点，前臂自然前伸，指向目标。

【任务实施】

请利用本任务所学知识完成下列题目：

1. 根据所学知识，分小组进行模拟训练，模拟车站站务员岗位的职责及作业流程。
2. 上述任务完成后，进行小组自评和互评，最后教师讲评，取长补短，开拓完善知识内容。

任务二　站务员巡视岗位职责及作业流程

【任务描述】

随着生活水平的提高，现在人们越来越关心自己的人身安全问题。轨道交通作为现代城市炙手可热的交通工具之一，安全问题不容出任何差错。作为站务员，不但要关心乘客人身、财产的安全，还要时刻关注地铁车站设备的正常运行，班前、班中、班后帮助部门进行工作，责任重大。所以要求车站站务员对其工作内容及作业流程必须熟练掌握。

本任务主要介绍了车站站务员(站厅巡视岗和站台巡视岗)的岗位职责和作业流程。通过本任务的学习，能够熟练掌握车站安全员的工作内容及工作注意事项。

【知识准备】

一、通用标准及岗位技能

(一) 通用标准

(1) 按规定统一着装，挂牌上岗。

(2) 上岗时精神饱满，举止规范，态度和蔼。

(3) 遵章守纪，坚守岗位，服从车站管理。

(4) 认真负责，履行岗位职责，遵守职业道德。

(5) 扶老携幼，遵守公德，服务为本，不损害乘客利益。

(6) 服务语言文明，讲普通话，使用“您好、请、谢谢、对不起、再见”十字文明用语。

(二) 岗位技能

(1) 掌握站台层发生意外情况时的各种处理方法。

(2) 掌握信号灯的使用及其显示规定。

(3) 掌握必须使用工具的操作和维护。

二、岗位职责及作业流程

(一) 岗位职责

1. 总则

(1) 实行属地管理，必须服从值班站长和值班员指挥，执行值班站长和值班员命令。

(2) 执行分公司、部、中心、车站的有关规章制度，做到有令必行，有禁必止。

(3) 注意乘客候车动态，防止跳下站台、进入隧道，维护车站正常的候车秩序。

(4) 引导乘客站在安全线内候车。

(5) 列车关门时，密切注意列车车门状态。

(6) 列车启动时，注意乘客和列车动态。

(7) 遇有清车或列车不停本站时，做好解释劝说工作。

(8) 车站发生伤亡事故时，做好取证工作，并协助公安人员清理现场。

(9) 完成上级领导临时交办的工作。

2. 站厅巡视岗职责

(1) 站厅和通道巡视内容：注意站厅付费区、非付费区乘客的动态，发现有违反地铁规定(精神异常、醉酒的乘客等)的要及时制止，必要时请求警务人员或其他同事协助；帮助乘客，回答乘客询问，特别注意帮助老、弱、病和有困难及伤残乘客，为乘客提供优质服务；发现携带违反地铁管理条例物品(“三品”、超长、超重物品等)的乘客，要及时劝其改乘其他交通工具并报车控室；引导不能正常进出闸的乘客到票务处处理；负责站厅员工通道门的管理。

(2) 负责处理简单的 AFC 设备故障；引导乘客正确操作票务设备，耐心正确解答乘客咨询，如遇解决不了的问题应立即汇报车控室。

(3) 巡视车站范围为全站、各出入口外面 5 米范围内以及地面设施，巡视的重点为出入口、楼梯、自动扶梯、垂直电梯和站厅层公共区。要求巡视须认真、细致和周全；巡视完毕后要如实填写巡视台账，发现的问题必须在台账上详细注明，要有跟进措施，完成后签名确认；协助票箱、钱箱的更换(或清点)工作；完成其他相关票务事宜。

(4) 在站厅、出入口范围发生的治安、安全(客伤)事件，要及时赶到，保护现场，同时通知车控室，寻找两名及以上目击证人，对伤者可使用外用药。

(5) 负责站厅、通道设备、设施的安全，运营时间内定时巡视出入口并将巡视情况报车控室，车控室作记录。在出站客流高峰期，守候出站闸机，引导乘客出闸和防止单程票流失。发现有故意损坏或偷窃地铁设备设施行为时要及时制止，留下肇事人，报车控室处理。

(6) 负责站厅员工通道门的管理，对进出通道门的人员进行严格登记；留意地面卫生，对水渍、杂物等及时清理和设置警示牌，防止乘客摔倒。

3. 站台巡视岗职责

(1) 站台巡视内容：检查站台监控亭内所有设备设施的状态是否良好，有无缺失(接班后第一次巡视站台时完成即可)；消防设备设施的状态；确认消火栓、灭火器箱上的封条是否完好，发现破封的，要检查里面的设备是否齐全；检查屏蔽门的状态，包括屏蔽门上的顶箱前盖板是否锁闭，屏蔽门和端墙门是否正常关闭等；上、下行尾端的缝隙灯状态是否良好；扶梯运行是否正常，包括扶梯有无异响，梯级上有无异物(有异物应及时清理)等；站台其他设备设施的状态，如扶梯处栏杆、线路导向牌、站台候车椅等的状态是否良好(是否松动)；留意站台乘客的候车动态，及时提醒特殊乘客注意安全(例如，对不便乘坐扶梯的乘客提醒其走楼梯)，提醒乘客不要倚靠屏蔽门等。另外，巡视时还需要携带相关备品和钥匙如对讲机、扶梯钥匙等。

(2) 巡视时发现携带违反地铁管理规定物品的乘客要及时劝其改乘其他交通工具并及时报车控室；发现可疑人员和可疑物品及时报车控室。

(3) 在巡视过程中如遇列车进站，必须按站台岗接发列车的标准和要求进行接发列车，监视列车运行状态、监控乘客上下车的状态，车门(或屏蔽门)关门时，确认其运作情况，发现车门(或屏蔽门)未关闭好时，第一时间通知驾驶员，并及时汇报车控室，负责处理故障屏蔽门。必要时，按规定或应驾驶员要求确认站台安全后向驾驶员显示“好了”信号。

(4) 按照规定巡视，对站台乘客候车秩序、站台卫生和安全负责，确保屏蔽门及以内区域的安全。

4. 站台巡视岗工作中的注意事项

(1) 在车门出现故障时，协助司机进行处理。

(2) 在屏蔽门出现故障时，按“先通后复”的原则进行处理，如故障无法修复，及时张贴故障纸。

(3) 当站台发生物品掉落轨道时，立即到站台做好乘客引导和安抚工作，通知值班站长到场处理。

(4) 当站台发生车门/屏蔽门夹人时，立即通知司机停车，给司机打紧急停车手信号，按压紧急停车按钮(投用时)，并将乘客救出，初步了解原因，寻找两名及以上目击证人，做好站台乘客的引导，防止乘客围观。

(5) 当站台发生客伤时，立即到站台寻找受伤乘客，做好乘客的安抚工作，并向乘客了解受伤的经过，寻找两名及以上的目击证人。

(6) 当车站收到行调有关列车需在本站清客的通知时，立即到站台进行清客，引导车上的乘客到站台，维持站台乘客候车秩序，并做好乘客的解释工作，清客完毕后向司机显示“好了”

信号。

(7) 其他特殊情况按《车务安全应急处理程序》执行

(二) 作业流程

1. 班前

(1) 早班上岗前到车控室签到，阅读文件，接受上级交待工作及注意事项。

(2) 领取相关钥匙(票务设备钥匙、员工通道门钥匙、边门钥匙、自动扶梯钥匙、液压梯钥匙、屏蔽门相关钥匙等)，在“门禁卡、钥匙借用登记本”上登记，领取站台应急卡、电喇叭、口哨、切门控钥匙和贴纸、信号灯或信号旗、对讲机等，在“车站备品(借)用登记本”上登记。

(3) 带齐工作备品准时到岗。(中班签到后参加点名和交接班会，了解注意事项；与早班巡视岗按交接班制度规定岗上交接)

2. 班中

(1) 站台立岗地点：立岗时，必须站立在站台两端“紧急停车按钮”附近 5m 区域内，站台有三名巡视员时，其中一个在站台中部。

(2) 站立姿势：接、送列车时，必须呈立正姿势，遵循“一迎、二接、三送”原则。其他时间可呈稍息姿势，但不得坐在站台座椅或灭火器箱上，不得双手背于身后或插在裤兜内。

① 一迎。列车进站前面向列车开来方向呈立正姿势，提醒乘客文明乘车，先下后上有序登车；站在黄色安全线内候车，切勿探头张望；分散车门上车。

② 二接。列车进站越过站立处所时，向左转 90° 面向列车，左右扫视提醒乘客不要拥挤、不要手扶车门、注意列车和站台之间的间隙；列车上下客中间至发车前，注意防止乘客在列车和站台间隙处受伤；列车关门时防止乘客被车门夹伤。

③ 三送。列车发出越过站立处所时，再向左转 90° 面向列车尾部呈立正姿势，至列车尾部出清站台区域时结束。

(3) 上下行列车同时到站时，接发列车工作由各车站根据实际情况自行制定，原则上由处于列车头部位置的人员接发相应的列车。

(4) 除接发列车立正时间外，在下一次列车到站前应对站台区域进行不少于一次的巡视。

3. 班后

(1) 上下行末班列车开出后，清理站台，确认站台区域无滞留乘客、无异常情况后向值班站长汇报。

(2) 按照就近的原则，协助关闭站台至站厅的自动扶梯。

(3) 夜班运营结束后，配合值班站长做好清客关站工作。协助客运值班员收取 AFC 设备钱箱和票箱并清点钱箱和票箱。将相关钥匙及对讲设备交还车控室，并在相应台账上注，交接完毕后签字。

(4) 参加由站长或值班站长组织的车站交接班会(完工会)，学习相关文件和业务知识，阅读当天文件或规章。

(5) 到车控室归还对讲机，签名下班。

【任务实施】

分小组完成以下任务：

1. 根据所学知识，结合给定的车站站厅巡视岗位职责及作业流程，模拟车站厅巡视岗工作全过程。

2. 根据所学知识，结合给定的车站站台巡视岗位职责及作业流程，模拟车站站台巡视岗工作全过程。

3. 上述任务完成后，进行小组自评和互评，最后教师讲评，取长补短，开拓完善知识内容。

任务三　客运值班员岗位职责及作业流程

【任务描述】

客运值班员是在车站值班站长领导下主要负责客运、票务管理，组织客运服务工作，在AFC票务室内的票务处理终端上监控AFC设备及系统的运作；负责车票的收发、回收及保管工作、车站营收统计工作，统计车票库存情况，及时申请调整库存车票种类、数量；负责各种票务收益票据填写及保管，在AFC票务室票务处理终端输入相应数据；负责安排补币、补票工作及车票回收箱的清理工作，安排票箱、钱箱的更换及清点工作，保管车站的车票、现金及部分票务钥匙并负责其安全等等票务事宜。

本任务主要介绍了车站客运值班员岗位职责和作业流程。通过本任务的学习，能够熟练掌握车站客运值班员的工作内容和工作注意事项。

【知识准备】

一、通用标准及岗位技能

(一) 通用标准

(1) 按规定统一着装，挂牌上岗。

(2) 上岗时精神饱满，举止规范，态度和蔼。

(3) 遵章守纪，坚守岗位，服从车站管理。

(4) 认真负责，履行岗位职责，遵守职业道德。

(5) 扶老携幼，遵守公德，服务为本，不损害乘客利益。

(6) 服务语言文明，讲普通话，使用“您好、请、谢谢、对不起、再见”十字文明用语。

(二) 岗位技能

(1) 能够处理简单的AFC设备故障。

(2) 掌握相关的票务报表、账册的填写。

(3) 掌握车站SC的有关知识，能够熟练操作车站SC。

(4) 按照公司规定掌控车票、钱款的操作，确保车票、现金安全。

(5) 处理与乘客相关的票务事宜。

(6) 掌握车站的客流动态，协助值班站长合理安排售/检票员岗位。

(7) 其他需要掌握的相关技能。

(8) 掌握车站周边的地理环境及交通状况。

二、岗位职责及作业流程

(一) 岗位职责

(1) 在值班站长的领导下，主管车站客运、票务管理，组织客运服务工作。

(2) 负责在 AFC 票务室内的票务处理终端上监控 AFC 设备及系统的运作，负责车票的收发、回收及保管工作。

(3) 车站营收统计工作，统计车票库存情况，及时申请调整库存车票种类、数量，负责各种票务收益票据填写及保管，在 AFC 票务室票务处理终端输入相应数据。

(4) 负责安排补币、补票工作及车票回收箱的清理工作，安排票箱、钱箱的更换及清点工作，保管车站的车票、现金及部分票务钥匙并负责其安全，负责票务备品的完整、齐全和车站收益解行的实施和安全。

(5) 协助值班站长管理站务员，处理与乘客相关的票务事宜。

(6) 安排、监督、协助售票员和厅巡的票务工作。

(7) 在非运营时间统计汇总当日营收情况。

(8) 紧急情况下，协助值班站长处理紧急事务。

(9) 执行分公司、部、中心、车站的有关规章制度，做到有令必行，有禁必止。

(10) 完成上级领导临时交办或外部门需协办的其他工作。

(二) 作业流程

1. 日班

1) 班前

(1) 清点车票、现金备用金、票款、钥匙、票务设备备品情况。

(2) 检查 AFC 设备、门禁卡/钥匙、工器具、备品备件及对讲设备情况及“值班员交接班本”、“票务钥匙交接记录本”是否按要求填写。

(3) 检查与票务、客运相关的文件、通知。

(4) 检查上一班的台账及票务报表，清点交接行李票、发票。

(5) 其他需要交接说明事项，与交班值班员交接清楚后在有关交接簿签名交接，登录 AFC 票务室 SC 系统。

2) 班中

(1) 首班车到站前给各售票岗配好票、备用金，并检查售票员到岗情况，对 BOM 进行管理卡认证。

(2) 巡视车站，监督指导客运及票务工作，检查售票员工作情况，进行必要的复核，监督票务政策的执行。

(3) 及时将相关数据输入 SC 系统，上交票务报表、车票。

(4) 处理相关客运、票务、乘客事务，做好车站客流组织与控制、票务设备故障的报修与处理及失物处理、乘客投诉等工作。

(5) 保持 AFC 票务室及售票问讯处整洁，并检查是否有车票、现金遗漏，检查发票使用情况。

(6) 及时做好配票工作，与值班站长共同做好补币、补票的清点工作，并在运营开始一定时期内进行补币补票，及时更换钱箱和票箱、清点钱箱，与各售票员结账，及时到票务处进行预收款的工作，在规定时间内做好打包返纳的准备工作及封箱工作。

(7) 统计好本班的车票、现金、发票、钥匙及票务设备备品情况，并在“值班员交接班本”、“票务钥匙交接记录本”上作相应的记录，与接班客运值班员按规定进行交接(夜班没有交接)，退出 AFC 票务室 SC 系统。

(8) 夜班收车后完成相应的票务报表，按要求封好要加封的车票、现金。

(9) 夜班运营结束后到票务处检查对讲设备、卫生内务，检查有没有遗漏的车票、现金，检查乘客求助按钮、电器电源等。

(10) 协助值班站长、行车值班员做好车站非运营期间的工作，确保非运营期间的车站安全；按程序关站，运营结束后更换钱箱和票箱，开启钱箱、清点并打包、结账；填写报表，按要求封好要加封的车票、现金，及时将相关数据输入 SC 系统；在规定的解行时间内做好解行工作：在 AFC 票务室验明押运员身份，填写“现金缴款单”“地铁公司装箱清单”，将缴款单、装箱清单与清点打包的票款一同装入缴款钱箱并上锁加封盖章，然后交予押运人员，并在押运单上签字(押运员在押运单上签字盖章)。

3) 班后

班后到车控室在“车站工作人员签到簿”上签字。

2. 晚班

1) 班前

(1) 提前 30 分钟 到岗，到车控室在“车站工作人员签到簿”签到，学习重要文件及上级指示精神。

(2) 在点钞室与上一班客运值班员进行交接。

(3) 检查车票、现金、钥匙、票务设备备品情况。

(4) 检查“客运值班员交接班本”是否按要求填写。

(5) 检查票务、乘客服务的文件通知，看是否有应注意的重点工作。

(6) 检查上一班的票务报表。

(7) 与交班客运值班员交接清楚后签名。

2) 班中

(1) 填写各类台账、报表。

(2) 每两小时巡视一遍车站，检查售票员工作及 AFC 设备运行状态。

(3) 通过车站 SC 监控 AFC 设备运行情况，及时更换票箱及清点 TVM 钱箱；发现故障及时报设备调度；维修人员到场后，全程监控其工作。

(4) 运营结束前 5 分钟关闭所有 TVM 和进站闸机，到站厅协助值班站长做好对乘客的宣传解释工作。

(5) 运营结束后，与售/检票员结账，钱款封包，封包后与值班站长一起收取 TVM 钱款，核对钱款封包，填写相关台账，核对后签字确认。

(6) 完成部分报表台账。

(7) 开站前 20 分钟 协助值班站长巡视各个出入口。

(8) 开站前 15 分钟 做好配票工作，并检查售票员到岗情况，开启 TVM 和闸机。

(9) 完成本班全部报表、台账，整理票务室，准备交班。

(10) 同接班客运值班员交接，交接清楚后签名。

3) 班后

班后到车控室在“车站工作人员签到簿”签字。

【知识拓展】

车站客运值班员运营结算作业标准

作业性质：例行	作业项目：车站客运值班员运营结算作业
作业条件	1. 运营结束后，售票员完成结算，所有投入服务的 TVM、AVM、闸机、单程票人工回收箱均已回收； 2. 运营结束后至凌晨 4 点前完成 AFC 设备数据录入及票务结算工作。
作业工器具	1. 纸币、硬币钱箱钥匙 2 套；2. 单程票清点机 1 部；3. 硬币清分机 1 部。
安全要点	1. 钱、票清点、报表填写、数据录入需认真复核，避免账实不符； 2. 确保票务室门处于锁闭状态，清点现金时在摄像头有效围内清点； 3. 现金清点完毕后票款、备用金需分区放入保险柜。
作业项目	作业步骤及标准
1. 钱、票清点	(1) 清点 TVM、闸机回收的单程票，标准：两名站务人员双人清点 TVM、闸机回收的单程票，并在《车站 TVM 加票记录表》、《车站闸机回收车票记录表》上如实记录，双人标准封装已清点的车票； (2) 清点 TVM、AVM 回收的现金，标准：客运值班员从值班站长处借用钱箱钥匙并做好记录后，和一名站务人员双人在摄像头有效范围内开启 TVM、AVM 回收的钱箱，严禁混点，并在《TVM(AVM)钱箱更换/清点记录表》上如实记录； (3) 清点人工回收箱的单程票，标准：两名当班站务人员双人清点单程票人工回收箱的单程票，并在《车站票务交接班登记本》如实记录，双人标准封装已清点的车票。
2. 数据录入	(1) 单程票数据录入，标准：客运值班员根据《车站 TVM 加票记录表》、《车站闸机回收车票记录表》中记录的机读数、实点数录入 SC，核对无误后保存数据；根据《车站票务交接班登记本》记录的单程票人工回收箱废票数录入 SC，核对无误后保存数据； (2) 现金数据录入，标准：客运值班员根据《TVM(AVM)钱箱更换/清点记录表》，将 AVM 现金回收的机读数及实点数录入 SC，核对无误后保存数据；将 TVM 现金回收的机读数及实点数通过 SC 进行清空清点操作，核对无误后保存数据； (3) 免费客流录入，标准：客运值班员统计当日免费客流并录入 SC。
3. 数据核算	(1) 核算备用金和票款金额，标准：客运值班员核算 SC 上备用金金额、《备用金借出记录表》中站存备用金余额与备用金实点数是否相符，SC 上票款金额与《车站营收日报》中本日解行金额与票款实点数是否相符； (2) 核算车票数量，标准：客运值班员根据《车站 TVM 加票记录表》、《车站闸机回收车票记录表》、《车站票务交接班本》核算有效单程票、无效单程票、储值卡、各种预制票及其他类型车票的数量与 SC 上库存及实点数是否相符。
4. 报表审核	(1) 手工报表审核，标准：晚班值班站长负责审核当日所有票务报表，核实报表填写规范、数据准确； (2) SC 统计报表审核，标准：客运值班员于次日凌晨 4 点后在 SC 上统计并审核《车站营收日报》、《设备车票差异报表》、《设备票款差异》，发现数据异常及时报值班站长、票务轮值监控。
5. 装箱解行	(1) 核对解行票款金额，标准：客运值班员与值班站长或站务员共同在摄像头有效范围内清点解行票款，核对解行实点金额与 SC 上票款金额与《车站营收日报》上本日解行金额是否相符，核对无误后将票款放入解行箱； (2) 解行箱封箱，标准：核对《现金缴款单》无误后放入解行箱上锁，卡封签双人盖章，解行箱按规定上锁后放于票务室摄像头有效范围内； (3) 解行箱交接，标准：押运人员到达票务室，客运值班员通过押运人员工作证、掌上电脑显示信息核对押运人员身份和车牌号无误，填写押运交接单，加盖押运交接专用章后将第三联留存，与押运人员交接解行箱。

车站客运值班员交接班作业标准

作业性质：例行	作业项目：车站客运值班员交接班作业
作业条件	1. 接班客运值班员准时到岗； 2. 交班客运值班员已完成本班应完成工作； 3. 当发生票、款数目差异时，接班客运值班员需等交班客运值班员清点完毕后方可进行交接。
作业工器具	1. 点钞机 1 部；2. 硬币清分机 1 部；3. 点票机 1 部。
安全要点	1. 防止备用金、票款、车票出现账实不符； 2. 防止票务备品出现账实不符； 3. 防止票务台账错填、漏填。
检查项目	作业步骤及标准
1. 清点备用金、票款、车票	(1) 清点票务保险柜内的备用金，标准：将清点的金额与 SC、《车站票务交接班登记本》上的备用金数据进行核对，确保备用金的准确； (2) 清点票务保险柜内的票款，标准：将清点的金额与 SC、《车站票务交接班登记本》上的数据进行核对，确保票款的准确； (3) 清点票柜内的车票，标准：将清点的单程票、废票、储值票、预制票、记次票等票种数量与 SC、《车站票务交接班登记本》上的数据进行核对，确保车票数量的准确。
2. 清点票务备品	(1) 清点票务钥匙，标准：清点票务钥匙数量，核对《票务钥匙使用记录表》确保账实相符； (2) 清点票务备品，标准：清点票务备品数量，核对《车站票务交接班登记本》确保账实相符。
3. 检查票务台账、报表	(1) 检查《车站票务交接班登记本》，标准：各项内容是否填记清楚，备用金、票款、车票要做到账实相符； (2) 检查《TVM 补币记录表》，标准：核对记录表上的相关记录是否与 SC 上的数据相符； (3) 检查《车站营收日报》，标准：检查票款金额与实际票款金额、SC 上的票款金额是否相符； (4) 检查《备用金借出记录表》，标准：检查当日退给乘客的备用金是否与记录表上的记录相符，备用金总额是否与《车站票务交接班本》、SC 上的数据相符。
4. 交接工作内容	(1) 本班票务工作交接，标准：针对本班已完成、未完成的工作、设备运行情况进行详细描述； (2) 新文件、通知、要求交接，标准：将当日收到的最新票务相关文件、通知、要求内容进行重点交接； (3) 系统交接，标准：交班客运值班员退出 SC 系统，接班客运值班员使用自己的用户名密码登录 SC 系统。

【任务实施】

分小组完成以下任务：

1. 根据所学知识，结合给定的客运值班员岗位职责及作业流程，模拟客运值班员工作全过程。
2. 上述任务完成后，进行小组自评和互评，最后教师讲评，取长补短，开拓完善知识内容。

任务四　值班站长岗位职责及作业流程

【任务描述】

值班站长是地铁车站正常运行的中枢神经，上接站长，下连客运值班员、行车值班员。值班站长对本班组在车站运作中发生的一切事物负责，所以对于当班车票、现金、票务备品安全、安排票务巡查工作、监控 SC 的运作等工作都要进行监督和管理。除此之外，对于一些票务紧急情况、乘客的纠纷有时值班站长也需要要出面处理。

值班站长是一个需要全面负责的岗位，车站的业务管理、员工管理、设备监控都要求值班站长来处理，所以值班站长必须要有过硬的专业知识、专业技能，此外还要有丰富的车站行车和客运工作经验。

本任务主要介绍了车站值班站长的岗位职责和作业流程。通过本任务的学习，能够熟练掌握车站值班站长的工作内容。

【知识准备】

一、通用标准及岗位技能

(一) 通用标准

(1) 按规定统一着装，挂牌上岗。

(2) 上岗时精神饱满，举止规范，态度和蔼。

(3) 遵章守纪，坚守岗位，服从车站管理。

(4) 认真负责，履行岗位职责，遵守职业道德。

(5) 扶老携幼，遵守公德，服务为本，不损害乘客利益。

(6) 服务语言文明，讲普通话，使用“您好、请、谢谢、对不起、再见”十字文明用语。

(二) 岗位技能

(1) 掌握车站突发及紧急情况下的处理方法。

(2) 熟悉列车时刻表。

(3) 掌握 LOW (局域操作员工作站)的操作，以及 CCTV (电视监视器)、BAS (环境监控系统)、FAS (防火监控系统)的监控。

(4) 按照公司规定掌控车票、钱款流的操作，确保车票、现金安全。

(5) 处理乘客的服务需求，解决与乘客的纠纷。

(6) 合理安排岗位，协调岗位工作；

(7) 其他需要掌握的技能。

二、岗位职责及作业流程

(一) 岗位职责

值班站长一般负责本班全站日常的行车、客运管理、乘客服务、事故处理、设备日常管理、安全管理、员工培训、执法管理等工作。

1. 行车、客运和票务管理

(1) 听从行调指挥，执行行调命令，督导值班员接发列车。

(2) 负责本班车站的车票、现金安全。

(3) 督导操作 LOW (联锁站)

(4) 负责安排 AFC 设备或其他票务运作系统设备巡站工作。

(5) 组织特殊、紧急情况下的车站工作。

(6) 根据需要巡视检查和指导各个岗位的工作。
(7) 督导票务流程的执行和票务系统的正常运作，现场处理与乘客的票务纠纷。
(8) 保管部分票务钥匙。
(9) 其他相关事项。

2. 乘客服务

(1) 处理特殊乘客的服务需求，如帮助突发状况的乘客、处理失物等。
(2) 处理乘客投诉、来访、乘客纠纷等。
(3) 督导本站各岗位按服务标准作业，提供优质服务。
(4) 处理、汇总当班的服务事件和问题，并及时向站长汇报。
(5) 对站外导向每两周巡视一次，并及时向有关调度报告巡视情况。
(6) 对站内的服务设施进行巡视，对故障情况及时报修和登记。
(7) 其他相关事项。

3. 员工管理

(1) 按规定在班前组织接班员工召开接班会。
(2) 合理安排岗位，协调岗位工作。
(3) 对当班人员进行督导、检查、考核。
(4) 对当班员工进行培训、教育，掌握员工思想状况。
(5) 其他相关事项。

4. 安全管理

(1) 确保行车、车站员工及乘客的安全。
(2) 确保车站收益安全、设备运行安全。
(3) 监督车站治安安全、消防安全工作。
(4) 负责监控和管理夜间站内的施工安全和防护。
(5) 负责定时全面巡视车站，定时巡视长大通道。重点的巡视内容为：消防设备设施的状态；屏蔽门的状态；扶梯运行状态；站台、站厅、通道、出入口设备设施的状态等。
(6) 处理违反本市“城市轨道管理规定”的行为。
(7) 负责车站各项安全检查。
(8) 及时向站长汇报安全情况。
(9) 其他相关事项。

5. 员工培训

有些城市轨道车站值班站长还需负责本班组员工的实地业务培训，具体有：
(1) 组织实施车站培训工作，检查评定培训效果。
(2) 定期总结培训工作，提出改进意见或建议。
(3) 负责本班业务培训。

6. 执法工作

(1) 佩戴执法证件上岗，按规定程序执法。
(2) 负责执法证件、文书、票据的管理交接。
(3) 填写相关票据，上交罚金和上报处罚情况。

(二) 作业流程

1. 班前

(1) 与前一班值班站长进行交接，熟知上一班的运营情况；早班值班站长负责参加中心站组织的接班会。

(2) 检查、清点钥匙、行车备品、对讲设备以及执法证、文书、票据等备品。

(3) 认真检查“当班情况登记本”，具体内容大致如表 5-2 所示。

表 5-2 当班情况登记本填写内容

序号	项目	内容
1	行车	1. 列车运行情况； 2. 相关新通知； 3. 施工情况。
2	顾客服务	乘客事务
3	票务	1. 票务新通知； 2. 客运值班员工作情况。
4	其他事项	上级临时安排或车站发生的事
5	重点事项栏	一些重点工作的完成时间和负责人

(4) 检查各种台账记录并做好交接。如“钥匙管理登记本伙“施工登记本”、“每日运营重要信息”、“故障设备设施跟踪处理表”、“中心站交班会会议记录本”、“每日防火巡查本”、“调度命令本”、“行车日志”、“设施故障登记表”等。

(5) 检查文件、通知，核实夜班完成或未完成的工作，在接班中模糊、有疑点的问题要问清楚。

(6) 完成交接后早班要在“当班情况登记本”上签名。签名后如出现因交接不清的问题时，由接班值班站长负责。

2. 班中

(1) 检查人员到岗情况，安排好各岗位的工作。遇突发事件，应及时了解详细情况，到现场担任事故处理组长，并及时向有关生产安全组及相关领导报告事故处理情况。

(2) 按消防安全要求对车站全部设备进行一次检查，包括站厅、通道、站台以及各设备房。

(3) 安排所有 TVM 纸币钱箱的更换与清点工作；跟客运值班员结账，开启尾箱；到 AFC 室进行打包返纳的确认与尾箱加封工作；监控客运值班员的交接。

(4) 定时(运营时间内)全面巡视车站，重点的巡视内容为：消防设备设施的状态；屏蔽门的状态；扶梯运行状态；站台、站厅、通道设备设施的状态等。

(5) 督导各岗位员工按章作业，发现违章情况及时作出处理。

(6) 运营开始或结束时，负责车站的清客、开关站。开站时确认出入口、扶梯、照明、 AFC 设备状态良好，应在首班载客列车到站前 × 分钟巡视全站，首班载客列车到站前 × 分钟完成开启出入口大门、扶梯的工作，并巡视全站。关站时清站，确认出入口、扶梯、照明、 AFC 设备全部关闭。

(7) 监控车站当天的施工情况，负责设置特殊指示灯、带施工人员到端墙。

(8) 及时处理、跟踪当班发生的乘客特殊事务及服务投诉事件。

(9) 安排、顶替有关岗位职工用餐。

(10) 对站内服务设施进行巡视，发现故障按规定进行报修和跟进；对商铺进行日常管理，如监督商铺物品摆放情况等。

(11) 组织所有接班员工、班中可参加的其他员工(如学员、顶岗班人员等)召开接班会，具体内容如表 5-3 所示。

表 5-3　交接班内容

序号	内　容
1	参加接班会的员工立岗，值班站长检查员工的仪容仪表。
2	传达中心站交班会的会议精神。
3	重要文件、通知的传达。
4	运营信息的传达。

3. 班后

(1) 与下一班值班站长做好交接工作。

(2) 检查本班所填写的台账“钥匙管理登记本”、“施工登记本”、“车站巡视检查本”、“每日防火巡查本”、“行车日志”、“故障设备设施跟踪处理表”。

(3) 在“当班情况登记本”上签名。

【任务实施】

分小组完成以下任务：

1. 根据所学知识，结合给定的值班站长岗位职责及作业流程，模拟值班站长工作流程。
2. 上述任务完成后，进行小组自评和互评，最后教师讲评，取长补短，开拓完善知识内容。

任务五　车站日常运作管理

【任务描述】

车站运作管理是城市轨道交通运营管理最基础也是最重要的环节。车站是城市轨道交通面对乘客的服务窗口和形象标识，为实现地铁正常运作，上至值班站长，下至站务员、安全员，都应熟练掌握车站的开放和关闭程序，在工作过程中应牢记各自的工作职责、作业程序和特别注意事项，并能够相互配合、协调工作，使车站以最优的方式正常运转、以最高的效率服务于乘客。

本任务主要介绍了车站的开放和关闭程序以及车站各岗位的工作内容。通过本任务的学习，能够熟练掌握车站开放和关闭程序及各工作岗位的工作程序。

【知识准备】

一、开/关站客运准备工作

(一) 开站前车站客运准备工作

(1) 首班车到站前 30 分钟，客运值班员检查售票员到岗情况，给售票员配好票、款，并对

BOM 进行管理卡认证。

(2) 首班车到站前 15 分钟，值班站长打开车站正常照明；售票员领票、款后到客服中心上岗，管理卡认证成功后登录 BOM，插入工号牌，开始窗口服务。

(3) 首班车到站前 10 分钟，值班站长开启所有 TVM、AVM 和进出站闸机；厅巡、站厅保安开启车站各出入口、自动扶梯和垂直电梯，开始运营服务。

车站开站程序具体见表 5-4。

表 5-4 车站开站各岗位的作业内容

序号	责任人	内 容
1	行车值班员	通勤车到站前 30 分钟，按规定试验道岔、安排人员试开关屏蔽门，检查站台和线路出清情况，并汇报行调。通勤车到站前 10 分钟安排人员到站台接发通勤车。
2	行车值班员	首班载客列车到达前 30 分钟，通过 EMCS/BAS 开启环控系统并检查运行情况。
3	行车值班员	首班载客列车到站前 15 分钟打开照明开关，并开启 AFC 设备(除闸机外)。
4	行车值班员	首班载客列车到站前 10 分钟开启闸机。
5	售票员	首班载客列车到站前 30 分钟到站领票，首班载客列车到站前 12 分钟到岗。
6	值班站长	首班载客列车到站前 20 分钟巡视全站，首班载客列车到站前 10 分钟完成开启出入口大门、扶梯的工作，并巡视全站。
7	行车值班员	向乘客广播候车的注意事项。

(二) 关站前车站客运准备工作

(1) 末班车开出前 10 分钟，行车值班员开始末班车提示广播。

(2) 末班车开出前 5 分钟，行车值班员暂停 TVM 和进站闸机，通知售票员停止售票。

(3) 末班车开出前，站台保安进行站台检查，确认站台乘客均已上车，无异常情况。

(4) 末班车开出后(始发/终到站为末班车到站后)，厅巡和站厅保安进行车站清客，关闭车站自动扶梯、垂直电梯和各出入口。

车站关站程序具体见表 5-5。

表 5-5 车站关站各岗位的作业内容

序号	责任人	内 容
1	值班站长	尾班车到达前 15 分钟到站厅监督检查站厅、站台、行车值班员等各岗位情况。(特别是尾班车广播的播放，告示的设置情况)
2	行车值班员	上/下行尾班车开出前 5 分钟关闭 TVM，通知停止售票和进站检票工作，并监控尾班车的广播播放情况。
3	值班站长	最后一趟载客列车到达前 5 分钟确认所有 TVM、入闸已关闭，监控停止售票广播的播放情况。
4	巡视岗	最后一趟载客列车到达前 5 分钟在 TVM、每组进闸机前摆放停止服务告示牌。
5	售票员	收拾票、钱，整理票务处备品，注销 BOM，回 AFC 点钞室结账。
6	客运值班员	与售票员结账。
7	值班员	运营结束后，执行车站节电照明模式。
8	值班站长	清站，确认出入口关闭，扶梯、照明、AFC 设备全部关闭。

[知识拓展]

车站运营前检查作业标准

作业性质：例行		作业项目：车站运营前检查作业
作业条件	线路投入运营前，经行调批准后，由值班站长组织进行。	
作业工器具	1. 屏蔽门 101 钥匙 1 套； 2. 手提探照灯 1 个； 3. 拾物钳 1 把。	
安全要点	1. 防止作业人员、工器具擅自侵入限界； 2. 防止人员、物品掉落轨行区； 3. 防止屏蔽门夹伤人员。	
检查项目	作业步骤及标准	
1. 屏蔽门状态	(1) 检查就地控制盘(PSL)，标准：使用 101 钥匙开关屏蔽门，整侧屏蔽门正常开启和关闭，关闭时 PSL 盘门关闭指示灯亮绿灯； (2) 检查滑动门状态，标准：滑动门开启后门头灯常亮红灯，关闭后，滑动门紧闭，门头灯红灯灭； (3) 检查应急门状态，标准：应急门处于正常锁闭状态，相邻滑动门的门头灯不亮。 (4) 检查端门状态，标准：端门处于正常锁闭状态； (5) 检查车控室 PCS 控制盘状态，标准：故障指示灯未亮红灯，关门指示灯常亮绿灯； (6) 检查监控亭 PSAP 控制盘状态，标准：屏蔽门正常关闭时，所有指示灯不亮。	
2. 站内线路巡视	(1) 检查接触网状态，标准：目视范围内目测接触网连接正常，无脱落、断线现象； (2) 检查线路状态，标准：目视范围内无异物侵入限界、无渗漏水和积水现象； (3) 检查站台头、尾端墙情况，标准：目视范围内无施工遗留工器具，无存放影响行车物品。	
3. 联锁站道岔功能测试	(1) 检查 LOW 机操作状态，标准：LOW 机能正常登录，各项指令可正常操作； (2) 检查道岔状态，标准：道岔转换后道岔位置以黄色光带显示，转换到位后无短闪、长闪现象； (3) 检查进路状态，标准：排列进路后整条进路显示连续绿色光带。	
4. 重要设备状态	(1) 检查低压供电状态，标准：车站工作照明及各项设备供电正常； (2) 检查环控系统状态，标准：冷水机组和风机运作正常，EMCS、FAS 监控系统上无红色、黄色报警显示。	
5. 行车备品	(1) 行车备品数量，标准：行车台账、行车备品齐全； (2) 行车备品状态，标准：行车备品功能可正常使用。	
6. 收尾工作	(1) 确认屏蔽门和端门处于正常锁闭状态；	
	(2) 行车值班员向行调汇报运营前检查工作情况。	

车站开站作业标准

作业性质：例行	编号：ZW-LX-02	设备编号：
作业项目：车站开站作业		
作业条件	1. 首班车到达前 30 分钟，由值班站长组织当班员工进行； 2. 运营前检查完毕； 3. TVM 加票加币完成。	
作业工器具	1. 各出入口钥匙； 2. 自动扶梯钥匙。	
安全要点	1. 防止自动扶梯夹伤； 2. 防止客伤； 3. 防止开站延误导致投诉。	
作业项目	作业步骤及标准	
1. 开启 AFC 设备	(1) 开启设备，标准：首班车到站前 10 分钟，在车控室 SC 上依次开启 TVM、闸机，确认所有 TVM、AVM、闸机图标为绿色状态； (2) 确认状态，标准：检查站厅所有 AVM、TVM、闸机状态，确认 AVM、TVM 显示正常，后门关闭，闸机进出站状态箭头显示正确。	
2. 开启照明	(1) 开启模式，标准：首班车到站前 15 分钟，在 MCP 上依次开启站厅、站台工作照明，确认相应模式的 LED 灯显示正确； (2) 确认状态，标准：检查站厅、站台工作照明，确认无故障灯具。	
3. 开启自动扶梯	(1) 开启设备，标准：首班车到站前 10 分钟，携带钥匙在现场开启自动扶梯，开启前须确认梯级上无人、无杂物； (2) 确认状态，标准：检查自动扶梯无异常声响，运行方向正确，垂直电梯升降正常。	
4. 开启出入口卷闸门	(1) 开启设备，标准：首班车到站前 10 分钟，携带钥匙在现场开启各出入口卷闸门； (2) 确认状态，标准：检查卷闸门完全打开，出入口无障碍物，光线较弱影响乘客通行时，须开启出入口照明。	
5. 准备窗口服务	(1) 办理配票，标准:首班车到站前 15 分钟，售票员到票务室领取钱、票、工器具并到达客服中心； (2) 办理交接，标准：首班车到站前 10 分钟，售票员在客服中心与客运值班员交接客服中心工器具，并在交接班本上签字； (3) 准备服务，标准：开启 BOM、对讲设备，插好服务牌，摆放好钱、票、工器具，开始服务。	

车站关站作业标准

作业性质：例行	编号：ZW-LX-03	设备编号：
作业项目：车站关站作业		
作业条件	最后一班车开出前 10 分钟开始，由值班站长组织当班员工进行。	
作业工器具	1. 各出入口钥匙；2. 自动扶梯钥匙。	
安全要点	1. 防止自动扶梯夹伤；2. 防止客伤；3. 防止闲杂人员逗留车站。	
作业项目	作业步骤及标准	
1. 播放广播	(1) 单方向末班车广播，标准：上行方向或者下行方向末班车开出前 10 分钟，在车控室电脑上使用播放器，选择站厅区及出入口区播放该方向的末班车广播； (2) 关站广播，标准：最后一班车开出前 5 分钟，选择站厅区、站台区，各出入口区播放关站广播。	
2. 售票窗口服务	(1) 停止进站服务，标准：最后一班车开出前 5 分钟，售票员停止出售进站单程票； (2) 关闭售票窗口，标准：清客完毕后，售票员停止客服中心服务，关闭 BOM、对讲设备，摆放好暂停服务牌，收拾好钱、票、工器具，与客运值班员交接客服中心工器具，并在《交接班本》上签字后锁闭客服中心，回票务室结算。	
3. 关闭 AFC 设备	(1) 关闭设备，标准：最后一班车开出前 5 分钟，在车控室 SC 上依次关闭 TVM、AVM、进站闸机； (2) 确认状态，标准：在 SC 上确认所有 TVM、AVM、进站闸机图标为灰色状态，现场检查确认进站闸机、AVM、TVM 正常关闭，显示暂停服务。	
4. 清客	(1) 站台清客，标准：最后一班车开出前，确认站台乘客均已上车，无异常情况； (2) 全站清客，标准：最后一班车开出后，进行全站清客，确认无乘客及闲杂人员逗留车站。	
5. 关闭自动扶梯	(1) 关闭设备，标准：清客完毕后，携带钥匙到现场关闭自动扶梯、垂直电梯，关闭自动扶梯时严禁使用紧急停止按钮； (2) 确认状态，标准：自动扶梯关闭后确认无报警信息，运行状态显示为禁止信号，垂直电梯关闭后确认按压上行或下行按钮无作用。	
6. 关闭照明	(1) 关闭照明，标准：清客完毕后，在 MCP 盘上依次关闭站厅、站台工作照明，确认相应模式的 LED 灯熄灭，执行车站节电照明模式； (2) 确认状态，标准：现场确认站厅、站台工作照明是否正常关闭，节电照明模式执行是否成功。	
7. 关闭出入口卷闸门	(1) 关闭设备，标准：清客完毕后，携带钥匙在现场关闭各出入口卷闸门及出入口照明； (2) 确认状态，标准：现场确认卷闸门全部关闭，未留有空隙，卷闸门开关按钮盒已锁闭。	

【任务实施】

分小组完成以下任务：

1. 根据所学知识，结合给定的车站开放和关闭程序，现场模拟演练车站开、关站各工作岗位的工作程序。

2. 上述任务完成后，进行小组自评和互评，最后教师讲评，取长补短，开拓完善知识内容。

项目六

城市轨道交通车站客运组织工作

【知识目标】

1. 熟悉城轨交通车站日常客流组织工作；
2. 了解可预见性大客流组织原则及组织措施；
3. 知道突发性大客流组织原则及组织措施；
4. 掌握突发事件客流组织的方法。

【能力目标】

1. 能正确组织日常客流工作；
2. 能正确组织可预见性及突发性大客流工作；
3. 能正确处理突发事件的客流组织工作；
4. 能熟练操作客流组织工作的相关设备。

【项目导入】

项目学习指导书
(节假日客流案例)

2010年平安夜，从16:30开始，某地铁车站出现大客流，各方向客流都聚集到该站下车，出站客流激增，客流量达到平日同时段的2倍多。该站将此情况报告控制中心，并按控制中心指令启动相应大客流预案。主要采取的措施有：

1. 人工引导客流、利用广播做好客流疏导、安抚宣传工作。增设临时检票点来疏散大客流。把车站部分入站闸机调整为出站闸机模式。开边门加快乘客出站速度，不让客流在站台和站厅处停滞，保证客流疏散安全。

2. 采取临时疏导措施对客流方向进行限制。该站此时实行两级疏导，即出入口、站厅的疏导以及站厅、站台扶梯与站台的疏导，对站台、站厅、出入口采取逐级控制。根据车站临时检票位置的设置，安排车站人员在出入口、站厅处疏导，限制客流的方向，以保持通道的通畅和出入口站厅客流秩序。

3. 行车值班员通过闭路电视(CCTV)实时监控大客流重点部位，并与现场负责人保持密切联系。对其中一个出入口采取短时间限制乘客进入车站的措施，阻止一部分客流进入车站，以避免与出站客流形成对流。

4. 值班员不断向控制中心报告大客流实时组织情况。由于当天该站站台客流太大，控制中心及时发布行车调令，安排后续列车间隔跳停该站，减轻站台客流对冲压力。

到平安夜当晚24:00后，大量乘客涌进该站，此时进站客流远远多于出站客流。该站及时变更大客流预案，主要措施有：

1. 增加售/检票能力，事先准备足够多的车票，在出入口通道、站厅等处增加临时售票点，增设临时检票点。

2. 实行两级疏导，即出入日、站厅的疏导，以及站厅、站台扶梯与站台的疏导。对站台、站厅、出入口采取逐级控制，设置临时导向、警戒绳，限制客流的方向，保持通道的通畅和出入口、站厅客流的秩序，保证客流均匀上下扶梯和尽快上、下列车，保证乘客在站台候车的安全。

3. 由于该站站台客流压力持续增大，车站及时将通往站厅、站台的下行自动扶梯调整为上行模式，延缓乘客进入车站的速度。

4. 延缓售票速度，关闭所有闸机，待站台客流明显缓解后再放行。关闭其中一个出入口，限制乘客进入车站，延长大客流疏散时间。

5. 值班员不断向控制中心报告大客流实时组织情况。控制中心根据该站值班员的报告，及时采取有效措施，安排 2 列备用列车上线，加开临时客运列车 12 列，安排列车在该站就近的折返线折返，以此增加通过该站的行车密度，减小列车行车间隔，提高该站的列车输送能力。

该站在应对此次大客流事件时，及时采取了有效预案，措施得当，基本上保证了客流的畅通，较好地完成了大客流组织任务，没有发生一起客伤事件。但在此次客流组织中也有一些不足之处，例如：车站人员应对大客流的反应速度相对较慢，造成刚开始就出现大量乘客涌进站厅、站台，给后续工作造成了较大的压力；车站人员心理素质不过硬，不能很好地安抚乘客，等等。

任务一　日常客流组织

【任务描述】

城市轨道交通是一种容量较大、运送速度较快的交通方式，可为乘客提供安全、迅速、便捷、舒适的运送服务。车站的客运组织是客运服务工作的一个重要环节，在做好日常的客运组织工作的前提下，还应为乘客提供优质、优化的服务，既能在客流高峰时段、突发紧急事件的情况下组织好车站的客流，又能让乘客享受高水平、高质量的服务，本项目主要介绍如何实现这个目标。

【知识准备】

城市轨道交通主要是通过合理的客运组织来完成其大容量的客运任务。

客运组织是通过合理布置客运有关设备、设施以及对客流采取有效的分流或引导措施来组织客流运送的过程。

客运组织的主要内容包括：车站售/检票位置的设置，车站导向的设置，车站自动扶梯的设置，隔离栏杆等设施的设置以及车站广播的导向，售/检票设备数量的配置，工作人员的配备，应急措施等。

一、车站客运组织的原则及工作要求

轨道交通客运工作的特点决定了客运组织应以保证客流运送的安全、保持客流运送过程的畅通、尽量减少乘客出行的时间、避免拥挤、便于大客流发生时的及时疏散为目的。

(一) 车站客运组织的原则

在进行客运组织工作时，应遵循以下几方面的原则：

(1) 合理安排售/检票位置，出入口、楼梯、行人流动线简单、明确，尽量减少客流交叉、对流。

(2) 与乘客换乘的其他交通工具之间顺利连接。人流与车流的行进路线严格分开，以保证行人的安全和车辆行驶不受干扰。

(3) 完善诱导系统，快速分流，减少客流集聚和过分拥挤的现象。

(4) 满足换乘客流的方便性、安全性、舒适性等一些基本要求。例如，适宜的换乘步行距离、恶劣天气下的保护、气温调节、为残疾人专门设计无障碍通道；又如，适宜的照明、开阔的视野以及突发事件应急系统等。这些客运设计的基本要求也是评价客流交通组织合理性的重要方面。

(二) 车站客运组织工作的要求

车站客运组织工作的要求是：

(1) 安全准时。保证乘客进站、出站和乘车的安全，确保列车按列车运行图规定的时间运行。

(2) 方便迅速。导向标志清晰准确，售/检票设备操作方便，确保乘客快捷到达目的地。

(3) 热情周到。耐心准确地解答乘客询问，主动热情地为乘客服务。

二、车站客运组织的人员配备

一般车站常驻人员有：运营部门人员(包含值班站长、行车值班员、客运值班员、站务员等)、保洁部门人员、设备维修部门人员、城轨公安部门人员、银行部门、商业部门等。

城市轨道交通客运组织工作必须实行集中领导、统一指挥的管理方式。控制指挥中心(OCC)负责全线的客运组织工作，车站的客运组织由车站站长或值班站长负责。

运营部门人员应与其他部门人员配合工作，相互间应建立完善的沟通制度。例如：

(1) 综合治理小组成员相互通报相关信息。尤其在重大节假日前，运营站务人员应将有关行车方案及站内客运应急方案通报各部门。

(2) 定期组织各部门参加消防检查或应急与紧急疏散演练。

(3) 车站站长、值班站长可调动保洁、各专业维修人员、银行、商铺，参与车站特殊情况下的客运组织及大客流应急处理。

三、车站日常客流组织方法

影响客运组织的因素较多，不同类型的车站其客运组织的内容有着较大的区别，中小型车站的客运组织比较简单，而大车站、换乘站因客流量较大、客流方向较复杂，其客流组织也比较复杂。侧式站台的车站相对于岛式站台的车站容易将不同方向的客流分开；但不利于乘客的换乘，售、检票设置较分散，不利于车站组织管理。

车站日常客流组织主要包括进站客流组织、出站客流组织、换乘客流组织三部分。

(一) 进站客流组织

按照进站客流的路线流程进行组织：

(1) 组织引导客流经出入口、楼梯、自动扶梯(或垂直电梯)，通过通道进入车站站厅层非付费区。

(2) 组织引导部分乘客在自动售票机、客服中心或临时票亭购票后，检票通过进站闸机进入付费区，引导部分持储值票或次票、周票等不用购票的乘客直接检票通过进站闸机进入付费区。

(3) 乘客入闸检票或人工检票进入站厅付费区后，组织引导乘客再通过楼梯、自动扶梯(或垂直电梯)进入站台层候车。

(4) 乘客到达站台，应组织引导乘客站在黄线内候车，通过导向标识和乘客咨询系统选择乘车方向和了解列车到发时刻。

(5) 列车到站停稳开门后，引导乘客按先下后上的顺序乘车，站台工作人员要注意做好组织工作，防止乘客因抢上抢下导致安全问题和纠纷的产生。

(二) 出站客流组织

按照出站客流的流动过程进行组织：

(1) 乘客下车后到达车站站台，组织引导其经楼梯、自动扶梯(或垂直电梯)进入站厅层付费区。

(2) 通过出站闸机(单程票出闸时将被收回)或人工验票，进入站厅层非付费区后，组织引导乘客(通过导向标志)找到相应的出入口，经通道、出入口出站。

(3) 组织引导车票车资不足(无效车票)或无票乘车的乘客到客服中心办理相关手续后，方可出站。

(三) 换乘客流组织

客流换乘主要有两种：付费区换乘和非付费区换乘。按照换乘的地点进行客流组织：

1. 付费区换乘

乘客到达换乘站下车后，不需通过出站闸机，直接在付费区内根据换乘导向标志指引，经楼梯、自动扶梯(或垂直电梯)、换乘通道或平台等到达另一站台层换乘候车。付费区换乘一般包括同站台平面换乘、站台立体换乘及通道换乘。这种换乘组织要求有良好的引导标志和通道设计，在容易出错的地点安排工作人员职守引导，保证乘客尤其是初乘者安全顺利地完成换乘。

2. 非付费区换乘

乘客到达换乘站下车后，根据换乘导向标志指引，经楼梯、自动扶梯(或垂直电梯)到达站厅层付费区，通过出站闸机进入非付费区或出站，到另一线路重新进入付费区或进站进行换乘。这种换乘组织需要最大限度缩短乘客的走行距离和良好的衔接引导标志，并且应避免这部分客流与其他客流的交叉干扰。

3. 换乘方式

城市轨道交通的换乘方式主要有站台换乘、站厅换乘、通道换乘、站外换乘和组合换乘几种类型。

1) 站台直接换乘客流组织

站台换乘有两种方式：同站台换乘和上下层站台换乘。

(1) 同站台换乘是指两条不同线路的站线分设在同一站台的两侧，乘客可同站台换乘。如

图 6-1 和图 6-2 所示。这种换乘方式适用于两条平行交织的线路，为方便客流组织宜采用岛式站台设计，要求站台能够满足换乘高峰客流量的需要，乘客无需换乘行走，换乘时间最短，但换乘方向受限。双岛式站台只能实现 4 个换乘方向的客流在同站厅换乘；单岛式站台每层只能实现 2 个方向的换乘客流，其余换乘方向的乘客仍然要通过站厅或自动扶梯、楼梯进行换乘，换乘时间相应增加。在所有换乘方式中，同站台换乘的换乘能力最大，适用于优势方向换乘客流较大的情形。这种换乘方式的主要制约因素是站台的宽度与列车行车间隔，因此客流的合理组织还与站台宽度及列车行车间隔密切相关。

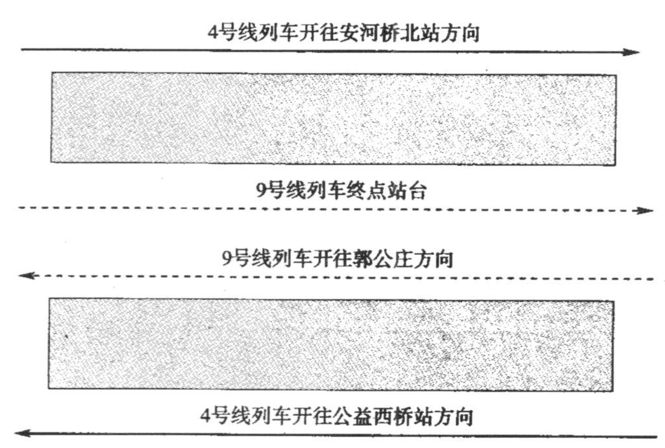

图 6-1　北京地铁 4 号线国家图书馆站同站台换乘示意图

图 6-2　广州地铁体育西路两岛式同站台换乘

(2) 上下层站台换乘是指乘客从一个站台通过楼梯或自动扶梯到另一个站台直接换乘。根据地铁线路交叉的情况及两车站的位置，可形成站台与站台的“十”字形换乘、T 形换乘、L 形换乘和平行换乘的模式。例如，欧洲的地铁中也有采用同一站台、不同线路车辆的停靠来实现换乘的，如图 6-3 和图 6-4 所示，这种换乘模式要求换乘楼梯或自动扶梯应有足够的宽度，以免高峰客流时发生乘客堆积和拥挤。在所有换乘方式中，这种换乘模式的换乘能力最小，其制约因素是自动扶梯(楼梯)的运量。

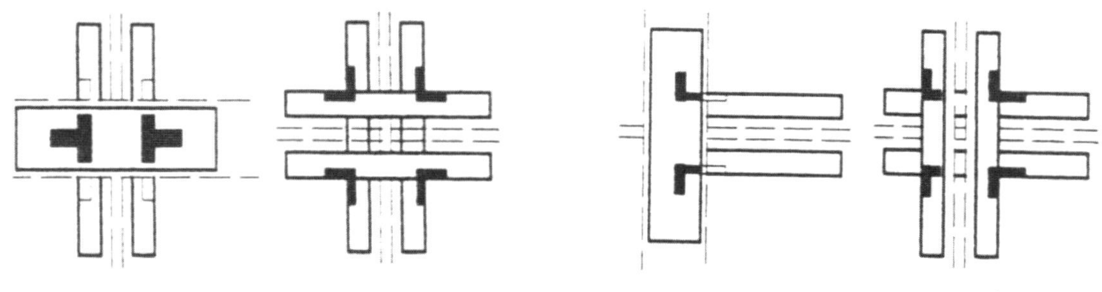

图 6-3 “十”字形换乘布局示意图　　图 6-4 “T”形换乘布局示意图

2）站厅换乘客流组织

站厅换乘是指乘客由一个站台通过楼梯或自动扶梯到达另一个车站的站厅或两站共用站厅，再通过站厅前往另一站台乘车的换乘方式。站厅换乘一般用于相交车站的换乘，换乘距离比站台直接换乘要长。若换乘过程中需要进出收费区，检票口的能力可能成为制约因素。

3）通道换乘客流组织

通道换乘是指在两个或几个单独设置车站之间设置联络通道等换乘设施，方便乘客完成换乘的方式。通道可直接连接两个站台。这种方式换乘距离较近，换乘时间较短，如图 6-5 所示。通道还可连接两个站厅收费区，换乘距离相对较远，换乘时间较长。一般情况下，换乘通道长度不宜过长，换乘通道的宽度可根据客流状况加宽。

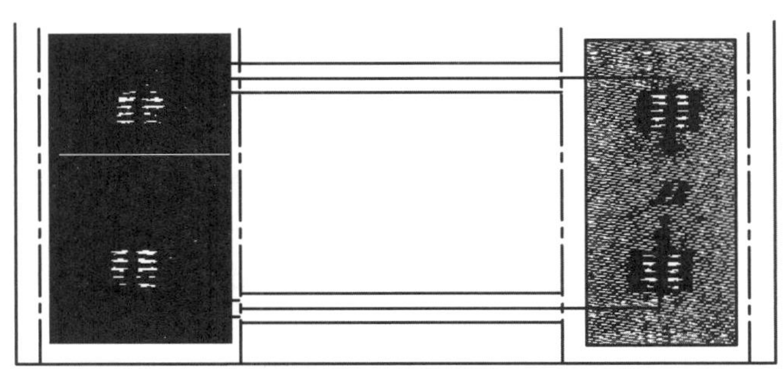

图 6-5 “双通道平行”换乘布局示意图

4）站外换乘客流组织

站外换乘是指乘客在车站付费区以外进行换乘。此种换乘方式往往是客观条件不允许或设计不当造成的。乘客换乘路线可分割为出站行走、站外行走。在所有换乘方式中，站外换乘所需的换乘时间和换乘距离最长，给乘客的换乘带来很大不便，应尽量避免。

5）组合式换乘客流组织

组合式换乘是上述两种以上换乘方式组合而成的一种换乘方式，实践中往往是几种换乘方式的组合，以便使所有换乘方向的乘客均能实现换乘。

【任务实施】

1. 利用课余时间去地铁车站现场进行实地观察操作，熟知客流组织工作相关设备的简单操作。
2. 根据所学知识，结合下面给出的客运组织方案，分小组进行模拟演练，然后进行小组自评和互评，最后教师讲评，取长补短，开拓完善知识内容。

××站平日运营正常情况下的客运组织方案

1. 早晚非高峰时段

(1) 车站东、西客服中心各设立 1 名服务人员，进行票务处理。

(2) 上下行站台各设立 1 名站务员，进行接发车并巡视站台，维护站台候车及上下客秩序，确保站台情况正常。

(3) 车控室加强广播宣传，引导乘客分散上车及注意监控站厅情况、站台安全，保持与有关部门及车站人员间的联络。

(4) 工作期间要注意各自形象，使用“十字”文明用语，作业规范。

2. 早晚高峰时段

××站高峰时段客流较大，车站应采取以下措施：

(1) 早晚高峰时段，站台加强广播宣传力度，对乘客进行分流引导，维持站台候车秩序，确保乘客候车安全。

(2) 车控室加强广播引导乘客分散上车并密切注意车站客流情况及列车运行情况。

(3) 警务站协警在早晚高峰时段配合车站，进行候车秩序的维护，确保乘客候车安全。

(4) 必要时向 OCC 提出申请，针对早晚高峰做出运营调整，适当加开小交路。

任务二　大客流组织

【任务描述】

城市轨道交通线路的走向一般都是客流集中的交通走廊，连接着重要的客流集散点，如铁路车站、汽车客运站、航空港、航运港等交通枢纽，大型商业经济活动中心、体育场、博览会、大剧院等重要文体活动中心，以及规模较大的住宅区等。正因为如此，某些车站会不定期地遇到大客流。为了保证乘客的安全和正常的运营秩序，这些车站在客流组织方面应备有完善的运营组织方案和措施。这些方案和措施在一定程度上可以补救硬件设施的缺陷。

【知识准备】

一、大客流的定义

大客流是指车站在某一时段集中到达的，客流量超过车站正常客运设施或客运组织措施所能承担的客流量时的客流。大客流一般在大型文体活动散场时或重要节假日期间发生。主要表现为：非常拥挤或极度拥挤、乘客流动速度明显减缓、客流交叉干扰严重等。因此，大客流对乘客的出行会造成非常不利的影响，对运营安全造成了较大威胁。

二、大客流的分类及特点

根据大客流产生的原因可将大客流分为：可预见性大客流和突发性大客流。

(一) 可预见性大客流

节假日大客流、暑期大客流和大型活动大客流都属于可预见性大客流。

1. 节假日大客流的特点

节假日大客流主要由购物休闲、旅游观光和返乡探亲等乘客构成，在国家法定的节假日，如元旦、春节、清明节、劳动节、中秋节和国庆节等假期内，造成地铁各站客流较平时有大幅上升，购买单程票和初次乘坐地铁的乘客居多。

2. 暑期大客流的特点

暑期大客流主要由购物休闲、旅游观光和放暑假的学生等乘客构成，每年 7、8 月地铁各站客流较平时有明显增加。大客流高峰时段一般集中在每日的 8：00 —16：00。

3. 大型活动大客流的特点

大型活动大客流的特点是在特定时间段(如大型活动结束后)客流会显著增加，一般都在周末举行，因大客流所发生的时间和规模大多可预见，且持续时间较短，影响范围有限，通常只对该活动地点附近的车站影响较大。大型活动大客流主要由购物休闲的乘客构成。

(二) 突发性大客流

突发性大客流包含出现恶劣天气等突发情况造成的大客流。 恶劣天气大客流是指在出现酷暑、大雨、台风等恶劣天气时，地面交通受到较大影响，市民改乘地铁或进入地铁车站避雨，造成地铁车站客流明显增加，对车站客流组织带来一定困难。

三、大客流组织

(一) 大客流控制的原则

大客流往往是难以预测的，因此为了保证大客流发生时能安全疏散客流，各车站应根据本站具体情况建立切实可行的大客流控制预案，合理安排各岗位和地点的具体工作，迅速缓解车站压力，避免意外发生。

应对可预见性大客流和突发性大客流时，应坚持由下至上、由内至外的人潮控制原则，在车站的三个区域控制客流，即车站出入口、车站闸机、站厅与站台的楼梯(电扶梯口)三处控制客流量。

当车站遇到特大客流时，应采取站台客流控制、站厅付费区客流控制、出入口(站厅非付费区)客流控制三级客流控制方法。第一级是站台客流控制，控制点在站厅与站台的楼梯(或电扶梯)口，站务人员应分散在站台的各部维持候车、出站秩序，协助驾驶员开关车门，确保乘客安全上下车；第二级是付费区客流控制，控制点在入闸机处，站务人员应确保有序、快捷的进站秩序，及时处理票务问题；第三级是非付费区客流控制，控制点在车站出入口处。可在站外设置迂回的限流隔离栏杆，延长进站时间，最大限度地缓解站台层客流压力。

(二) 客运设备设施的准备

1. 售/检票设备的准备

在大客流发生前，设备维护人员须事先对车站全部的售/检票设备进行维护、检修，确保在大客流时售/检票设备能正常使用。

2. 车票和零钞的准备

车站应根据客流预测和以往大客流所消耗的车票和零钞数，在大客流发生前，向票务部门申领和储备充足的车票和零钞。

3. 临时售票亭的准备

车站根据大客流的进出方向，选择在进站客流较集中的位置，设置临时售票亭。站厅面积较小的车站，可考虑将临时售票亭设置在进站客流较多的通道内。

4. 自动扶梯和垂直电梯的准备

车站需事先通知厂商对车站全部的自动扶梯和垂直电梯进行维护、检修。重点检查自动扶梯的毛刷、梳齿板和扶手带，以确保在大客流三级控制时，自动扶梯能正常开启和转换。

5. 临时导向标志和隔离设备的准备

车站须储备一些临时导向标志、告示牌和铁马、伸缩铁围栏、隔离带等隔离设备。在大客流发生前，车站根据大客流的进出方向和客流组织的要求，选择适当的位置张贴和摆放临时导向标志、告示牌和隔离带、伸缩铁围栏、铁马。

6. 其他客运设备设施的准备

大客流发生前，车站还须准备人工语音广播和语音合成广播词、乘客资讯系统发布信息及急救药品、担架等，并根据车站工作人员的增加情况，相应增加手提广播、对讲机等客运设备。

(三) 大客流组织的措施

大客流组织的宗旨是在保证客流疏散安全的前提下尽快地疏散客流，突出“安全、顺畅”主线，大客流组织的具体措施包括：

1. 增加列车运能

根据大客流的方向，在大客流发生时，利用就近的折返线、存车线组织准备备用车并适时加开，增加列车运能，从而保证大客流的疏散。

2. 增加售/检票能力

售/检票能力是大客流疏散的主要障碍，车站在设置售/检票设备位置时应考虑提供疏散大客流的通道。在预见大客流时，可事前准备足够的预制票、纸票及售/检票人员，增加售票点设置，在边门增设临时检票人员来疏散大客流。

3. 采取临时疏导措施

在大客流组织中，临时合理的疏导、控制，对客流方向进行引导、逐步限制是很有效的组织措施。主要包括出入口、站厅的疏导和控制，站厅、站台楼梯、扶梯以及站台的疏导和控制。

出入口、站厅的疏导主要是根据临时售/检票点的设置，引导、限制客流流动的方向，保持通道的畅通和出入口、站厅客流的秩序。站厅、站台楼梯扶梯以及站台疏导主要是为了尽量保证客流均匀、安全地上下楼梯、扶梯和尽快上下列车，并均匀进入车厢。

疏导措施主要有：设置临时导向牌(告示)、设置栏杆，采用人工引导以及通过广播、手提广播宣传引导，这些都是常用的措施。

4. 控制或关闭出入口，限制进站客流

大客流往往是难以预测的，因此为了保证大客流发生时疏散客流的安全，在采用控制措施后不能及时疏散客流时，为了避免人潮拥挤、混乱失控可采用限制、关闭出入口或对某部分出入口控制只出不进，来阻止部分客流进站或延缓大客流对车站的冲击力。

(四) 大客流组织的经验

城市轨道交通企业在运营中积累了以下一些大客流组织经验可供借鉴。

1. 加强对大客流的信息收集和预测

对于大型节假日，应在节假日到来之前 20 天预测好客流量和峰期情况，对于地铁沿线的大型群体活动信息，需要有相关人员长期对报纸、网络、电视新闻等信息来源进行关注，需要相关的地铁车站与大型群体活动场所保持良好沟通，互通信息。

2. 充分准备好客运设施设备和人员

根据客流预测，准备必要的客运设施设备，如临时票亭、铁栏杆、标志牌及告示牌等，以便于维持站台秩序、单向引导客流或临时控制进站人数等，预制票及票务备品、对讲机、手提广播等也需提前备好。日常工作中就要做好所需物品的采购。

3. 充分准备方案，并按方案及时、灵活、有效地采用客流疏导、控制手段

(1) 做好各种情况下的广播用语准备，适时做好广播宣传工作，必要时进行人工广播。

(2) 做好引导工作，使乘客分散兑零、购票，避免排长龙。

(3) 车站加强对出入口站厅、站台客流变化的监视，及早发现、及早疏导，及早汇报，必要时加开列车、请求人员车票支援。

(4) 各站按经验划定客流量预警线，如超过预警线时，车站应及时做好准备，采取有效措施组织疏导客流，并及时报告部门值班人员及 OCC。

(5) 客车司机发现乘客上不了车或站台拥挤及影响到关车门时，及时报告行调，并做好列车广播，引导乘客。

四、大客流情况下车站各岗位作业流程

大客流情况下车站各岗位作业流程，不同地铁公司的规定略有不同，现以国内某地铁公司的相关规定为例。

(一) 值班站长

(1) 根据现场情况，初期调整站厅站台扶梯方向，做好一级客流控制，限速乘客进站。

(2) 当站台滞留乘客达到五成左右，根据现场情况断定还会有大量乘客进站并且后续列车晚点的情况下，采取关闭部分 TVM 和关闭部分进站闸机的措施。

(3) 当站厅和站台滞留乘客达到八成左右时，经总调同意后配合警务站疏散乘客，关闭个别出入口，并在关闭的出入口张贴“出入口临时关闭告示”。

(4) 做好退票和致歉信发放工作以及乘客疏散解释工作。

(二) 行车值班员

(1) 汇报生产调度、行调、值班站长、区域站长、警务站。

(2) 报告值班站长通过监视屏显示的站台客流情况，以及后续列车进站时间。

(3) 根据值班站长的命令关闭 TVM 和进站闸机。

(4) 不间断人工广播安全宣传工作，并根据值班站长下达的命令，进行相关的广播作业(限流广播、退票广播、疏散乘客和临时关闭出入口广播等)。

(三) 站务员巡视岗

(1) 与行车值班员做好信息传递工作，及时向值班员汇报站台客流情况。

(2) 加强站台监护，防止意外事件发生。

(3) 听从值班站长安排，参与组织、疏导客流。

(4) 密切注意站台自动扶梯的运转情况，必要时向值班站长请示关闭自动扶梯。

(四) 站务员客服中心岗

(1) 听从值班站长安排，参与组织、疏导客流。

(2) 发放硬币和致歉信至客服中心。

(3) 客流爆满程度达到八成时，将南北厅大面额票款转移至编码室，做好上交票款的记录，确保票款的安全。

(4) 协助做好退票工作。

【知识拓展】

一、某地铁车站可预见性大客流的客流组织方案范例

(一) 大客流组织方法

1. 不同进站客流量情况下的不同措施

(1) 在行车间隔较大、站台不能满足进站客流要求的情况下：可将双向闸机改为单向出站闸机，中部关闭 2 组进站闸机。

(2) 在行车间隔较小、站台能力可满足进站客流要求的情况下：当售票问讯处及 A、B 端 TVM 前购票的人数排队达到 10 ~ 15 人，持续时间 10 分钟左右时，及时增设临时售票点，并利用铁马将客流向中部引导，同时车控室加强广播。

(3) 在某一时间段有集中客流进站，售票问讯处增加临时售票点都不能满足乘客购票进站，造成购票乘客排长队、站厅拥挤时：

① 限制出入口进站客流，将所有自动扶梯运行方向全部开上行。进站客流较大的出入口仅供出站用。必要时协同公安临时关闭进站客流较大的出入口，贴告示，员工在出入口用手提广播向乘客作解释。

② 与驻站公安协调，共同维持车站秩序。

③ 向行调报告车站大客流情况，请求临站支援，申请加开列车。

2. 非付费区拥挤、站台不拥挤时

当售票问讯处、TVM 前排队的人数达到 10 ~ 15 人，持续时间 10 分钟左右，及时启用车站临时票亭，加强广播宣传，对进站乘客进行购票引导。

3. 站台拥挤、站厅付费区不拥挤时

(1) 站台保安应及时向车控室汇报站台拥挤情况。

(2) 地铁公安和站台保安在站台维持秩序，将站厅至站台下行扶梯打到上行方向，加快客流出站的速度，控制下站台的乘客数量。加强广播宣传、解释工作，加强对站台出站乘客的疏导。

(3) 预制票亭、售票问讯处停止售票，对闸机实行控制，双向闸机设置为出站闸机，关闭 2

组进站闸机，限制进站客流，厅巡引导出站乘客快速出站。

(4) 行车值班员监视列车到、发，注意站厅及站台客流变化，及时向行调报告。值班站长根据具体客流情况，向行调请求延长停站时间或加开列车。

4. 站厅、站台都拥挤时

(1) 行车值班员监控列车到、发，注意站厅及站台客流变化，及时向行调报告。值班站长报告行调，反映相关信息，根据具体客流请求加开列车。

(2) 关闭 2 组进站闸机，限制进站客流；双向闸机设置为出站闸机；地铁公安、站台保安在站台维持秩序，将站厅至站台下行扶梯开上行，减慢客流进站的速度。加强广播宣传、解释工作，加强对站台乘客的疏导。

(3) 在出入口限制进站客流速度。车站人员与地铁公安共同在各出入口处分批拦截进站乘客。必要时临时关闭车站部分出入口，同时张贴告示。

(二) 高峰期情况下的客流组织

1. 三级客流控制方法

在大客流高峰时，车站员工必须保持冷静，值班站长必须坚持“由下至上、由内至外”的客流控制原则。在站台与站厅的楼梯(电扶梯口)、车站进站闸机，车站出入口三处实行三级客流控制，以缓解车站压力，避免意外发生(根据实际情况，可直接采取第三级客流控制)。在实施三级客流控制之前，值班站长应向行调和站长、站务室报告。

第一级客流控制：将站厅至站台下行扶梯开上行，加快客流出站的速度，控制下站台的乘客数量。

第二级客流控制：关闭 2 组进站闸机，售票员停止售票，撤除预制票亭，控制进闸客流。

第三级客流控制：和地铁公安共同在各出入口处分批拦截进站乘客。由于本站进站客流主要集中在 × 口，三级控制的秩序为：关闭 × 出入口卷帘门(或只出不进)。

2. 大客流高峰期的组织方法

(1) 遇到大客流高峰期时，值班站长应及时报告行调、站务室，通知地铁公安。行值通过 CCTV 加强对车站出入口、站厅、站台客流的监控及疏导。

(2) 车站合理安排人员，做好乘客的宣传、引导工作，维护好乘客秩序(如很拥挤时，采取设置隔离带强行隔离人群)。

(3) 值班站长根据客流情况在适当位置增设临时售票亭，报告行调的同时向票务室车票监控员报告预制单程票的使用情况。

(4) 控制站台客流，控制点在站厅与站台的楼梯(或电扶梯)口，厅巡将站厅与站台之间的扶梯改为向上方向，避免客流交叉。

(5) 控制付费区客流，控制点在入站闸机处，根据客流情况，值班站长决定是否适量关闭 TVM、AVM、进站闸机或将部分双向闸机设为只出不进，以减慢乘客买票速度，控制进站客流，以减缓乘客进入付费区的速度，防止付费区压力过大。

(6) 控制非付费区客流，控制点在车站 × 出入口处，组织车站人员和地铁公安人为地控制出入口的乘客进站速度，必要时可关闭 × 出入口。

(7) 发现有乘客上不了车或影响车门、屏蔽门关闭时，站台保安应迅速与司机共同处理并及时报告车控室，车控室报告行调并做好广播引导乘客。

(8) 若车站客流压力过大，值班站长可向行调请求加开临时客车。

二、某地铁公司突发性大客流处置范例

(一) 处置方案

1. COCC 调度员

(1) COCC 当班人员接报后，通过 CCTV、ATS 大屏及生产调度汇报核实现场大客流情况信息。

(2) COCC 依据大客流可能造成的危害程度、波及范围、影响大小、行车中断时间、人员伤亡及财产损失等级，提前作出预警报告，采取应对措施。

(3) 通过短信平台及时发布相关短信，做好信息汇报，按要求报申通集团、运营公司、维保中心、现代公司领导，并报轨道公安。

(4) 通过 CCTV、ATS 大屏及车站汇报监控换乘枢纽站的客流变化，疏导换乘站可能集中到达的大客流，必要时下达关闭相关换乘通道的指令，及时向路网车站广播、乘客信息系统发布地铁客流预警信息，广播告示乘客，诱导乘客换乘路网其他线路或地面交通出行。

(5) 依据大客流可能造成的危害程度、行车中断时间，关闭事发区段车站 TVM、BOM、GATE，关闭自动扶梯，换乘枢纽站联络通道临时限流或停止单向换乘、换乘枢纽站联络通道关闭或停止双向换乘。

(6) 适时关闭事发区段车站、停止客运服务，根据影响程度，运营中断 30 分钟以上，及时实施公交保障方案，并对该方案的具体实施进行监督、协调，及时有效地疏散拥堵线路车站乘客。

(7) 通过 CCTV、ATS 大屏及车站汇报监控事发线路的运营调整，协调相邻线路 OCC，采取相应的运营调整措施，必要时要求相关的线路增加或减少运力，维持全路网正常运营秩序。

(8) 协调、监督事发线路、车站的运营调整方案，下达事发线路、车站乘客疏散方案的执行指令，视情况而定下达封站、AFC 系统降级等指令。

(9) 通知公安指挥室，说明事态，请求轨道公安人员前往突发大客流线路和车站，维持乘客乘车秩序。

(10) 事件处理完毕及时完成各单位的《事件专报》进行汇总，确认该事件造成的影响，转发相关部门。

2. OCC 调度员

(1) 及时调整运营方案，增加列车密度及相应调整措施，及时运送乘客。

(2) 根据事件的性质、规模和可能造成的影响，采取相应有效的措施，防止事态恶化，如情况严重，及时汇报 COCC 启动公交保障方案。

(3) 通过短信平台及时发布相关短信，做好信息汇报，并将该情况及时通知全线各站，同时将了解的运行信息及时通过车站向乘客发布。

(4) 对正线运营进运营调度整，进行客流疏散，对重点车站加开列车，对可能造成的大间隔及早采取疏导措施。

(5) 如遇大客流爆满发生在轨道交通换乘站，则调度员要及时通知邻线调度员，这样既能起到预警作用，又能通过邻线车站控制换乘客流，及时疏导本站客流。

(6) 必要时下达封站、AFC 系统降级等指令。

3. 行车值班员

(1) 行车值班员根据站长的要求，负责信息的收集和传递。

(2) 不间断的进行广播宣传，稳定乘客情绪，引导乘客向站外疏散，改乘其他交通工具。

(3) 通过监视器密切关注车站秩序和客流变化，与有关部门保持密切联系。

(4) 根据 OCC 指令，调整运营秩序和客运组织方案。

(5) 根据车站站长的指令，实施关闭部分或全部 TVM、进站闸机，关闭部分出入口、降低进站速度等措施。

4. 值班站长

(1) 事发车站的值班站长是现场第一指挥人，组织车站工作人员采取各种有效措施进行处置，尽快疏散乘客。

(2) 做好乘客的劝阻工作，防止事态的进一步扩大。

(3) 组织人员做好客运组织调整工作。(如退票、发致歉信、赠票、限流、关闭出入口等)

5. 站务员巡视岗

(1) 服从站长安排，引导乘客向站厅疏散。

(2) 保持站台通道畅通，做好宣传工作稳定乘客情绪。

(3) 监护站台乘客情况，防止乘客跌入轨道。

6. 站务员客服中心岗

(1) 服从站长安排，做好退票、赠票和致歉信的发放工作。

(2) 保护好票款，必要时将票款转移至编码室。

(3) 做好乘客的解释、疏导工作，引导乘客向站外疏散。

(4) 必要时，根据站长指令打开专用通道和消防疏散通道门疏散乘客。

(二) 处置要求

(1) 当发生突发性大客流时，车站要及时了解清楚产生突发客流的原因、规模、可能持续的时间。

(2) 当班值班站长是突发事件处置的现场第一指挥人，车站工作人员应服从领导。

(3) 发生客流爆满事件，OCC 应尽快加强与现场沟通、迅速做出反应，确定恢复运营的方案，协调、指挥各单位各部门行车和客运组织工作，并向 COCC 申请启动公交配合预案。

(4) 在准备采取限流或疏散等措施时，要将情况通报公安机关，得到公安机关的支持，确保所采取的措施能够顺利完成。

(5) 采取大客流乘客疏散和限流措施时，为争取乘客的理解与配合，必须加强现场宣传广播工作，车站、列车广播要内容一致，保持同步，防止事态进一步扩大，广播应做到连续、及时、正确。

(6) 在事件发生和处置过程中，现场任何其他工作人员不得发布信息、接受媒体采访，由公司办公室统一安排。

(7) 事件处置结束后，公司相关部门及事发分公司尽快写出书面专题报告，报上级有关单位。

(三) 相关规定

1. 处置组织指挥

(1) 按照“谁主管、谁负责”的原则，由事发车站站长(值班站长)全权负责事发现场的指挥。

(2) 客运分公司领导到达现场后即接替指挥工作。

(3) 事发现场所在地的派出所在接到分局下达的命令后，安排分警力到达事发现场支援。

(4) 现场指挥小组(由运营公司和轨道公安分局及指定人员组成)到达现场后，由指挥小组接替指挥工作。

(5) 接替现场指挥者必须充分了解事发现场情况，被接替者必须主动汇报事态发展情况后，接受现场指挥小组的指挥。

(6) 在处置过程中对需要上级有关部门或市有关单位支援和处理的，报交通局等上级部门协调解决。

2. 事件等级

根据各车站运能，依据大客流可能造成的危害程度、波及范围、影响大小、行车中断时间、人员伤亡及财产损失等情况，划分为一级、二级、三级三个等级。

(1) 一级(Ⅰ)突发大客流：是指站台、站厅和出入口都较为拥挤，预计持续超过 30 分钟以上，地铁运营秩序受到严重影响，可能造成人员伤亡、财产损失等后果，并需通过外部力量来疏导支援的。

(2) 二级(Ⅱ)突发大客流：是指站台、站厅都较为拥挤，地铁运营秩序受到一定影响，以运营公司为主能够处置的突发大客流。

(3) 三级(Ⅲ)突发大客流：是指站台较拥挤，地铁运营秩序未受到较严重影响，通过车站及邻站支援能够处置的突发大客流。

3. 处置程序

(1) 车站突发大客流时，各岗位立即按处置程序进行处置。

(2) 客流达到三级标准时，除按处置程序进行处置外，车站应立即按汇报程序进行汇报，由分公司组织其他车站人员立即前往该站支援。

(3) 客流达到二级标准时，除按处置程序进行处置外，车站应立即按汇报程序进行汇报，控制中心应及时报告 COCC。

(4) 客流达到一级标准时，除按处置程序进行处置外，车站应立即按汇报程序进行汇报，控制中心(OCC)应及时报告 COCC，COCC 及时汇报××地铁集团公司。

【任务实施】

分小组进行模拟演练某城市轻轨某站大客流的组织工作。然后进行小组自评和互评，最后教师讲评，取长补短，开拓完善知识内容。

1. 演练目的

车站各岗位员工在维持车站正常运作的情况下，面对毫无征兆的突发大客流，能充分利用在岗人员和不同的客流组织方法，做好相关客流组织工作，确保客流有序。

2. 演练背景

9 月 30 日 21:40 左右，由于××路市政供水主管道突然发生爆裂，导致该路段省政府门前水深近 0.5 米，该路段交通全面堵塞。22:00，在该路段内的国庆文艺演出结束，大约有 4 000 多名观众因此要改道××站转乘轻轨疏散。

3. 人员安排

值站 1 人，行值 1 人，客值 1 人，厅巡站务 1 人，站台站务 1 人，站台护卫 1 人，公安 2～3 人，保洁 4 人，支援 5 人。

4. 备品

手提广播 5 个，对讲机人手 1 台，相关告示。

5. 演练步骤

22:00：

站厅厅巡："车控室，现在从出入口涌入了很多乘客，至少有××人，而且还有人不断进来。"行车值班员："厅巡，你去问清楚是怎么回事，大约会进来多少人？"

厅巡马上回问乘客，了解相关情况并向车控室汇报："车控室，乘客反映由于××路水管爆裂，交通受阻。××堂 4 000 人左右看晚会观众要从××路转乘轻轨，人潮正陆续涌来。"

行车值班员："车控室明白。"

此时，当班的值班站长也赶回了车控室，向行车值班员布置工作，值站负责现场指挥，行车值班员负责各方联系。行车值班员向 OCC、公安汇报相关情况，请求公安到现场协助，要求 OCC 向临站至少派 3 名站务员、2 个护卫进行支援，并要求自带手提广播及对讲机。行车值班员要将此情况问站长及相关室领导汇报。值班站长通过内部广播对讲机把情况问站内人员进行通报，并在车站计算机上检查设备情况。此时，值站发现所有自动售票机用于找零的硬币钱箱内硬币数均不充足，于是值站要求客值为票亭补充硬币以备找零，添加预制单程票的同时，开封纸票，每个票亭配 2 000 张纸票，做好卖纸票的准备。车控室填写好相关告示，用于出入口限制使用。厅巡马上更换钱箱，加票。

22:05，5 个支援的人员到站，其中 2 个护卫持手提广播被分配到站台，另外 3 个站务员分别被分配到站厅 A 端、B 端中部去维持乘客秩序。4 个公安也到达车站。

值班站长："支援站务，你们派两人到票亭协助兑零，做好交接。"

支援站务："明白。"

此时，票亭自动售票机前已开始排长队，车控室开广播对人潮进行疏导，引导他们到车站中部的票亭兑硬币，到自动售票机上购票。各票亭服务，值班站长负责 B 端现场指挥及乘客事务处理，客值在给票亭配空白车票后负责 A 端现场指挥及设备故障。

22:10，车站乘客越来越多，票亭在开的 2 个窗口均出现了长时间 10 人以上的排队，而且自动售票机也有 5 人以上排队，于是车站要求票亭直接在票房售票机上出售单程票。

值班站长："各票亭注意，现在我要求售票员在票房售票机上直接出售预制单程票，另一协助人员继续兑零。加快作业速度。"

行值班员："站台各岗位，加强站台监控，发现站台人员拥挤或乘客上不了车马上汇报，注意安全。"

行车值班员："行调，根据所掌握的情况，大约还会有近 2000 名乘客会陆续进站，请求加开××方向列车。"

行调：“明白。”

22:15，乘客依旧人潮涌动，票亭排队人员达 15 人，自动售票机也有 10 人排队，站台乘客拥挤。

票亭售票员；“车控室，现在人越来越多，票房售票机出售车票速度不能满足乘客要求。”

站台：“车控室，现在站台人员拥挤，乘客秩序维持有一定困难。”

行调：“××站，现在 OCC 决定加开列车，列车间隔 6 分钟。”

22:17，值班站长：“AB 端厅巡，马上到达边门位置，做好卖纸票工作。”

值班站长：“各票亭，准备卖纸票工作。”

行车值班员：“行调，车站针对目前客流情况，车站站厅有近 800 人赶入车站，决定实行三级控制方案的第二级，并准备出售纸票。”

行调：“××站，OCC 同意你站二级人潮控制及出售纸票意见，但必须确保安全。”

值班站长：“各岗位注意，车站现在决定出售纸票，边门厅巡每分钟最多放 50 人入站。”

车站开始出售纸票，车控室开始广播对乘客进行说明，值班站长现场指挥。

行车值班员：“车站经开始出售纸票，请你们派 2 人到边门处协助控制人流。”

行车将情况向站长及相关室领导汇报。

22:25，出入口还有乘客入站，进站有近 1300 多乘客停留，站厅行车有困难。

值站站长：公安，现在站厅 B 端人员聚集，而且引导困难，我建议关闭 F 口，使乘客从 D 口、C 口进站。减少 B 厅压力。

公安：“同意，我们派 1 名人员协助。”

值班站长：“行调，××站现有大约 1300 名乘客在站内聚集，其中 B 厅有 500 多人，车站与公安达成共识，决定实施第三级客流控制，关闭 F 口，引导乘客从 D 口、C 口进站，以确保安全。”

行调：“同意××站关闭 F 口的做法，做好乘客解释工作”。

行车值班员向站长室相关领导汇报。

值班站长：“站厅 B 端护卫，你马上到车控室前和公安一起关闭 F 口。”

站厅 B 端护卫拿手提广播对讲机到 F 口与公安一起拉闸，并留在 F 口对乘客进行引导。

22:25～22:40，车站关闭 F 口，票亭卖纸票，边门进行人员控制，加开列车，尽可能疏散客流。

22:40，站厅乘客已减少，F 口护卫：“车控室，F 口外的乘客已减少了，不会对站厅造成压力。

值班站长：“公安，我认为现在 F 口可以开放了，F 口乘客入站不会影响车站工作。”

公安：“同意并重新开放 F 口。”

行车值班员：“行调，根据车站现在客流，公安和车站决定重新开放 F 口。”

行调：“OCC 同意，××站开放 F 口”

值班站长：“各票亭，现在车站停止出纸票，恢复兑零”

值班站长：“边门厅巡，车站现在停售纸票，你们在卖完纸票的乘客后，到进闸机维持乘客入站秩序。”

同时，值班员向站长及相关室领导汇报情况。

22:47，离上行尾班车入站还有 5 分钟。

行值播放尾班车广播，值班站长同意各站支援人员撤离车站。

22:52，上行列车离开本站，车站基本完成此次客流组织。

客值对发售纸票情况进行统计，由值班站长将此次客流组织情况及纸票发售情况报 OCC、站长及相关室领导，完成相关情况记录。

任务三　突发事件客流组织

【任务描述】

在地铁运营中，由于各种非政治性因素致使地铁车站在某一单位时间内候车、停留的乘客超过了该站设计许可的客流容量，并有继续增加的趋势；对此如不采取紧急措施将极有可能发生人员伤亡事故或意外事件。为了快速、果断地处置运营中发生的大客流爆满事件，维护地铁运营稳定和正常的秩序，确保地铁运行与乘客人身安全，必须进行突发事件客流组织。

【知识准备】

突发事件是指在没有任何征兆的情况下，在城市轨道交通车站内、列车上或其他设备设施内突然发生的危及人身安全的事件，如设备故障、自然灾害、爆炸火灾等。突发事件发生时在车站内或列车上的客流均称为突发事件客流。各车站应根据本站具体情况建立切实可行的突发事件客流组织预案，合理安排各岗位和地点的具体工作，迅速疏散客流，避免意外发生、扩大和蔓延。

车站发生突发事件的处理原则：① 坚持高度集中、统一指挥、逐级负责的原则；② 坚持“先救人，后救物；先全面，后局部”；③ 坚持就近处理原则；④ 处理突发事件时兼顾现场保护；⑤ 要反应迅速，早发现、早报告、早控制；⑥ 坚持宣传归口原则，不得擅自发布任何相关消息。

当发生突发事件时，车站可根据实际情况采用不同的客流组织办法对乘客进行疏导。主要有疏散、清客、隔离三种办法。

一、疏　散

疏散是指在紧急情况下，利用一切通道和出口迅速将乘客从危险区域全部转移到安全区域，包括车站疏散和隧道疏散。

（一）车站疏散组织办法

车站疏散需要各个岗位密切高效配合，争取在最短的时间内尽快疏散客流。对于城市轨道运营单位而言，这种疏散办法应该定期进行现场模拟演练，让每个岗位工作人员充分锻炼才能有效保证真正的突发事件来临时能做到井然有序地进行疏散。模拟演练的具体内容及顺序大致如下：

1. 值班站长工作内容

(1) 宣布车站执行疏散程序，在上级领导未到达前担任现场临时指挥。

(2) 指挥抢险或乘客疏散。

(3) 疏散完毕后，检查是否还有乘客滞留，关闭出入口。

(4) 如灾害危及车站员工安全，应组织员工到紧急出入口或后备紧急出入口集中；

(5) 如乘客被困在站台，应要求行调安排一列空车前往车站疏散乘客，安排人员安抚和维持站台秩序，组织全部乘客上车后，指示站台保安向驾驶员显示“好了”信号后，登乘驾驶室离开。

(6) 需要外部支援时，安排一名站务员到紧急出入口引导支援人员进入车站。

2. 行车值班员工作内容

(1) 报告行调疏散原因、是否影响列车运行、是否需要支援。

(2) 视情况致电 119、120 请求支援。

(3) 通知地铁公安到场维持秩序。

(4) 需要时，开启相应环控模式。

(5) 按动 AFC 紧急按钮，使闸机为常开状态，并将 TVM 和 AVM 设为暂停服务。

(6) 通过乘客咨询显示系统发布疏散信息；通过广播通知银行、商铺工作人员和乘客疏散(注意尽量不要引起乘客恐慌)。

(7) 向站长通报有关情况。

(8) 当留在车控室有危险时应到安全地点集中。

3. 其他工作人员的工作内容

(1) 客运值班员协助伤者离开危险区域或指引乘客疏散.

(2) 厅巡负责打开员工通道和协助客运值班员工作，视情况关停相关扶梯。

(3) 站厅保安到站台疏散乘客。

(4) 站台保安将站台乘客往站厅疏散；如安排列车接载站台乘客疏散时，乘客及车站其他在站台疏散人员上车完毕后向驾驶员显示“好了”信号，并进入驾驶室。

(5) 售票员到楼梯、扶梯口维持秩序，需要时其中一人应到紧急出入口接应外部支援人员。

(二) 隧道疏散组织办法

(1) 车站值班站长担任临时应急负责人。

(2) 接到行车调度员或列车驾驶员需要隧道疏散的通知后，通知各岗位员工执行车站疏散程序，指定客运值班员负责组织指挥疏散车站乘客。

(3) 开启隧道灯，需要时开动隧道风机进行排烟(或由环控调度员开启)。

(4) 带领站务员或站台保安，穿好装备，到隧道疏散现场负责引导乘客往车站疏散。

(5) 疏散完毕，在确认乘客疏散完毕和线路出清后，报告行车调度员，关闭车站。

(6) 消防人员到车站后告知有关情况，带领员工参加应急处理救援工作。

二、清　客

清客是指当车站或列车出现异常时，需要将乘客从某一区域全部转移到另一区域，包括车站清客和列车清客。

(一) 车站清客组织办法

1. 值班站长工作内容

(1) 组织车站员工对车站乘客进行清客，引导乘客退票。

(2) 待乘客全部出站后，检查站厅站台是否有滞留乘客，关闭出入口。

(3) 安排车站人员到紧急出入口值勤。

(4) 召集车站其他工作人员留守车站等待恢复运营。

(5) 将情况向站长汇报，并做好详细记录。

2. 行车值班员工作内容

(1) 通知各岗位员工车站停止服务，执行清客程序。

(2) 通知地铁公安到现场维持秩序。

(3) 做好乘客广播工作。

(4) 按动 AFC 紧急按钮，使闸机为常开，将 TVM 和 AVM 设为暂停服务。

(5) 通过乘客咨询显示系统发布车站停止服务信息。

(6) 关站后，执行节电照明模式。

3. 客运值班员工作内容

(1) 引导乘客办理退票或出站。

(2) 根据需要为售票员配备零钞。

(3) 统计退票数量，并将回收单程票封好后上交票务室。

4. 其他工作人员的工作内容

(1) 厅巡打开车站员工通道门，引导乘客退票或出站；

(2) 售票员负责办理退票。

(3) 保安负责维持秩序。

(二) 列车清客组织办法

1. 值班站长工作内容

(1) 组织站台保安和厅巡在规定时间内完成对列车上乘客的清客工作。

(2) 清客完毕后及时通知车控室，指示站台保安显示“好了”信号发车。

(3) 引导部分乘客退票，组织和引导部分乘客在同站台或另一站台等候下一趟列车，做好候车乘客的解释和安抚工作。

(4) 将情况向站长汇报，并做好详细记录。

2. 行车值班员工作内容

(1) 接到列车清客命令后，立即通知值班站长、厅巡和站台保安执行清客程序。

(2) 通知地铁公安到现场维持秩序。

(3) 做好乘客广播工作。

(4) 通过乘客咨询显示系统发布相关服务信息。

(5) 及时将清客完毕时间汇报行调。

3. 其他工作人员的工作内容

(1) 厅巡和站台保安在规定时间内完成对列车上乘客的清客工作。

(2) 厅巡和站台保安引导乘客退票或在同站台或另一站台等候下一趟列车。

(3) 售票员负责办理退票。

(4) 站台保安负责维持秩序。

三、隔　离

隔离是指采用某种方式或设备人为地隔开人群或封闭某个区域。根据造成隔离的原因，隔离的组织方法分为以下几类：

1. 非接触纠纷隔离

乘客发生口头纠纷时，离现场最近的工作人员要立即上前调解，必要时要把纠纷双方分别带到人少的地方(或带到车站会议室)，进行劝说和调解。如有其他乘客围观，应及时劝离现场，维持好车站正常秩序。

2. 接触式纠纷隔离

乘客发生打架时，离现场最近的工作人员要立即赶到现场，与车站保安人员一起把打架双方隔开，并通知地铁公安到场。车站控制室通知值班站长赶到现场处理，将肇事双方移交地铁公安处理。车站要及时疏散围观的其他乘客，并寻找目击证人填写事件记录。

3. 客流流线隔离

当车站某一端排队购票队伍与进、出客流发生交叉干扰时，车站工作人员可以利用伸缩铁围栏、隔离带、铁马等设备器具人为地隔开人群，保持进、出客流畅通，并利用手提广播引导一部分乘客到人少的一端购票进站，避免乘客排长队的现象。

4. 疫情隔离

车站发现有恶性传染疫情时，必须采取隔离组织办法，关闭各出入口，列车不停站通过，对与疑似人员有过密切接触过的物品、人员进行消毒、隔离，未经防疫部门的许可不能离开车站。

【知识拓展】

一、某地铁车站突发事件的运营组织及疏散处理范例

1. 关键人员安排

(1) 备班值班站长负责分配引导员的工作区域和客流的疏导工作。

(2) 备班人员负责售卖预制票。

(3) 保安机动队员协助车站做好客流控制。

2. 广播要求

(1) 列车晚点广播：“各位乘客请注意，本站开往××方向的列车因故延误，不便之处，敬请原谅。”

(2) 列车清客广播“各位乘客，由于设备故障，本次开往××方向的列车将退出服务，有急事的乘客请从两端扶梯出站，改乘地面交通工具，持单程票的乘客可在5日内到本站办理退票手续，持储值票的乘客可在下次到地铁车站办理免费更新，对给您带来的不便，我们深表歉意。”

(3) 列车延误10分钟以上“各位乘客请注意，本次开往××方向的列车因故延误，请耐心等候。有急事的乘客，请改乘其他地面交通工具。出站时请听从工作人员的指引，持单程票的乘客可在5日内到本站办理退票手续，持储值票的乘客可在下次到地铁车站办理免费更新，对给您带来的不便，我们深表歉意。”

(4) 险情疏导广播“各位乘客请注意，由于车站出现紧急情况，请各位乘客保持镇静，听从车站工作人员指挥，迅速离开本站。所持车票5日之内可到各站办理相关票务手续。”

(5) 各位乘客，为了节省您的购票时间，请到×临时票亭排队购票。

(6) 各位乘客请注意，因车站进站人数过多，×出入口需暂时关闭，需要出站的乘客请从×出入口出站。造成不便，敬请原谅。

(7) 各位乘客请注意，因车站进站人数过多，×出入口只出不进，需要进站乘车的乘客请从×出入口进站乘车。造成不便，敬请原谅。

(8) 各位乘客请注意，由于站台候车乘客较多，请听从工作人员安排。

(9) 为了您的安全，请老人和小孩由专人陪同乘坐电扶梯，不要单独乘坐，请改走楼梯。若有需要，请与车站工作人员联系，多谢合作。

二、某地铁公司突发事件处理作业标准

车站接到炸弹恐吓应急处理作业标准

作业性质：应急	作业项目：车站接到炸弹恐吓应急处理标准
作业条件	车站接到炸弹恐吓电话。
安全要点	1. 在保障人身安全前提下，进行不公开搜索，避免引起乘客恐慌。 2. 发现可疑物品后立即隔离该区域，关闭无线通讯设备。
作业项目	处理步骤及标准
1. 接到炸弹恐吓电话	行车值班员作业标准： (1) 接到炸弹恐吓电话，做好详细记录； (2) 立即报告值班站长、OCC、110 和上级领导； (3) 加强与值站、OCC 联系，及时汇报现场情况。
2. 排查工作	(1) 值班站长作业标准： • 组织车站员工在保障人身安全前提下，进行不公开搜索； • 安排人员把守所有面向公共区的通道门，搜索过程中避免引起乘客恐慌； • 增援保安到达后，安排其进行检查并对全部进站人员携带的包裹进行开包检查； • 如需对轨行区进行检查时，组织人员利用行车间隔实地检查和添乘列车限速运行检查； • 如警方有明确指示，按其要求执行。 (2) 客值、厅巡、保安作业标准： • 在保障人身安全前提下，进行不公开搜索； • 按值站指令，对进站人员携带的包裹进行开包检查。
3. 发现可疑物品	(1) 行车值班员作业标准： • 立即向行调报告； • 接到值班站长疏散指令后，执行车站疏散程序； • 接到撤离通知时，须与 OCC 留下 2 个以上联系方式。 (2) 值班站长作业标准： • 立即停止车站服务，隔离相关区域，组织乘客疏散； • 已有列车停站时，立即安排人员通知司机关门动车； • 命令工作人员在隔离区域内，关闭无线对讲机、手机等无线通讯设备，禁止使用电器设备，关注附近是否有可疑人物； • 乘客疏散完毕后组织所有人员撤离车站。 (3) 客值、厅巡、保安作业标准： • 隔离区域内，关闭无线对讲机、手机等无线通讯设备，禁止使用电器设备，关注附近是否有可疑人物； • 按值站指令，通知司机关门动车； • 接到疏散指令后，组织乘客疏散出站，疏散完毕后关闭出入口并张贴告示； • 到紧急出入口集合。 (4) 售票员作业标准： • 接到疏散指令后，立即锁好票箱和票亭门； • 确认闸机全部开启，疏散完毕后关闭出入口并张贴告示； • 到紧急出入口集合。
4. 后续处理	值班站长作业标准： (1) 警察到场后向其汇报有关情况，协助其工作； (2) 尽快组织恢复正常运营。

发现可疑物品应急处理作业标准

作业性质：应急	作业项目：发现可疑物品应急处理标准
作业条件	1. 车站发现可疑物品。 2. 列车上发现可疑物品。
安全要点	发现可疑物品立即隔离相关区域。
作业项目	处理步骤及标准
1. 可疑物品判断	(1) 外观判断，标准：无法从表面确认具体品名且无人认领的物品，与定时器等电子设备有导线连接的不明物品，呈块状、粉末状、膏状的不明性质的物品； (2) 气味判断，标准：有刺激性气味、泄露出气体的物品。
2. 可疑物品处理(车站)	(1) 报告，标准：现场人员立即报告车控室，行值报值站、地铁公安、OCC； (2) 隔离，标准：现场人员隔离相关区域，疏散围观乘客，值站组织人员寻找其他可疑物品； (3) 疏散准备，标准：做好乘客疏散和员工撤离车站的准备，派人引导警察到现场处理，视情况执行车站疏散程序； (4) 移交警察处理，标准：值站向现场警察汇报有关情况，协助其工作； (5) 清理现场，标准：警察处理完毕后协助调查和清理现场，尽快恢复正常运营。
3. 可疑物品处理(列车)	(1) 疏散，标准：值站接报后组织人员疏散列车和该站台的乘客，封锁列车停靠的站台； (2) 客流控制，标准：采取车站客流控制措施，做好乘客安抚广播； (3) 疏散准备，标准：做好乘客疏散和员工撤离车站的准备，引导警察到现场处理，视情况执行车站疏散程序； (4) 移交警察处理，标准：值站向现场警察汇报有关情况，协助其工作； (5) 清理现场，标准：警察处理完毕后协助调查和清理现场，尽快恢复正常运营。

列车隧道疏散作业标准

作业性质：应急	作业项目：列车隧道疏散
作业条件	1. 因地铁设备故障、自然灾害等造成列车停在区间，危及乘客安全，需将乘客尽快从列车疏散到车站等安全地方时； 2. 隧道疏散原则上由主任调度员下令实施。
作业工器具	1. 应急灯若干； 2. 800 兆便携台 1 部； 3. 荧光衣若干； 4. 手提广播若干； 5. 出入口钥匙、告示若干。
安全要点	1. 疏散时防止乘客进入邻线； 2. 疏散时，行值须按压紧急停车按钮防护相关区域。

续上表

项　目	作业步骤及标准
1. 疏散开始	(1) 下达命令，标准：OCC(原则上由主任调度员)下达疏散命令时，需说明疏散原因、事发地点、疏散路线； (2) 设备操作，标准：行值根据环调指示开启相应隧道环控模式，按压紧急停车按钮防护相关区域，开启隧道事故照明及工作照明；释放闸机、播放疏散广播、PIS 发布疏散信息； (3) 汇报联系，标准：行值向站长、行调报告有关情况，通知地铁公安到现场维持秩序，视情况报 110、120。
2. 疏散过程	(1) 值班站长作业，标准： • 指定客运值班员负责组织指挥疏散车站乘客； • 带领车站人员穿好装备，到疏散现场接替司机担任现场指挥，负责组织引导乘客往车站疏散； • 安排人员在站台与轨道之间的落轨梯处引导乘客上站台，如线路上乘客可能进入邻线，还应安排人员到该处作引导。 (2) 行车值班员作业，标准： • 通过 CCTV 监控疏散情况，重点监控站台区域； • 监控各设备系统运作情况； • 及时将现场处置进展情况上报 OCC、110、120。 (3) 客运值班员作业，标准： • 将票务室、客服中心的钱票及门锁好，指挥组织车站乘客疏散； • 启动公交接驳时，组织乘客乘坐接驳车。 (4) 参与隧道疏散员工作业，标准： • 穿戴防护用品，到疏散现场引导乘客往车站疏散； • 在站台与轨道之间的落轨梯处引导乘客上站台； • 在线路上乘客可能进入邻线的位置引导乘客。 (5) 车站其他员工：听从客运值班员指挥，组织车站乘客疏散。
3. 疏散结束	(1) 值班站长作业，标准：与司机确认列车上乘客疏散完毕后，沿途检查线路是否有滞留乘客或遗留物品，人员出清后，报行调； (2) 参与隧道疏散员工作业，标准：沿途检查线路是否有滞留乘客或遗留物品。

【任务实施】

分小组进行模拟演练，通过情景模拟使学生理解并记忆突发事件客流组织工作。然后进行小组自评和互评，最后教师讲评，取长补短，开拓完善知识内容。

运用演练内容如下：

1. 列车延误或故障情况下的客流组织

由于下行列车延误或故障，造成站台的候车乘客超过站台所能容纳的最大人数时，值班站长应及时向行调、站务室汇报，车站及时进行广播。地铁公安和站台保安在站台维持秩序，将站厅至站台下行扶梯改为上行，将站台的乘客疏导至站厅办理退票手续，改乘其他交通工具，同时，关闭所有进站闸机和 TVM，并加强广播宣传、解释工作，加强对站台出站乘客的疏导。

2. 发生火灾、不明气体、爆炸等破坏性事件的客流组织

(1) 值班站长/行车值班员立即报告行调、站长及站务室，通知地铁公安并拨打 110 通知消防部门及医院，通知全站各岗位执行紧急疏散，值班站长担任临时应急处理负责人，必要时请求控制中心增派临时支援人员到站支援。

(2) 在保障人身安全的前提下，值班站长组织车站员工穿好防护装备，采取合理措施控制或降低灾害影响程度。

(3) 行值检查环控模式是否正确，需要时开启正确环控模式。

(4) 行值在 IBP 盘上操作全开闸机，及时播放应急广播，在 PIS 上发布相应的信息，其他现场站务人员利用手提广播做好对外疏散的广播宣传(指对乘客、银行、商铺)，尽量不要引起乘客恐慌，安抚乘客根据站务人员安排有序疏散，重点协助有困难的乘客。

(5) 值班站长安排人员打开所有的边门，并在站台与站厅间的楼扶梯处、闸机处、通道口、出入口进行重点控制，引导站台乘客上到站厅往站外疏散，在各出入口张贴相应公告，安排全体人员到紧急出入口 × 口等候救援人员。

(6) 若影响站厅公共区安全，无法从站厅疏散时，值班站长安排行值向行调请求安排空车疏散，并安排站务人员到站台与站厅之间通道阻拦乘客上站厅(组织空车疏散时，所有乘客全部组织上车后，站台岗显示“好了”信号通知司机发车。

(7) 车站乘客、银行、商铺全部撤离后，陆续关闭除紧急出入口外的其他通道口、出入口，若灾情危及员工安全时，做好救援人员进入车站的导向后组织员工撤离车站到紧急出入 × 口集中。

项目七

城市轨道交通客流调查预测与分析

【知识目标】

1. 了解轨道客流的特点和影响因素；
2. 掌握客流调查的种类和方法，熟悉客流调查的相应指标；
3. 掌握客流分析方法；
4. 了解客流预测影响因素，掌握客流预测的几种方法。

【能力目标】

1. 能应用正确的方法进行客流调查；
2. 能根据客流量数据进行客流分析，总结客流的时间和空间分布特征；
3. 能灵活运用正确的方法进行客流预测。

【项目导入】

项目学习引导书

城市轨道交通客流调查与预测是城市轨道交通项目可行性研究和立项申请的基础性工作和主要依据。轨道交通的建设规模要与相应的交通出行需求相匹配，即交通需求与交通供给之间要平衡；否则，容易造成交通资源的浪费或导致轨道交通系统运力不足，这样就不能较好解决交通需求与交通供给之间的矛盾，不能充分发挥城市轨道交通系统的骨干作用。在城市轨道交通运营中对客流的现状进行客流调查和统计分析，目的是了解客流在空间、时间上的动态变化规律，为后续建设的线路以及类似城市的轨道交通规划提供参考，为线网规模的控制、基础设施设备的建设、客运组织形式等方面提供依据。而通过对远期客流的预测和分析，可以有目的、有计划地进行城市规划及交通规划、交通治理等工作，提高这些规划工作的科学性，避免盲目性。

任务一 客流认知

【任务描述】

2010 年的国庆黄金周，南京地铁公司经统计得知，长假期间地铁线网共计安全运送乘客 717.51 万人次，日均 89.69 万人次，其中 9 月 30 日达到 110.09 万人次，创网络化运营单日客流之最。到底什么是轨道交通的客流？哪些因素能影响到客流呢？认识客流，了解影响客流的因素，为后续的客流调查、客流预测、客流分析做准备，是本任务的学习目标。

【知识准备】

一、客流概述

客流是规划轨道交通线网及线路走向、选择轨道交通制式及车辆类型、安排轨道交通项目建设顺序、设计车站规模和确定车站设备容量、进行经济项目评价的依据；也是轨道交通安排运力、编制列车开行计划、组织日常行车和分析运营效果的基础。

客流是指在单位时间内，轨道交通线路上乘客流动人数和流动方向的总和。既表明了旅客在空间上的位移及其数量，又强调了这种位移带有方向性和具有起讫位置。客流可以是预测客流，也可以是实际客流。

（一）客流的分类

1. 根据客流的时间分布特征分类

根据客流的时间分布特征，轨道交通客流可分为全日客流、全日分时客流和高峰小时客流。

全日客流，是指每日轨道交通线路输送的客流量。

全日分时客流，是指一天内轨道交通线路各小时输送的客流量。

高峰小时客流，一般是指线路早、晚高峰及节假日高峰小时内输送的客流。

2. 根据客流的空间分布特征分类

根据客流的空间分布特征，轨道交通客流可分为断面客流和车站客流。

断面客流，是指通过轨道交通线路各区间的客流。

车站客流，是指在轨道交通车站上、下车和换乘的客流。

3. 根据客流的来源分类

根据客流的来源，轨道交通客流可分为基本客流、转移客流和诱增客流。

基本客流，是指轨道交通线路既有客流加上按正常增长率增加的客流。

转移客流量，是指由于轨道交通所具有的快速、准时、安全、可靠、方便等优点，使得原来采用地面交通工具的客流转移到城市轨道交通的这部分客流。

诱增客流量，是指城市轨道线路投入运营后，使得土地开发、住宅区形成规模、商业活动繁荣所诱发的新增客流。

4. 根据客流数据的来源不同分类

根据客流数据的来源不同，轨道交通客流可分为调查客流和预测客流。

调查客流，是指通过对出行乘客的调查及人数的统计所得到的客流数据。

预测客流，是指根据调查的客流资料、现有的城市布局以及城市将来的变化与发展等诸多因素，按照某种计算模型推算而得出的客流数据。

（二）客流量的概念

客流量是从总的方面反映城市居民需要乘坐公共交通车辆的数量程度。其中包含时间、方向、地点、距离、数量等因素。客流的内涵包括：客流流动的数量称“流量”；客流流动的方向称“流向”；客流流动的距离称“流程”；客流流动的时间称“流时”。

(三) 客流数量指标

(1) 流向量：在单位时间内，向同一个方向乘车的乘客通过人数。

(2) 客运量：在单位时间内乘客乘车总次数。

(3) 通过量：在单位时间内，通过某站的单方向乘客人数。

(4) 集结量：在单位时间内，某站需要乘坐公共交通车辆的人数。

(5) 疏散量：在单位时间内，某站下车的乘客人数。

(6) 待运量：在单位时间内，某站未乘上公共交通车辆的滞留在站上的乘客人数。

(7) 客运工作量：在单位时间内，全部公共交通乘客的乘车总行程，计量单位为“人千米”。计算公式为：

$$M=\sum_{i=1}^{m}K_i\cdot L_i$$

其中：M 为人千米之和；K_i 为各站或各断面人数；L_i 为各站站距。

(8) 平均运距：是指每一乘客在公共交通工具上的平均运行里程。计算公式为：

平均运距=客运工作量/乘客人数

(9) 客流交替量：在单位时间内，某站上下车的乘客总人数。

(四) 断面客流量和最大断面客流量

断面客流量是指在单位时间(一昼夜、一小时或全日)内，通过轨道交通线路某一地点的客流量。显然，通过某一断面的客流量就是通过该断面所在区间的客流量。断面客流量可分为上行断面客流量和下行断面客流量。

计算公式如下：

$$P_{i+1}=P_i-P_x+P_s$$

式中：P_{i+1} 为第 $i+1$ 个断面的客流量(人)；P_i 为第 i 个断面的客流量(人)；P_x 为在车站下车人数(人)；P_s 为在车站上车人数(人)。

在单位时间内，通过轨道交通线路各个断面的客流量一般是不相等的。最大的断面客流量称为最大断面客流量。上下行方向的最大客流断面一般不在同一个断面。

最大断面客流量通常按高峰小时最大断面客流量和全日最大断面客流量计算。高峰小时最大断面和全日最大客流断面一般也不在同一个断面。

(五) 高峰小时最大断面客流量

在以小时为单位计算断面客流量的情况下，分时断面客流量最大的小时称为高峰小时。轨道交通线路的高峰小时一般出现在早晨和傍晚，称为早高峰小时和晚高峰小时。高峰小时最大断面客流量指高峰小时最大客流断面的客流量。高峰小时最大断面客流量是行车组织和车站设备容量确定的一项基础资料。在城市轨道交通运输方式中，通常还以车站的乘降或换乘人数衡量或考核客运量的大小，客运量的统计以年、日或小时为单位。

二、影响客流的因素

影响客流的因素包括经济的和非经济的两方面因素。概括起来主要有：土地利用、城市布局发展模式、人口规模与出行率、票价和服务水平、交通网的规模与布局、运输能力配置、政府的交通运输政策、交通衔接配套、私人交通工具的拥有量等。

(一) 土地利用

土地利用涉及城市各个区域的功能定位、地上建筑物的类型和社会经济活动的类型等多个方面。土地利用与客流的关系是“源”与“流”的关系，城市各区域功能的定位决定了出行活动及出行流量、流向。沿线土地利用对轨道交通客流规模存在着举足轻重的影响，如果轨道交通线路行经的区域能将城市的主要居住区和商务区覆盖，那么其客流就有了基础的保障。

在香港，大约 50% 的居民和约 55% 的职业岗位距离轨道交通车站约 10 分钟的步行距离，强有力的客流支撑是其获得收益、成功运营的一个重要原因。

(二) 城市布局发展模式

城市布局发展模式对城轨交通的发展也有着重要的影响。在城市由单中心布局发展到单中心加卫星城布局，又进一步发展到多中心布局的过程，通常伴随着客流的大幅增长。1997 年，上海轨道交通 1 号线火车站至莘庄段贯通运营，而 1997 年、1998 年的城轨客流增长幅度并不大，主要原因是 1 号线锦江乐园至莘庄段沿线地区的房地产开发才刚开始。到 2000 年后，市民纷纷迁入新建成的住宅区，商业、餐饮业也发展起来，1 号线客流也快速增长，2001 年的客流增长率达到 38.1%，远远高于 2000 年的客流增长率 0.5%。

(三) 城市人口规模与出行率

城市人口规模与出行率存在密切关系，因此，除了分析常住人口、暂住人口和流动人口的数量外，还应分析人口的年龄、职业、出行目的、居住区域等特征。根据出行调查资料显示，不同人群的出行率存在差异。一般规律是：常住人口中，中青年人群的出行率高于幼年与老年人群的出行率；上班、上学人群的出行率高于退休人群的出行率；市区人口的出行率高于郊区人口的出行率。暂住人口、流动人口中，旅游人群的出行率高于民工人群的出行率，流动人口的出行率高于常住人口的出行率。

(四) 票价和服务水平

客流对票价的敏感性主要表现为三个特征：工作日客流受票价提高的影响最小；非高峰尤其是晚上和周末的客流受票价影响最大；乘车距离越远，受票价影响越小。

票价对客流的影响与收入水平对客流的影响是综合产生作用的。在收入水平一定的情况下，只有在轨道交通的性价比高于其他出行方式或替代服务的性价比时，轨道交通才具有吸引客流的优势。

服务水平也是影响客流及潜在客运需求的关键因素。评价轨道交通服务水平的指标主要是列车频率、运送速度、列车正点率、舒适便利和乘客安全等。

(五) 交通网的规模与布局

一条地铁线有若干个车站，而车站作为服务于客流的窗口，其分布对城市地域的覆盖范围是非常有限的，如果乘客出行的可达性较差，客流吸引力就比较低。随着地铁网络规模的不断扩大，车站分布的地域覆盖范围也在不断扩展，提高了系统的可达性和客流吸引力，就会使各条地铁线的客流量逐步增加。

(六) 运输能力配置

地铁的运输能力配置决定了其交通供给水平，在运能不足时，就会出现行车间隔增大、候车时间增加、列车车厢超员拥挤等现象，致使服务水平降低，部分客流就可能转移至其他交通方式，限制了地铁客流量的增长。

(七) 政府的交通运输政策

大城市确立以公共交通为主、个体交通为辅的交通运输政策，优先发展公共交通、大力发展轨道交通、控制私人汽车的发展，对引导市民利用公共交通与轨道交通出行具有重要意义。西方国家大城市过去曾对私人汽车的发展不加控制，结果在破坏城市生态环境的同时，出现了严重的道路拥挤和出行难问题，最后不得不又转向发展公共交通和轨道交通的道路上来。因此，从优化出行方式、提高公共交通的客运比例出发，应有序控制私人汽车的发展，对私人汽车的使用通过经济杠杆进行适度控制，鼓励并创造条件让私人汽车使用者以停车—换乘方式进入城市中心区。要实现这一交通运输政策，首先应加快公共交通设施的建设，如提高轨道交通线网的密度、建成大型换乘枢纽等；其次是优化现有交通资源的利用，如完善轨道交通与常规公交、自行车、私人汽车的衔接换乘，减少与轨道交通线路走向重复的常规公交线路等。

【任务实施】

学习完上述知识点后完成以下任务：

1. 了解轨道交通客流的定义。
2. 能够认识并观察影响轨道交通客流的因。
3. 总结地铁客流的特点。

任务二　客流调查

【任务描述】

客流是规划轨道交通网络、安排工程项目建设顺序、设计车站规模和确定车站设备数量的依据，也是轨道交通系统安排运力、编制运输计划、组织列车运行和分析运营效果的基础。因此，做好客流调查工作，将调查分析结果应用到现场，可以减少资源浪费，使城市轨道交通运输取得更好的社会效益和经济效益。

【知识准备】

一、客流调查的种类

(一) 全面客流调查

全面客流调查是对全线客流的综合调查。这类客流调查时间长、工作量大，需要配备较多的调查人员。但通过调查及对调查资料进行整理和统计分析后，能对客流现状及变化规律有一个全面清晰的了解。

全面客流调查的调查方法主要有随车调查和站点调查。随车调查是在车门处对全日运营时间内所有运行列车的上下车乘客进行调查；站点调查是在车站检票口对全日运营时间内所有在车站上下车乘客进行调查。

轨道交通系统全面客流调查多采用后者，调查一般应连续进行两天或三天，在全日运营时间内，调查全线各站所有乘客的下车地点和票种情况。

(二) 乘客情况抽样调查

1. 抽样调查的内容

抽样调查是用样本来近似地代替总体，这样做有利于减少客流调查的人力、物力和时间。乘客情况抽样调查通常采用问卷方式进行，调查内容主要包括乘客构成情况和乘客乘车情况两方面。

乘客构成情况调查一般是在车站进行。调查内容包括年龄、性别、职业、居住地和出行目的等，调查时间可选择在客流比较稳定的运营时间段。

乘客乘车情况调查的调查内容包括家庭住址、家庭收入、日均乘车次数、上车站和下车站、到达车站的方式和所需时间，下车后到达目的地的方式和所需时间等。

2. 抽样方法

抽样方法主要有简单随机抽样、分层抽样、整群抽样和多阶段抽样等。

(1)简单随机抽样，又称纯随机抽样，它是对总体不作任何处理，直接从总体中完全按随机原则抽选样本单位。

(2) 分层抽样又称类型抽样，它是先对总体按主要标志加以分组(或分类)，然后再在各组组内按随机原则抽取样本单位。

(3) 等距抽样又称机械抽样或系统抽样，它是将总体按某一标志排队，然后按固定的顺序和间隔来抽取样本的组织方式。

(4) 整群抽样是将总体各单位划分为若干群，然后以群为单位，从中随机抽取若干群，对其中选取的群进行全面调查的抽样方式。

(三) 断面客流调查

断面客流调查是一种经常性的客流抽样调查，根据需要，可选择一个或几个断面进行调查，一般是对最大客流断面进行调查，调查人员用直接观察法调查车辆内的乘客人数。

(四) 节假日客流调查

节假日客流调查是一种专题性客流调查，重点对春节、元旦、国庆节、双休假日和若干民间节日期间的客流进行调查。

调查的内容包括机关、学校、企业等单位的休假安排，都市旅游业、娱乐业的发展程度，城市居民生活方式的变化等，一般通过问卷方式进行。

(五) 突发客流调查

突发客流调查主要是针对影剧院、体育场馆等客流快速集散的站点进行的专项客流调查。调查主要涉及影剧院、体育场馆的规模与附近轨道交通车站的客流影响程度和持续时间之间的相关关系。

二、客流调查统计指标

客流调查结束后，对客流调查资料应认真整理，采用适当的统计方法来汇总分析各项指标。轨道交通全面客流调查后应计算的主要指标如下：

(1) 乘客人数，包括分时与全日各站上下车人数、分时与全日各换乘站换乘人数、各站与全线全日乘客人数、各站与全线高峰小时乘客人数及高峰小时乘客人数占全日乘客人数的比例。

(2) 断面客流量，包括分时与全日各断面客流量、分时与全日最大断面客流量以及高峰小时最大断面客流量。

(3) 运送距离，包括本线乘客乘坐不同站数人数及所占比例、跨线乘客乘坐不同站数人数及所占比例及乘客平均运距。

(4) 乘客构成，包括全线持不同票种乘客人数及所占比例，车站分别按年龄、出行目的等统计的乘客人数及所占比例，车站吸引乘客人数及所占比例，从不同距离，以不同方式到达车站的乘客人数及所占比例，居住在城市不同区域乘客人数及其所占比例。

(5) 车辆运用，包括客车公里、客位公里、客车密度、平均满载率和断面满载率。计算如下：

$$\text{客车公里}=\text{客运列车数}\times\text{列车编组数量}\times\text{列车运行距离}$$

$$\text{客位公里}=\text{客车公里}\times\text{车辆定员}$$

$$\text{客流密度(人/年)}=(\text{客运量}\times\text{平均运距})/\text{客车公里}$$

$$\text{平均满载率}=(\text{客流密度}/\text{车辆定员})\times 100\%$$

或

$$\text{平均满载率}=(\text{客运量}\times\text{平均运距}/\text{客位公里})\times 100\%$$

$$\text{高峰小时最大客流断面满载率}=\frac{\text{单向最大断面客流量}}{\text{客运列车数}\times\text{列车编组辆数}\times\text{车辆定员}}\times 100\%$$

【任务实施】

以某城市轨道交通某个区域为对象进行客流调查。分小组完成以下任务：

1. 制订客流调查内容；做出调查计划；设计调查表格；确定调查地点和时间；选择调查设备；选择调查方式。

2. 根据不同情境灵活采取不同的客流调查方法；对调查的相关统计指标进行计算，最后得出客流调查结果。

3. 上述任务完成后，进行小组自评和互评，最后教师讲评，取长补短，开拓完善知识内容。

任务三　客流分析

【任务描述】

城市轨道交通运营管理，就是从系统的角度出发，首先进行客流调查和客流预测，并对客流进行分析，总结客流的特征，然后依据客流特征制订客流计划、全日行车计划、列车运行计划和车辆配备运用及检修计划等运输计划，确定车站客运组织原则、售/检票系统运用与管理方法、车站出入口组织方法、站内客流组织方法、突发客流组织与调整方法、客运服务质量控制措施等，最后进行行车组织与控制，明确并编制好列车运行图，依据列车运行图进行日常调整与调度指挥。

客流分析的对象既可以是预测客流，也可以是实际客流。客流分析的重点是客流在时间与空间上的分布特征、动态变化规律以及客流与行车组织、客运组织能力配备的关系。

【知识准备】

一、车站客流的时间分布特征

(一) 一日内小时客流分布特征

轨道交通一日内小时客流随人们的生活节奏和出行特点而变化，在一日内呈起伏波状图形。通常夜间客流量较少，早晨渐增，上班或上学时间达到高峰，午间稍减，至下班或放学时间又出现第二个高峰，进入晚间客流又逐渐减少。因此，一日内小时客流通常是双峰型，这种规律在国内外的轨道交通线路上几乎都是一样，只是程度不同而已。

（二）一周内全日客流分布特征

在以通勤、通学客流为主的线路上，双休日的客流会有所减少；而在链接商业网点、旅游景点的线路上，双休日反而有所增加。与工作日的早晚高峰出现时间比较，双休日早高峰出现时间往往推迟，而晚高峰又往往提前。另外，周一与节假日后的早高峰小时客流，周五与节假日前晚高峰客流会比其他工作日的早、晚高峰小时客流要大。

因此，一周内可以实行不同的全日行车计划和列车运行图，以适应不同的客运需求，提高运营的经济性。

（三）季节性或短期性客流变化

在一年内，客流还存在季节性的变化，如梅雨季节客流会减少，但旅游旺季客流会增加等。比如，香港地铁每年 12 月圣诞节打折季的到来会给客流带来不小的拉动。

（四）车站客流的时间分布特征分析

城市轨道交通的运能、线路走向、所处交通走廊的特点以及车站所处区域的用地性质，决定了轨道交通车站客流在一天内是随时间而变化的。其时间分布特征如下：

(1) 单向峰型。如图 7-1 所示，这种情况一般出现在地区用地功能性质单一、客流分布集中的城轨车站。

(2) 双向峰型。如图 7-2 所示，这种情况一般出现在位于综合功能用地区、客流分布与其他交通运输方式的客流分布一致、有配对的早晚上下车高峰的城轨车站。

(3) 全峰型。如图 7-3 所示，这种情况一般出现在用地高度开发或公共建筑和公用设施高度集中的 CBD 地区的城轨车站，其客流无明显低谷。

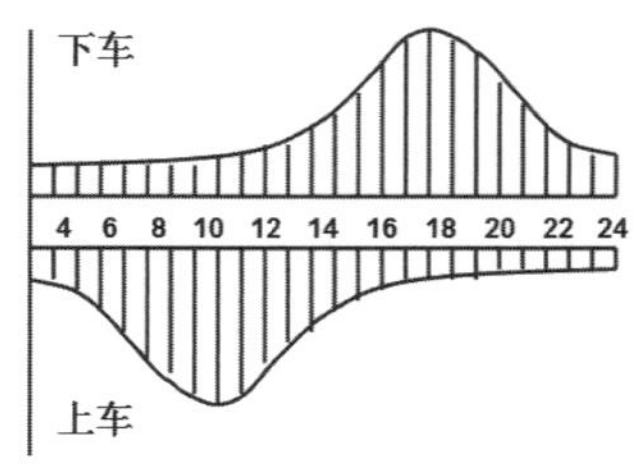

图 7-1 单向峰型

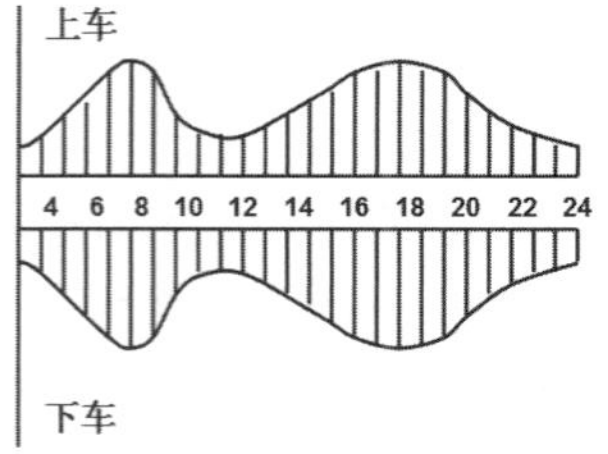

图 7-2 双向峰型

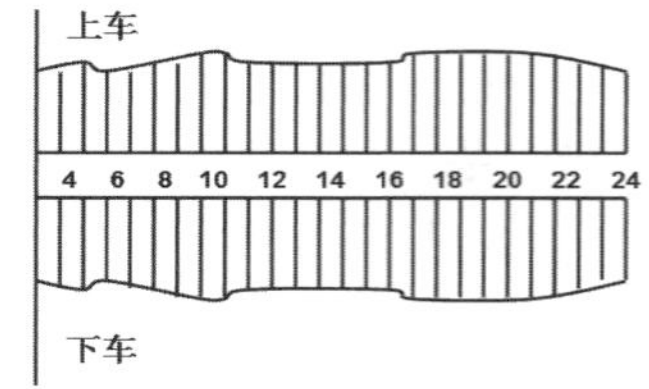

图 7-3 全峰型

(4) 突峰型。如图 7-4 所示，这种情况一般出现在位于体育场、影剧院等大型公用设施附近的城轨车站，演出或比赛结束后有一个持续较短的突变的上车高峰。一段时间后，其他部分车站可能有一个突变的下车高峰。

(5) 无峰型。如图 7-5 所示，这种情况一般出现在运能较小或位于用地未完全开发地区的城轨车站，其客流无明显上下车高峰。

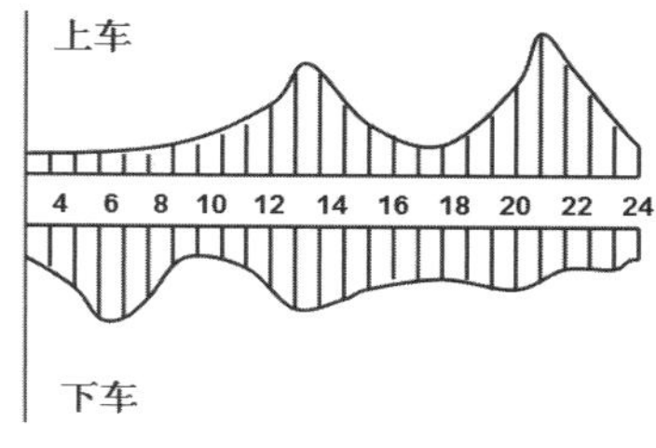

图 7-4　突峰型

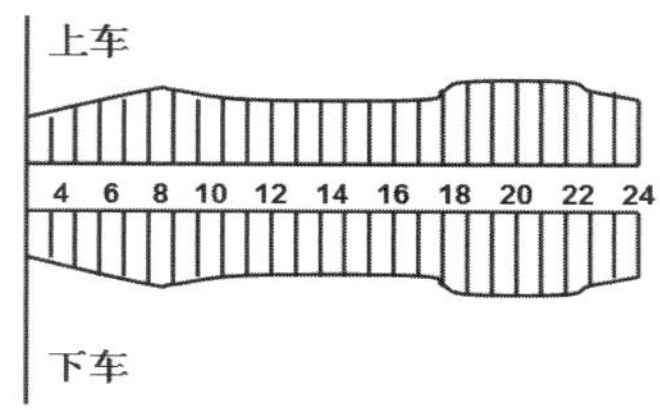

图 7-5　无峰型

二、车站客流的空间分布特征

（一）线路客流分布特征

地铁线网的各条线路因其所在的城市客流走廊带不同、沿线用地性质不同，使得其客流规模和分布规律各不相同，也就是客流不均衡。

（二）上下行方向客流分布特征

在地铁线路上，由于客流的流向原因，上下行方向的最大断面客流通常是不均衡的。在放射状的地铁线路上，早、晚高峰小时的上下行方向的最大断面客流量不均衡尤为明显。

一般线路都有上下行两个方向。同一时段内，有的路线双向客流几乎相等，有的路线双向客流的差异很大。空间客流分布在方向上有双向型和单向型两种形式。

(1) 双向型：单位时段(一般为 1 小时)内上下行的运量数值接近相等。一般市区线路属于双向型的较多。

(2) 单向型：单位时段(一般为 1 小时)内上下行的运量数值差异很大。特别是通向郊区或工业区的线路，属于单向型的较多。

可以采用上下行方向不均衡系数来描述地铁线路上下行方向客流不均衡程度，计算公式如下：

$$\alpha_2 = \frac{\max\left\{p_{\max}^{上}, p_{\max}^{下}\right\}}{\left(p_{\max}^{上} + p_{\max}^{下}\right)/2}$$

式中：α_2 为上下行方向客流不均衡系数；$p_{\max}^{上}$ 为上行方向最大断面客流量(人)；$p_{\max}^{下}$ 为下行方向最大断面客流量(人)。

一般线路的 α_2 为 1.1～1.2，工业区线路 α_2 为 1.4～1.5。

（三）线路断面客流分布特征

在轨道交通线路上，由于各个车站乘降人数的不同，线路上各区间的断面客流通常各不相同，甚至相差悬殊。若把一条线路各断面客流量的数值按上行或下行的前后次序排成一个数列，这个数列就能显示出断面上的客流动态，由此可看出客流在线路各断面上的分布是有一定特点的，从整条线路来看大致有以下几种类型：

(1) 凸起型，即各断面的客流量以中间几个断面值为最高，断面客流呈现凸起形状。

(2) 凹陷型，与凸起型的客流量分布特点正好相反，中间几个断面的客流量低于线路两端的客流量，全线路断面的客流量分布呈凹型。

(3) 均等型，即各车站的上下车客流接近相等，沿线客流基本一致，不存在客流明显突增的路段。

(4) 渐变型，即随着线路延伸，线路客流逐渐增大或逐渐缩小。

(5) 不规则型，即线路各断面的客流量分布不能明显的表示为某种类似的形状。

反映轨道交通线路单向各个断面客流不均衡程度的系数可按下式计算：

$$\alpha_h = \frac{p_{\max}}{\sum_{i=1}^{K} p_i / K}$$

式中：α_h 为单向断面客流不均衡系数；p_i 为单向断面客流量(人)；$p_{\max}$ 为单向断面最大客流量（人）；K 为单向线路断面数(个)。

$\alpha_h > 1$。α_h 达 1.5 以上的线路，要采取措施增大最大断面的运输能力，以保持线路各个断面运力与运量的平衡。

(四) 各个车站乘降人数分布特征

地铁线路各个车站的乘降人数不均衡，甚至相差悬殊的情况并不少见。在不少线路上，全线各站总的乘降量主要集中在少数几个车站上。此外，新的居民住宅区形成规模和新的地铁线路投入运营，也会使车站乘降量发生较大的变化及导致客流不均衡的加剧或引起新的客流不均衡。

(五) 车站内客流分布特征

通过分析地铁车站内乘客流向及行程轨迹发现，车站内客流在空间上分布也是不均衡的，包括经由不同入口的客流不均衡、通过不同收费区的客流不均衡、通过同一收费区不同检票机的客流不均衡以及上下行方向客流不均衡等。掌握客流在站内的空间分布特征对自动售票机等设备的合理配置和优化布局有重要的指导意义。

【任务实施】

1. 在任务二中完成了客流调查，得到了客流的一系列数据以后，在本任务中对这些数据进行分析，以了解地铁客流在时间和空间上的分布特征。

2. 对分析的结果用图片、表格及文本报告的形式进行总结表示。

3. 上述任务完成后，进行小组自评和互评，最后教师讲评，取长补短，开拓完善知识内容。

任务四　客流预测

【任务描述】

在对地铁现有客流量进行分析的同时，还应该对地铁未来的客流量进行预测，从而能够从宏观上把握未来地铁的客流量情况，为城市轨道交通系统的规划、设计、建设及运营规模提供依据。

客流预测是一门科学，它是以现行运输统计制度提供的部分基础资料为依据，辅以对城市、港口、车站等处的调查，然后在此基础上进行的客流预测。

客流预测的方法有多种，不同的预测方法，其预测结果不同。其中，客流预测可包括区域预测、运输方式运量预测、平均运程预测、到发运量预测等；根据预测期间的长短，客流预测又包括短期(1 ~ 5 年)、中期(6 ~ 10 年)和长期(10 年以上)的预测；客流预测还可包括全线客流预测、车站客流预测、分流客流预测、换乘客流预测、出入口分向客流预测等。

轨道交通系统的客流预测结果应包括：全日和高峰小时的客流量、总客运量、各站乘降量、全日客流的时段和断面分布以及总客运量占全市公共交通总运量的比重等。

【知识准备】

一、客流预测概述

城市交通需求预测起源于美国，并且在全世界范围内得到了迅速发展。20 世纪 60 年代，称为 Chicago Area Transportation Study 的芝加哥都市圈交通规划开发了包括交通方式划分在内的四阶段交通需求预测法，开创了城市综合交通需求预测的先河。

在城市轨道交通系统规划与设计的不同阶段，需要开展三次需求分析与预测工作，各阶段预测工作的重点有所不同。

(1) 城市轨道交通网络规划阶段：主要进行全网客流估算，重点分析线网总体规模和各线路的需求规模量级。

(2) 线路建设项目可行性研究阶段：根据线路具体情况，研究提出线路各运营期限的客流预测结果，重点确定与相关工程建设规模有关的预测结果。

(3) 线路建设项目总体设计阶段：研究各站点客流详细规划，重点分析车站内部功能布局和整体规模，包括客流组织规划。

城市轨道交通系统规划中，需求分析与预测应掌握以下资料与工具：现行城市总体规划及与其相适应的城市综合交通规划，正在实施的城市轨道交通线网规划(全网客流估算除外)，必要的城市交通信息数据库和成熟的交通规划软件。

二、客流预测模式

城市轨道交通系统的规划、建设及运营，不但要以现状客流作为主要依据，还要以近、远期预测客流作为依据。同时，城市轨道交通系统是整个城市交通系统的组成部分，因此，轨道交通系统的客流预测也不能脱离整个城市交通系统的客流预测。

当前，城市轨道交通客流预测一般有以下几种模式：一是采用四阶段客流预测模式，分析和预测城市道路网和轨道交通系统的客流量；二是运用趋势外推的方法预测未来新建轨道交通线路的客流量；三是以车站吸引区域来计算各站点、断面、线路的客流量。

(一) 四阶段客流预测模式

四阶段客流预测模式即四阶段客流预测法，是指按照交通生成预测、交通分布预测、交通方式划分和交通分配四个阶段来分析城市现状和未来的交通状况，是目前交通规划领域应用最广的方法。交通生成预测是确定各发点的总发送客流和各到点的总到达客流；交通分布预测是确定各到发点间的客流；交通方式划分是确定轨道交通网络分摊的客流；交通分配是确定轨道交通系统各线路的客流。

四阶段客流预测模式又称 OD 调查或 OD 交通量调查(“O”源于英文“Origin”，指出行的出发地点；“D”源于英文“Destination”，指出行的目的地)。虽然近几十年来，对四阶段客流预测模型的研究不断深入，也出现了将两个或几个阶段合并进行预测的方法，但从宏观的角度把握城市居民的出行特点，然后分阶段预测分析的思路仍是一致的。

四阶段客流预测的一般流程如图 7-6 所示。

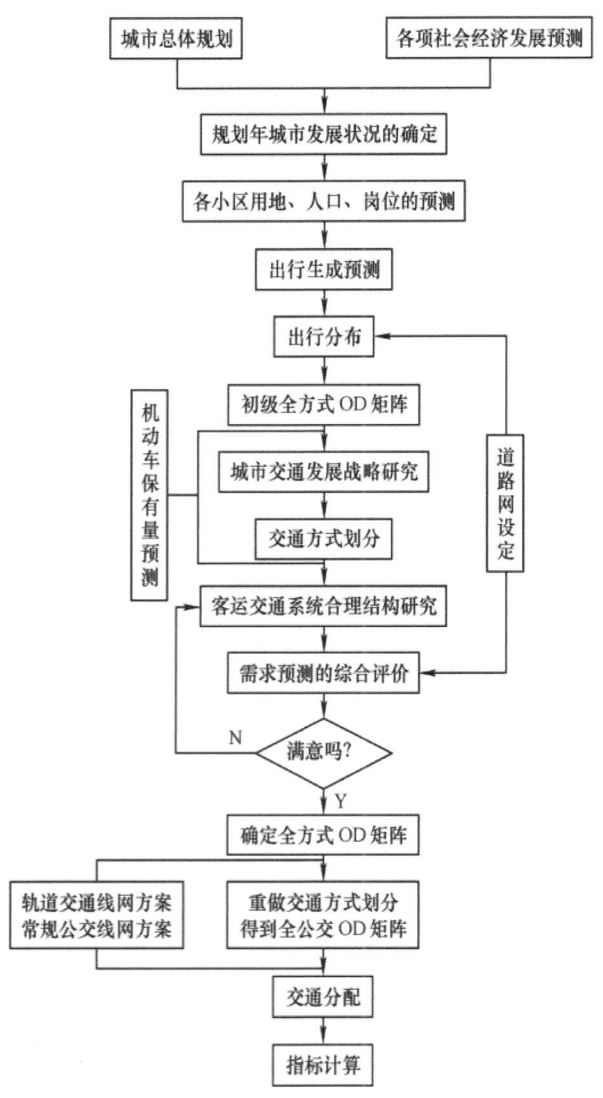

图 7-6 四阶段法客流预测流程图

四阶段客流预测模式能较好地反映城市客流与城市发展的关系。但当城市未能按发展规划实现时，预测的客流分布与将来实际产生的客流分布就会存在较大差异。

1. 交通生成预测

交通生成预测是确定各个交通小区的出行生成量和出行吸引量。交通生成预测的基础资料是城市的远景人口和就业岗位数等预测数据，而这些数据又需要根据远景土地利用规划得出。土地利用规划规定了土地的居住、工业和商业等用途；决定了各种用地上发生的社会经济活动的强度。根据土地利用规划，可以把交通规划的区域划分成许多交通小区。在已知各交通小区的居住人口数、就业岗位数以及家庭人口、收入和私人交通工具拥有量等特征数据的基础上，应用回归分析法、类型分析法等预测方法来预测各个交通小区的出行生成量和出行吸引量。

2. 交通分布预测

交通分布预测是确定各交通小区出行生成量的去向和出行吸引量的来源，即各交通小区间的出行生成与出行吸引分布。出行分布可用 OD 矩阵表来表示。确定 OD 出行量的常用预测方法有弗雷特法和引力模型等。

3. 交通方式划分

交通方式划分即确定轨道交通、常用公交、自行车、步行、出租汽车和私人汽车等各种出行方式承担的交通小区间 OD 出行量的比例。交通方式划分的基本思路是：首先预测出行者对各种出行方式的选择率，常用方法是 logit 模型；然后用选择率乘以交通小区的出行生成量、吸引量或者交通小区间的 OD 出行量，得到各种出行方式的运量分担比例。

影响出行方式选择的因素主要有：① 出行者的特征，如年龄、职业、收入水平、居住位置、私人交通工具拥有状况等；② 出行的特征，如出行目的、出行距离、出行时间限制、出行时段、对舒适与安全的考虑等；③ 交通系统的特性，如票价、运送时间、运输能力、停车设施、服务水平等。

根据预测交通方式选择率时采用的基本单位不同，有集计和非集计两种模型。集计模型是以交通小区为基本单位预测出行方式的选择率；非集计模型是以个人为基本单位预测出行方式的选择率，然后把个人对交通方式的选择率集计起来。

4. 交通分配

交通分配就是将 OD 出行量按一定的规律分配到交通网中的各条线路上去。城市交通网中的某个 OD 区间通常会有若干条线路，并且各个 OD 区间的线路存在部分路段重叠的情形，在 OD 出行量较小时，按最短路径进行出行分配通常是可行的，但在 OD 出行量较大时，仍按最短路径分配则会出现因部分线路的能力限制而导致交通拥挤的现象。交通分配的常用方法有：全有全无分配法、逐次分配法和均衡分配法等。

(二) 趋势外推客流预测模式

趋势外推的客流预测方法是指根据道路交通量和公共汽车线路的现状客流量资料，按时间序列采用数学方法，利用有关参数求出轨道交通线路的客流。这是一种基于现状的预测方法，能较好地反映近期交通量的增长情况，但在预见轨道交通系统建成后的城市交通分布变化上，趋势外推客流预测的结果可靠性稍差。

(三) 车站吸引区域客流预测模式

车站吸引区域是以车站为圆心、以一定的到达车站时间或到达车站距离为半径的圆来确定的。到达车站可以分为步行、骑自行车和乘公共汽车三种方式。因此，车站吸引区域客流预测模式又称为三次吸引客流预测模式。这种客流预测模式认为，在合理确定车站吸引区域的前提下，能借助有关公式计算出通过三种方式到站乘车的人数。这种客流预测模式不以线路为单位，而以车站吸引区域范围半径及吸引区域内土地利用的性质对客流的影响来预测客流。

三、客流预测方法

客流预测的方法有许多种，但归纳起来无非是定量预测方法和定性预测方法两大类。定量预测方法又有时间序列客流预测方法和因果关系客流预测方法两类。定性预测方法中使用较多的有德尔菲(Delphi)法等。

(一) 时间序列客流预测方法

这种客流预测方法的基本思路是：根据客流从过去到现在的变化规律来预测未来的客流。

这类方法的主要优点是需要数据少，运用简便，采用时间段的统计，客流数据变动趋势没有大的异常波动，预测结果一般较好。这类方法的主要缺点是无法反映客流变动的原因，因而不能指明客流因素变动时客流的变化趋势与结果。

常用的时间序列客流预测方法有移动平均法、指数平滑法、月度比例系数法、自回归分析法和随机时间序列预测模型法等。

1. 移动平均法

移动平均法是借助移动平均数修匀原始客流时间数列的变动来描述其趋势的方法。所谓移动平均，就是按原始客流时间数列的一定项数计算移动平均数，逐项移动，边移动边平均，得出一组移动平均数，由这组移动平均数构成新的客流时间数列。新的客流时间数列可以把原始客流时间数列中的某些不规则变动特别是周期性变动修匀，从而显示出客流长期变化的基本趋势。用移动平均法修匀原始客流时间数列比较客观，也比较容易得到客流变化的趋势。但移动平均法对原始客流时间数列两端的值无法进行修匀计算,因此每一次移动平均都会使数列变短,使进一步观察受到影响。另外，当原始客流时间数列的最后几项变动较大时，预测客流的可靠性也会受到一定影响。

2. 指数平滑法

指数平滑法也称为时间数列的指数平滑法，它也通过修匀历史数据中的随机成分去预测未来，但它所使用的修匀方法与移动平均法不同，它引人一个人为确定的系数以体现不同时期因素在整个预测期中所占的权数。指数平滑法对实际客流时间数列的长度没有特别要求，资料较少时也能进行预测，但一般仅适用于原始客流时间数列变化较稳定的情况，另外只要正确选择加权指数，也能对远近期数据的不同影响作出合理的反映。这种方法的局限性是不能考虑其他因素对客流变化的影响。

3. 月度比例系数法

月度比例系数法的基本息路是根据客流变化的月度循环特征和规律性，去预测未来月份的客流。它根据过去若干年的月度客流统计资料，计算出平均的每月客流在年度客流中所占的比例，进而在已经得出未来年度总预测客流的前提下，按比例系数计算该年度各月份的预测客流。使用月度比例系数法时，必须根据客流的实际变动不断对比例系数进行重新计算并加以调整。

4. 自回归分析法

自回归分析法也称鲍克斯一詹金斯（ Box -Jenkins ）法，它是指通过分析原始客流时间数列的不同自相关系数来选择适当的预测模型。当原始客流时间数列内的数值在某一固定间隔期具有较高的相关系数时，就可应用自回归模型来进行客流预测。自回归分析法在客流的短期预测方面具有一定的精度，因而得到较广泛的应用。但该方法需要较多的历史数据和较深的数学知识，计算量较大，计算较复杂。

5. 随机时间序列预测模型法

随机时间序列模型是把时间序列作为随机变量的序列加以处理，认为时间序列是时间的一组变量。其中，单个时间序列值的出现具有不确定性，但整个时间序列具有固有的规律性。研究这些规律，进行简化，建立时间序列模型，可用于预测。对于平稳时间序列，主要有三种预测模型，即自回归移动平均模型（Auto Regressive and Moving Average Model，ARMA 模型）、自回归模型（Auto Regression Model，AR 模型）、移动平均模型（Moving Average Model，MA

模型)。对于非平稳时间序列，需用差分法进行处理使其平稳化。该方法的特点与自回归分析法类似。在客流的短期预测方面有较好的精度，但需要较深的数学知识. 方法较复杂，同时需要较多的历史数据，计算工作量也较大。

(二) 因果关系客流预测方法

由于客流的变动与经济的和非经济的因素之间存在密切的关系，并且这些因素之间又是相互影响的，因此可以通过研究影响客流的因素来预测未来的客流。这类方法与时间序列客流预测方法的区别在于：前者的自变量是时间，而后者的自变量是除时间以外的其他因素。这类方法的主要优点是能够较多考虑对客流可能产生影响的因素，揭示引起客流变化的原因；另外，在数据量足够多的情况下，常能得到较好的预测精度。这类方法的主要缺点是由于自变量的选择、有关参数的确定本身带有主观性和预测性，其预测的准确性会受到影响。常用的因果关系客流预测方法有回归预测法、引力模型法和乘车系数法等。

1. 回归预测法

回归预测法是通过回归分析，建立一个合适的因变量和自变量之间的函数关系，来近似地表现客流和影响客流因素之间的平均变化关系。它包括一元线性回归预测、一元非线性回归预测、多元线性回归预测和逐步回归分析预测等方法。当研究客流与一个影响客流因素之间的关系时，该方法称为一元回归预测；研究客流与多个影响客流因素之何的关系时，该方法称为多元回归预测。如果客流在函数关系式中表现为自变量的一次函数，该方法就称为线性回归预测，否则称为非线性回归预测。

2. 引力模型法

引力模型因数学关系式与物理学的万有引力定律近似而得名。在研究地区间人的流动问题时，研究者发现人的流动数量似乎都与地区人口的总数成正比，与地区间的距离成反比的，这种现象正如物体之间的引力关系，于是提出了引力模型来预测客流。在对早期提出的引力模型进行修正的基础上，现在使用的一些引力模型既考虑了对地区间客流有影响的各种吸引因素如人口等，又考虑了对地区间客流有影响的距离阻力因素。引力模型简单易懂，但在利用该模型进行客流预测时，参数的确定往往比较困难。

3. 乘车系数法

这是一种传统的客流预测方法。乘车系数法是一种以总人口和人均乘车次数来预测乘客发送量的方法。乘车系数是一定吸引范围内乘客发送量与总人口的比值，可根据历年资料和可能发生的变化进行确定。这种客流预测方法的局限性是乘车系数本身的变动有时难以预料。此外，在计算总人口时，间接吸引范围的人口确定也比较复杂。

(三) 德尔菲法

在历史客流数据较少的情况下，借助预测者的专业知识和实际经验，并综合考虑多种影响因素对客流进行预测，称为定性预测。德尔菲法，又称为专家调查法，是目前采用较多的定性预测方法之一。虽然参加定性预测的专家意见是一种主观判断，受到对问题认识差异的影响，但主观判断并不等于主观随意性。只要有相当数量的对问题有研究的专家参加定性预测，尽管各位专家的预测结果不会完全一样，但也会围绕一个中心值波动，这个中心值就是确定预测结果的客观基础。为了避免个人知识、经验和素质的局限性影响预测的精确度，德尔菲法选择一组专家作为征询意见的对象,同时为了防止他们互相影响而不能做到独立判断,专家的意见一般以匿名方式填写。

调查的组织者将调查问卷寄给专家，征询他们的意见，在收到专家的意见后，对专家的意见进行归纳汇总，形成新的调查问卷，然后对专家进行再征询，对经过归纳汇总的意见进行分析、判断并提出新的意见。经过这样多次反馈，当专家的意见逐步趋于一致时，预测的结果也就基本形成。

四、客流预测的主要内容及预测程序

（一）客流预测的主要内容

一般来说，城市轨道交通系统客流预测的主要内容包括以下几方面：

(1) 预测条件界定：研究与具体项目相关的社会经济环境和区域地理条件，明确相关重要影响因素的增长状况，包括区域内其他相关运输方式的建设计划。

(2) 远期年份运输需求总量及分布预测：分析预测远期年份区域内出行总量水平、各节点(小区)交通发生量和吸引量。根据规划与工程建设需要，可以选择不同详细程度的客流预测要求。

(3) 不同建设方案下不同方式分担结构及网络分配结果：根据不同网络建设方案，选择相关的需求分配参数。结合客流预测结果研究综合网络上的流量分配状况，按规划与建设的具体需要给出不同年度各种运输方式的客流分担比例及城市轨道交通线网上的 OD 分布，包括各具体路段上的 OD 构成、平均运距等参数。

(4) 客流预测的灵敏度分析及评价研究：研究客流预测结果在不同票价方案、不同交通网形成条件、不同基础参数下的变化率；研究规划方案实施前后综合网络服务水平(负荷)的变化，确定能力不足或富余的区段，从而为规划方案的优化提供依据。

（二）客流预测的基本程序

客流预测的基本程序如下：

(1) 确定范围，提出方案。确定城市轨道交通规划与建设项目涉及的区域范围、相关网络及项目建设方案，界定本次规划研究的区域范围，确定相关交通方式网络；通过分析，初步建立不同时期城市轨道交通建设项目覆盖的直接与间接范围，提出项目建设的基本方案与备选方案。

(2) 收集并分析与项目相关的基础数据。根据项目需要，确定需要收集的与既有网络方案和新方案相关的基础数据，对基础数据进行全面系统的分析，剔除冗余、矛盾的数据，建立具有良好一致性的基础数据库。

(3) 选择客流预测的方法，建立客流预测模型。根据可用基础数据类型、网络特点和项目要求，选择适当的客流预测方法，建立相关的量化预测模型，形成满足项目需要的预测模型体系。

(4) 选择并标定预测模型涉及的相关参数。利用具有良好一致性的基础数据库，对所建立的客流预测模型体系中的各类模型进行参数标定，采用有效方法检验并确定可用于不同预测年度客流量的各种参数值。

(5) 预测模型的应用。利用选择的模型和相关参数计算相关预测年度的客流总量及交通方式网络分配量，根据预测结果分析总量数据和网络运量分配状况，并进行相关预测指标的统计工作。

(6) 对客流预测结果进行灵敏度分析，确定预测结果的可信度。分析不同预测参数和预测条件变化对预测结果产生的影响，对不同规划及建设方案下的预测结果进行分析，为综合评价提供依据。

(7) 结合预测结果对各种方案进行分析和评价。对备选方案的客流预测结果进行综合分析，从技术、经济与财务角度开展分析与评价，确定最为符合投资方、运营方和使用者利益的预测方案。

(8) 确定推荐方案，整理数据结果并撰写相关的技术报告。综合分析并评价备选方案，确定推荐方案，整理所有相关数据、文件，建立方案详细文档，提出需求预测的技术报告，作为可行性研究的依据。

五、不同阶段客流预测工作的要点

(一) 线网规划阶段

线网规划阶段需要把握全网客流估算。在线网规划阶段有四项工作需要客流资料的支撑：一是规划、建设城市轨道交通系统的必要性论证；二是各规划线网的运量等级、系统规模和相关的用地控制；三是线网方案的评价和选择；四是线网的分期发展实施方案的制订。

该阶段的客流研究工作之所以简称为“全网客流估算”，其原因是远景年的用地规划资料不易落实，各类车站(含道路公交)的站位不易准确确定，交通网络在发展中的可变因素难以确定(例如道路公交线网与城市轨道交通的关系)。

全网客流估算的主要目标年是远景年。对远景年的解释有两种意见：其一，城市总体规划的远景年，大约 50 年；其二，规划用地按不同性质达到相对饱和容量的年份。根据客流资料的用途，可能还要做其他年份的全网客流估算。这些年份需要考虑与总体规划一致或接近，以便对基础资料和参数进行推定。

在线网规划中，全网客流估算是城市轨道交通网与整体交通网联系的纽带，决定了整个网络中线间客流的交换。线网规划出发点和归宿都是客流，构建线网框架的基础即主交通走廊和主要集散点也都是用出行量和方向来描述的。因此，在线网规划中，全网客流估算不是按几个线网方案测算几次就算完成任务的，而是需要在供给与需求之间经过反馈迭代来寻找平衡的过程。

该阶段应计算的指标包括全网和各线网指标，除换乘站的换乘量之外，不需计算其他各站的乘降量。

(二) 可行性研究阶段

可行性研究阶段的客流预测成果是可行性研究报告的支持条件，它可以为线路建设的必要性、紧迫性和工程分期计划、设备系统类别的选择和各子系统规模的确定、线路方案、车站设置的比选、各期车辆购置数量的确定、运营设计及经济评价与财务分析提供依据。

1. 预测年限

预测年限也就是设计年限，是控制工程规模和投资的重要因素，其合理与否，将直接影响工程建成后的效率和效益。设计年限定得过长，虽为将来的发展留下了余地，但却使轨道运营长期处于欠负荷状态；设计年限定得过短，会使整个系统的交通容量很快饱和，系统将长期处于超负荷运营状态，不但降低了服务质量，也不能很好地解决交通问题。恰当地定好设计年限是非常重要的。按照《城市快速轨道交通工程项目建设标准(试行本)》的规定，客流预测年限分为初期、近期和远期。初期为建成通车后的第 3 年，近期为交付运营后的第 10 年，远期为交付运营后的第 25 年。根据现行规范，可行性研究阶段预测年限分为：初期——运营后第 3 年；近期——运营后第 10 年；远期——运营后第 25 年。

上述年限的确定有一定的合理性，不过也存在一些问题，包括难以反映线路客流变化的动态趋势。例如，运营第 5 年线路可能向两端(或一端)延伸(二期工程开通)运营，此时客流将发生突变。因此，在客流预测中要关注客流量发生突变的那些年份，即城市交通网络的重大变化和对外交通设施变化的年份。

2. 客流预测分析报告

可行性研究阶段客流预测分析报告应包括的基本内容如下：

(1) 城市总体规划、综合交通规划、交通发展战略和城市轨道交通线网简介(或评价)。

(2) 城市交通现状分析。

(3) 各预测年限的社会、经济资料。

(4) 交通需求预测的技术路线和交通总量、客运交通系统结构。

(5) 各预测年限的线网状况。

(6) 客流预测的技术路线和主要的参数。

(7) 预测结果，主要包括：各期站间 OD 表；各期全日、高峰小时客流表、客流图；各期各换乘站各方向之间的换乘量(分全日和高峰小时)；全日客流量的时段分布；各项指标计算结果。

(8) 交通需求发展的状态分析和敏感度分析。

(9) 其他需要说明的内容。

3. 主要指标

该阶段需要计算的主要指标如下：

(1) 客运量：年平均日客运量、年平均日高峰小时客运量、各站全日和高峰小时乘降量、换乘站各方向的换乘量。

(2) 客流量：全日单向最大断面客流量、高峰小时单向最大断面客流量、客流密度(日客运量/运营里程)、客运周转量(人·千米/日)、客流强度(日客运周转量/运营里程)、平均运距(千米)。

(3) 与交通系统结构有关的指标：该线承担的出行量占全市出行量的百分比、该线客运量占全市公交客运量的百分比。

(三) 预可行性研究阶段

一般来说，从项目建议书到工程可行性研究可能经历较长的时间或各种情况的变动较大。因此，在项目的预可行性研究阶段(配合项目建议书)和工程可行性研究工作中，如果预可行性研究阶段客流研究资料的深度难以满足工程可行性研究的要求，且线路方案、车站设置有较大变动时，可以考虑作两次不同深度的客流预测。

六、客流预测误差

影响客流的相关因素主要有：国民经济的发展速度与发展规模，国民经济的结构中第一、二、三产业比重的变化，交通运输结构的变化，人口的增长速度与生活水平的提高程度。

客流预测是建立在未来城市发展规划基础之上的，当城市未能按发展规划实现时，预测的客流分布与将来实际产生的客流分布就会存在较大差异。

例如，我国正处于城市化的进程中，城市布局、土地利用和人口状况都处于不稳定的变化状态，城市发展过程中的不确定因素，政策、经济与社会心理因素，以及城市交通网络结构的未来变化，都会对远期客流产生影响。因此，我国客流预测往往存在预测客流与实际客流误差较大、有高估倾向以及不同机构预测的客流数据离散性较大的问题。

分析表明，造成城轨交通客流预测误差的主要原因有以下几个方面：

(1) 四阶段客流预测方法的缺陷。四阶段客流预测模型结构复杂，涉及因素多，工作周期长，导致在一些实际预测过程中难于实施，使预测模型中的计算参数数据不准确，得出的预测结果也必然不准确。

(2) 预测的前提条件发生改变。比如，城市总体规划和交通线网规划滞后或者常常发生改变，导致城市轨道交通客流预测结果的不准确。

(3) 交通调查数据不足。交通调查工程庞大，需要耗费大量的人力、物力，而且持续的时间一般都很长，如果交通调查数据不足或不准确，这样得出的客流预测其精确性也不高。

(4) 人为因素。例如，我国城市轨道交通控制设计客流按照远期高峰小时客流量来计算，并考虑高峰小时内客流的不均匀性，计入 1.2 ~ 1.4 的超高峰系数，客流预测人员受“宁取上限”“留有充分余地”“建设规模宁大勿小”等思想的影响，预测客流时尽量取高值，往往导致实际客流原小于预测客流，造成资源浪费。

(5) 其他交通方式分流。随着其他公交系统环境的改善和服务质量的提高，乘客有了更多的选择，其他交通方式分流了城市轨道交通线路的部分客流，致使实际客流情况比预测的情况差一些。

(6) 城市轨道交通没有形成网络规模效应。城市轨道交通发挥效益的关键在于形成网络。单一线路由于可达性差，除了沿线覆盖范围以外，基本上不能吸引径向客流。只有形成轨道交通的基本网络以后，加上常规公交的配合，客运才能达到理想的客流水平。

(7) 没有形成城市规划与交通预测相互作用的协调系统。城市轨道交通规划应以城市总体规划和综合交通规划为前提，城市规划的各项控制参数以及用地规划指标是城市交通预测及规划的依据。如果没有形成城市规划与交通预测相互作用的协调系统。一方面，用作交通规划依据的城市规划与城市发展方向出入很大；另一方面，城市规划对交通规划的考虑不够详细，往往忽视城市轨道交通具有调整优化城市布局和用地功能的潜在作用，致使交通规划对于城市规划的反作用较小。

(8) 没有充分考虑城市自身的一些特点。

【任务实施】

1. 根据所调查的客流量数据，结合实际，选择适当的客流预测方法，对客流进行预测，并对预测的结果用图片、表格及文本报告的形式进行总结表示。

2. 分析总结影响客流预测的因素都有哪些。

3. 总结不同的客流预测方法分别适用于什么情况。

4. 上述任务完成后，进行小组自评和互评，最后教师讲评，取长补短，开拓完善知识内容。

项目八

城轨车站乘客服务

【知识目标】

1. 掌握乘客进站服务内容。
2. 掌握乘客购票服务内容。
3. 掌握乘客进闸服务内容。
4. 掌握乘客候车服务内容。
5. 掌握乘客出闸服务内容。
6. 掌握乘客出站服务内容。

【能力目标】

1. 能正确运用服务技巧指导乘客进站。
2. 能正确运用服务技巧指导乘客购票。
3. 能正确运用服务技巧指导乘客进闸。
4. 能正确运用服务技巧指导乘客候车。
5. 能正确运用服务技巧指导乘客出闸。
6. 能正确运用服务技巧指导乘客出站。

【项目导入】

项目学习引导书

在城市轨道交通车站服务中，最容易引起乘客事务和纠纷的就是从乘客进站、购票、进闸、候车到乘客出闸、出站这六个环节。每个环节都可能由于服务引导、说明等不到位，甚至车站服务人员的过激言行而导致乘客投诉，因此，正确掌握乘客服务技巧是我们这个项目的主要学习任务。

在学习中熟练掌握标准答客语是正确服务的第一步，灵活运用地铁规章指导乘客乘车是完成服务的第二步也是关键的一步。通过实际操作演练，要求掌握本项目中各个任务要求的所有技能，包括相关的背景知识。

任务一　乘客进站服务

【任务描述】

在乘客进入站厅时，城轨车站服务人员应根据乘客对城轨设备的熟悉程度提供有效的服务，如果看到眼神迷茫、不知所措的乘客，应主动上前提供进站服务或者接受问询；如果乘客熟悉地铁设备，则需要关注他们有没有违反城轨进站相关规则，如有应及时恰当地劝阻，这是站务员厅巡岗必须做到的岗位职责。

任务单

请对下面两个案例进行处理。

1. 引导员在岗位上议论乘客

事情经过：

14:30 左右，某站一位身穿蓝色制服的女乘客持 Token 往 B 端出站，该乘客向引导员投诉车站设备不方便时，引导员回答“那你就别坐。”

该站 IC 卡出闸机在 A 端，厅中引导员引导并陪同该乘客到 A 端 IC 卡出闸机处出闸，当时 IC 卡出闸机处有另一名引导员。此时该乘客由于很不满，不停地指责地铁设备“麻烦”。一位引导员闻到该乘客身上有很浓的香水味，于是就问另一位引导员：“那女乘客是不是空姐？身上有很大的香水味”。又说：“好浓的香水，好呛鼻子啊”。

2. 不虚心接受乘客建议，直言回复“你错了”

事情经过：

经调查，11 月 30 日(周日)中午，刘先生来到地铁某站做暗访，当他来到站厅，第一眼就看到一名引导员头发长而蓬乱，趴在闸机上用手将手提广播按得“嘀嘀”响，同时还在用脚打拍子，一乘客拿 5 元钱来问他怎么买票，他支使乘客到 TVM 前就不管了，乘客不会买票，他也不进行引导。刘先生当场指出他的错误，他竟不予理睬。车站当天乘客较多，只开设了两个票亭，当刘先生问一引导员为何不加开窗口时，其态度冷漠地说这不归我管，问当班厅巡，他边走边回答乘客说：“不能增开窗口，没人值班。” 刘先生看到其态度如此冷漠就去问正在更换钱箱的客值为什么不加开窗口？客值反问乘客为什么要多开窗口，并告诉乘客等着，她找人回答乘客的问题。期间刘先生看到票亭售票员在与跟岗学员聊天。最后刘先生找到了当天值站，又向他提出了同样的问题，值站还没等乘客讲完就急着向乘客解释，不接受乘客建议，说：“你错了”还强调这是地铁的规定。最后刘先生只能失望而归。

【知识准备】

一、乘客服务要求

(一) 乘客服务的总要求

仪表端正 、用语文明、服务周到、作业标准、环境整洁。

(二) 乘客服务的总原则

(1) 心到：精神高度集中，随时应变异常。

(2) 话到：主动提醒乘客安全候车，礼貌疏导客流，及时制止乘客的违章行为。

(3) 眼到：密切注视乘客情况及列车运行状态。

(4) 手到：遇到影响乘客安全或车站服务的情况时，应立即采取相应的行动。

(5) 多巡视：按车站巡视要求加强对站厅购票乘客和站台候车乘客的巡视。

(6) 多观察：对设备和乘客动态要多观察，及时处理异常情况。

(7) 多提醒：主动提醒乘客安全候车、有序乘车。

(三) 乘客事务处理的基本方法

(1) 易地处理：将乘客请至房间内或僻静处处理，尊重乘客。

(2) 易人处理：必要时，交与其他同事处理。

(3) 易性处理：原则性与灵活性有机结合。

二、乘客服务标准

乘客服务标准是车站服务工作应达到目标的衡量尺度，也是车站服务管理的主要依据。

(一) 仪容仪表标准

(1) 上班时间应按规定统一穿着工作制服。佩戴领带(领结)、工号牌、工作帽(在票亭、车控室、设备区当班员工可视情况不佩带工作帽)。工号牌戴在左胸前口袋上缘中部，工号牌下沿与左胸前口袋上缘平行，并保持 1 ~ 2 cm 距离。工号牌要正戴，不得歪戴、反戴。如佩戴党(团)徽时，应将党(团)徽佩戴于工号牌中上方；彩(绶)带佩挂于左肩上。

(2) 穿着制服时，应衣着整洁，不缺扣，不立领，不卷袖挽裤。上装要保持干净无皱折(注意毛发灰尘)，口袋内不装多余东西，裤子干净，裤线整齐。衬衣干净无皱纹，领口无污垢，衬衣下缘应束进裤内，衬衣颜色不得过于艳丽，以白色或朴素色为标准，不着样式怪异的服饰，衬衣扣不得漏扣或缺扣，系好领带(不宜着颜色艳丽的领带)。

(3) 穿着制服时，应按规定穿黑色或深色的皮鞋，鞋面保持干净，不穿极度磨损的鞋及露脚趾脚跟的鞋。

(4) 袜子避免艳丽刺眼的颜色，以黑色或深色的颜色为主。女员工着裙时，长袜颜色应选择与肌肤相贴近的自然色。

(5) 穿着制服时，应系好皮带，皮带以黑色或深色为主，不得佩带怪异饰物或与着装不协调的皮带。

(6) 保持头发干净，不留怪异的发型，不染不自然的发色。女员工低头时，保证头发不遮脸(遮住脸时要用发夹)，头饰(发夹、发带)以黑色或深色(朴素色)为主。留长发的女员工着工作制服时，必须将头发挽于头发网内；避免佩戴太时髦的饰物，耳环限戴一对并控制在 1 cm 内；不戴戒指手链(婚戒除外)，项链等饰物不得外露；男员工不准留长发，大包头，大鬓角，前额蓄发不得露出帽外。注意个人卫生，经常修剪指甲，留意口腔异味。女员工可化淡妆，香水适度，可使用无色透明的指甲油，男员工不得留长指甲。

(7) 佩戴眼镜时，应尽量选择传统的眼镜，避免使用彩色眼镜。

(8) 制服换季按照部门规定，全线统一执行。

(二) 行为举止标准

(1) 当班时要精神饱满，避免显露疲态。应举止大方、行为端正，工作中应避免挖耳鼻、剪指甲，打哈欠、伸懒腰等不雅行为。

(2) 巡视过程中，身体应保持挺直，精神奕奕，步履稳健，时刻保持笑容和亲切友善的态度。

(3) 立岗时，应站姿挺拔、双手自然下垂，两脚并立。不准背手、抱臂、抱握拳、玩手指及其他物品，不得把手插进口袋或将手搭在其他物品上，身体不得斜靠墙柱、墙壁等。

(4) 解答乘客询问时，要耐心有礼，面带微笑，认真听取乘客的意见，耐心回答讲解，不得边走边回答，更能不理不睬，也不得以摇头、点头等方式回答乘客，应站稳或停下手中的工作面对乘客认真回答。如工作确实无法终止，应请乘客稍等，并在工作后第一时间回答乘客，并表示适当的歉意。对自己无法回答的询问，应请教同事，不得误导乘客，不得相互推诿。

(5) 员工穿着制服在乘车、候车中，原则上不得坐在椅子上，要主动维持乘客候车、乘车秩序，帮助乘客。

(6) 穿着制服时，当与乘客相遇时，应主动点头致意侧身避让，避免碰撞乘客，与乘客视线接触时，应点头微笑表示尊敬。

(7) 对违反地铁有关规定的乘客应耐心解释，委婉劝解，尽量站在乘客的角度，从乘客的安全、利益等方面做出合理的解释与劝解。

(8) 为乘客引路或指引时，应手掌稍微倾斜、掌心稍向上，五指并拢，前臂自然上抬，应使用手掌指路，不得用手指指路。指示方向时，应面带微笑，自己的眼睛看(望)目标方向，忌用手指点乘客和自己。

(9) 得到乘客协助应该致以真诚的谢意。对乘客造成不便时应该致以诚挚的歉意。

(10) 与有需要服务的乘客距离较远时，不能高声呼喊乘客，应主动上前询问。

(11) 对已下班，但仍穿着制服的员工，其行为举止一律按在岗时的标准执行。

三、乘客服务礼仪

乘客服务礼仪，是指车站服务人员在服务工作中向乘客表示尊敬的礼貌和礼节，是车站工作人员必须遵循的服务规范。掌握服务礼仪，做到礼貌待客，是做好地铁乘客服务工作的先决条件。塑造现代服务礼仪礼貌，不单是服务人员的工作需要，也是一个人道德文化修养的直接体现。

(一) 日常礼貌用语

1. 见面语

“早上好”、“下午好”、“晚上好”、“您好”、“很高兴认识您”、“请多指教”等。

2. 感谢语

“谢谢”、“劳驾了”、“让您费心了”、“拜托了”、“麻烦您”、“感谢您的帮助”、“谢谢您的理解或协助”等。

3. 致歉语

“对不起”、“请原谅”、“很抱歉”、“请稍等”、“请多包涵”等。

接受对方致谢致歉时：“别客气”、“不用谢”、“没关系”等。

4. 告别语

“再见”、“欢迎再次光临”、“祝您一路顺风”等。

(二) 文明服务用语

(1) 用语规范，时刻注意使用十字文明服务语言：“您好、请、谢谢、对不起、再见”。

(2) 在为乘客服务时，应根据不同乘客的语言习惯使用相应的语言，如普通话、粤语、英语等。

(3) 回答乘客问题或使用人工广播时，应语调沉稳、圆润，语速适中，音量适宜，避免声音刺耳或使乘客惊慌。

(4) 在工作中与乘客交谈时，应根据乘客的不同身份使用恰当的称呼用语如先生、女士、小朋友、阿婆、同志等，不得使用“嘿”、“喂”、“那位”等不礼貌或带有侮辱性的语言称呼乘客。

(5) 当遇众多乘客询问时，要从容不迫一一作答，不能只顾一位而冷落其他人，对暂时不能回应的应示意请乘客稍等，并表示适当的歉意。

(6) 当没有听清乘客意见、建议或问话时，应礼貌地请求乘客复述，并适时表示歉意。

(7) 在听取乘客意见或建议时，应态度热诚、用心倾听，并适时做出相应的回应，并对乘客表示感谢。

(8) 乘客表示感谢时，应微笑谦逊地做出回应。

(9) 在按规定对违章乘客进行处罚时，应态度和蔼、得理让人，不得使用斗气、噎人、训斥、顶撞、过头及不礼貌的语言。

四、乘客进站环节车站服务内容

(一) 乘客进站引导

有乘客询问如何乘车或厅巡在巡视时发现有不明确乘车程序的乘客，应主动耐心地上前询问：“您好，请问有什么可以帮您的？”如乘客的问题当事员工不知道，应先回复：对不起，请您稍等。然后用对讲机询问车控室。

(二) 乘客进站时

(1) 将物品度量器摆放在进闸机明显的地方，有利于工作人员进行测量和乘客进行识别。

(2) 当乘客携带超长、超重的行李时，应向乘客解释：“对不起，您所携带的物品超长(超重)，请您改乘其他交通工具好吗？”

(3) 乘客携带气球(宠物)进站时，厅巡及时制止，并向乘客解释：“对不起，为了安全(保持车站清洁)起见，请您先把气球放了气(先把宠物包装好)再进站好吗？”

(4) 乘客进站时乱扔乱吐：

- 厅巡及时制止，并解释：“对不起，请不要在公共场所乱扔乱吐，下次请注意。”
- 厅巡立即通知保洁进行清扫，不得影响车站的美观环境。

(5) 当乘客持危险物品进站时，应对乘客说：“先生(小姐)，为了您和他人的安全，请勿携带危险品进站乘车。”

(6) 在站厅、出入口楼梯处看到老、弱、病、残等需要提供帮助的乘客时，应及时给予提醒：老人家，您好，为安全起见，请您从楼梯/液压梯行走，好吗？

(7) 员工上岗前，应仔细检查岗位职责内涉及的环境设施和业务设施，发现积水等卫生问题应及时放置“小心地滑”警示牌，通知保洁人员做好环境卫生工作，如发现破损应当及时报修。

(三) 乘客在进站环节问询的处理

(1) 车站如何报警？

——请找地铁公安或拨打 110。

(2) 使用过期的车票是否算无效车票？

——是的。

(3) 如果地铁故障，能不能退票？

——可以。

(4) 乘客可免费携带多少行李？

——可带长 1.6 米以下、体积 0.06 立方米以下、重量 20 公斤以下的物体。

(5) 一个大人可带多少个小孩免费乘车？

——名成年人可以免费带一名身高不足 1.1 米的儿童乘车。携带超过一名儿童的，应按超过的人数购票。

(6) 为什么不可携带气球乘车？

——如果气球飘进站台轨行区，可能会对地铁接触网造成影响。

(7) 如果乘了相反方向的地铁该怎么办？

——在下一站下车，然后搭乘正确方向的列车。

(8) 为什么不能携带家禽、宠物等进站乘车？

——《××市地下铁道管理条例》有规定。

(9) 请问车站哪里可以打电话？

——有 IC 卡电话，请走这边(指向公用电话处)

(10) 我能在哪里吸烟(车站内)？

——车站内不能吸烟。

(11) 为什么不能在地铁站内作商业拍摄？

——如要拍广告、设备资料请先联系公司宣传部。

(12) 请问可以用升降梯吗？

——老人或残疾人可以使用。

(13) 地铁装修是否都采用防火材料？

——是的。

五、“任务单”中的案例解析

(一) 案例一解析

1. 分析

引导员在服务工件中不按标准作业，未严格使用标准用语，对意见大的乘客未做好耐心解释工作，且对乘客品头论足，造成乘客不满，是此事件的主要原因。

2. 定性

无责乘客投诉。

3. 技巧指引

(1) 加强对员工服务标准的培训和教育，将此事在交接班会上分析、传达，防止同类事件的再次发生。

(2) 举一反三，提高员工为乘客服务的意识，主动为乘客排忧解难。工作中严防不耐烦的情绪出现。

4. 处理原则

教育员工在岗位上严禁对乘客指指点点、品头论足，讲不标准的语言。

5. 小提示

一张笑脸乐相迎、一句良言三冬暖、一个动作送真情。

(二) 案例二解析

1. 分析

(1) 引导员着装不整，头发长而蓬乱，上岗时行为举止不雅，对待乘客不使用文明用语，遇到乘客问题互相推诿，严重违反了《乘客服务工作标准》中的3.3.1、3.3.2、3.3.3项规定。

(2) 当班厅巡在回答乘客问题时边走边回答，严重违反了《乘客服务工作标准》中的3.3.2项规定。

(3) 当班售票员在票亭与跟岗学员聊天，严重违反了《乘客服务工作标准》中的3.3.2项规定。

(4) 客值在回答乘客问题时没有使用礼貌用语，对乘客提出的问题不做正面回答，推诿，严重违反了《乘客服务工作标准》中的3.3.2项规定。

(5) 值站不虚心接受乘客的建议，在乘客话未说完时就急着辩解，严重违反了《乘客服务工作标准》中的5.1.1.3项规定。

(6) 值站当班期间没有对当班员工的服务态度做好监控，造成整班员工服务意识薄弱，服务水平过低，负此次事件管理责任。

(7) 站长在日常服务工作中没有严格管理，加强培训，造成车站员工服务意识薄弱、服务水平偏差，负此次事件管理责任。

2. 定性

根据《车务部考评管理办法》以及《车务部考核细则标准》对相关人员进行了考核并进行通报批评。

3. 技巧指引

(1) 加强对员工“两纪一化”的教育以及管理并形成良好的工作气氛。

(2) 当乘客对员工的提醒有异议时，员工不易直接反驳，先用肯定句接受乘客意见再婉转提示乘客，杜绝与乘客发生正面争执。

(3) 对表现好的员工给予肯定并进行相应的奖励，以提高员工的工作积极性。

(4) 作为值班站长要有全局意识，要起到带头榜样作用，做事情一定要恰当。

4. 处理原则

(1) 对乘客提出的问题无论是否合理都应该耐心地听取并婉转地接受。

(2) 要树立乘客至上的服务理念，尽量满足乘客提出的合理要求。

(3) 严格按照乘客服务标准的要求，回答聆听乘客问题时要停下手头的工作站立回答。

5. 小提示

严格按照乘客服务标准中要求工作，树立良好的集体荣誉感，坚持乘客至上的原则。

【任务实施】

1. 以小组为单位对乘客进站环节服务的关键点、标准答客语进行演练。

2. 设计现场模拟环境，学生根据已学知识，分小组进行角色扮演，学会正确处理乘客进站环节的各种服务问题。

3. 上述任务完成后，进行小组自评和互评，最后教师讲评，取长补短，开拓完善知识内容。

任务二　乘客购票服务

【任务描述】

在乘客进入站厅时，城轨车站服务人员应根据乘客的情况提供不同的服务。如果乘客是自助购票，要关注自助售票机的工作情况，及时做出应对；如果有乘客到客服中心进行储值票充值，应按照售票岗位标准准确售票或对车票进行处理和接受乘客问询。

任务单

请对下面两个案例进行处理。

1. 服务态度差顶撞乘客

事情经过：

乘客 18:15 时在某站，询问售票员是否可办理一卡通充值，该员工头也不抬且不予理睬，当乘客第四次询问时,其服务态度十分恶劣并大声对乘客说:“等一下可不可以,我不怕你投诉”，并冲出票亭与乘客争执。

2. 员工欠缺服务技巧

事情经过：

上午 10:30 左右，有一位身材比较高大、大概 70 岁左右的老人拿着老免卡一路小跑到 A 端票亭前，要求售票员激活老免卡，售票员看到票亭前已有六七个乘客在排队，其中也有老人，于是，售票员对该老年乘客说：“麻烦你到后面去排队。” 售票员当时说话的声音比较大声，这位老人认为他态度不好，也很大声地说：“老人不是有优先权吗？” 售票员指引这位老人看后面也有几位老人正在排队，说：“其他老人也很守秩序，个个都在排队，麻烦你到后面排队。”这位老人一边骂他一边走到后面排队，售票员没有说话。排到这位老人时，售票员按规定激活了这位老人的老免卡后，老人对售票员说要投诉他，售票员就将服务总台的电话告诉了老人。由于售票员没有认识到此次事件的重要性，所有事后没有向上级领导汇报。

【知识准备】

一、乘客购票环节车站服务内容

1. 当乘客询问如何购票时

主动指引乘客，耐心指导：“如果您需要买单程票，可以用 5 元、10 元纸币或硬币直接在自动售票机上购票，如无零钱，请您先在票务中心兑零，然后到自动售票机处购买，如果您需要买储值票，可直接在票务中心购买。”

如乘客不会使用 TVM，员工应主动带乘客到 TVM 前，详细示范给乘客看，帮其购买车票，并指引其入闸。

2. 乘客兑换硬币

售票员严格执行“一收、二唱、三操作、四找”的程序，排队超过 5 人时，售票员立即站立服务，加快兑零速度，排队超过 8 人时，请示值班站长加人实施双人兑零方案，或者加设临时兑零点。厅巡加强引导，尽可能使两端票务中心乘客数均衡。乘客售票程序参考表 8-1。

表 8-1 乘客售票程序

步骤	程序	内　容
1	收	收取乘客购票的票款。
2	唱	讲出票款金额，重复乘客要求的购票张数和车票类型，如未听清乘客的要求，应主动礼貌地询问。
3	操作	正确、迅速地操作： ① 检验钞票真伪，如钞票为伪钞，则要求乘客重新更换钞票。 ② 在半自动售票机上选择相应功能键，处理钞票。
4	找零	清楚说出找赎金额和车票张数，将车票和找赎的零钱一起礼貌地交给乘客。

3. 办理充值业务(见表 8-2)

表 8-2 办理充值业务程序

序号	服务情景	服务用语	服务举止、要求
1	乘客到票亭前	您好。	面向乘客微笑
2	乘客同意加值	请问加多少钱？	
3	收乘客纸币	收您××元。	
4	分析车票	请确认您的余值××元。	手指引乘客看显示器
5	加值后分析	请确认您的现值××元。	手指引乘客看显示器
6	给乘客车票和找零	这是您的车票，找××元，请点好。	钱、票一起给乘客，轻放

如设备故障，应礼貌解释：对不起，因为设备故障暂时不能加值，请您到其他加值点加值。

4. 收到残币或假币时

应说：“对不起，请换一张钞票。”

5. 当乘客需要双程票等无法提供的服务时

“对不起，目前我们没有这种服务(没有这种票出售)。”

6. 厅巡发现票亭前排长队，有乘客手持 5 元、10 元、20 元零钞时

应主动用手提广播向排队乘客宣传：“有 5 元、10 元、20 元零钞的乘客请到自动售票机处购买车票。”

7. 厅巡发现一端票亭前排长队，另一端票亭乘客较少

应主动用手提广播向排队乘客宣传：“各位乘客，本站另一端乘客较少，为了节省您的购票时间，请到另一端购票。”

8. TVM 需要更换票筒钱箱或故障维修

厅巡应向乘客解释：对不起，这台售票机/闸机暂停使用，请稍等，或请使用其他售票机/闸机，谢谢。

9. 办理老免票激活

老人到票亭前将票放入窗口后，应主动提示：您好，请出示您的老人证。激活后将票证还给老人，并说：请拿好。

10. 办理乘客超程、超时(见表 8-3)

表 8-3　办理超程、超时业务程序

乘客超程需要补票			
序号	服务情景	服务用语	服务举止、要求
1	乘客到票亭前	您好。	面向乘客微笑
2	乘客表示不能出闸	请稍候。	分析车票
3	分析后	您的车票值是××元，从××站到××站需要××元。请补××元。	面向乘客微笑
4	乘客交钱	收您××元。	
5	处理后	找您××元，请清点好车票和现金。	票、钱轻放
乘客超时需要补票			
序号	服务情景	服务用语	服务举止、要求
1	乘客到票亭前	您好。	面向乘客微笑
2	乘客表示不能出闸	请稍候。	分析车票
3	分析后	请问您大约在什么时间进站乘车？	面向乘客微笑
4	乘客回答后	对不起，您进闸时间超过 120 分钟，按规定需要补 8 元。	
5	乘客交钱	收您××元。	
6	处理后	找您××元，请清点好车票和现金。	票、钱轻放

11. 如何处理乘客无票(遗失车票)(见表 8-4)

表 8-4　办理乘客无票(遗失车票)业务程序

序号	服务情景	服务用语	服务举止、要求
1	乘客到票亭前	您好。	面向乘客微笑
2	乘客表示乘客无票或车票遗失	××(称呼)，按规定，您需要补全程票价××元。	面向乘客微笑
3	需要易人处理时	请稍候，我请其他工作人员向您做具体解释。	请车控室安排其他员工在 2 分钟内到现场

12. 原则上票亭不可出现缺币/缺散钱的情况

如遇硬币或零钱不足的情况，应向乘客耐心解释："对不起，这里的硬币(零钱)刚好兑换完，请您稍等或到另一个票务中心兑换。"并立即通知客运值班员增配硬币。

13. 乘客在购票环节问询的处理

(1) 一、二号线票价是如何定价的？是否与一号线定价方式一样？

——地铁二号线采用分段计价，每相邻两站之间为 1 个区间，每 3 个区间为 1 个段，起价 2 元，每进入下一段加收 1 元。定价方式与一号线一致。

(2) 二号线车票还享有尾程优惠吗?

——对不起，现在地铁车票没有尾程优惠，这个促销活动已经搞完了。

(3) 请问二号线全程票价多少钱?

——8 元。

(4) 请问一号线转乘二号线票价如何计算?

——从入闸车站算起，每三个站为一段，起步价 2 元，每超过一段加收 1 元。

(5) 请问储值票怎样扣费?

——我们是按乘坐车程扣费，从入闸车站算起，每三个站为一段，起步价 2 元，每超过一段加收 1 元，转乘也是如此，普通储值票每次扣费享受 9.5 折优惠，老人储值票每次扣费享受 5 折优惠，学生储值票享受 7 折优惠。

(6) 地铁票价是否一直都是最高票价 6 元?

——不是，现在最高票价是 8 元，但是地铁采用分段计价，每相邻两站之间为一个区间，每三个区间为一个段，起价 2 元，每进入下一段加收 1 元。随着地铁线路的延长，车站的增加，最高票价也会变动的。

(7) 请问车票面值划分有多少种?

——10 种，单程票分为 2、3、4、5、6、7、8 元七种；储值票分为老人储值票、成人储值票、学生储值票三种。

(8) 地铁的票价是如何制定的?

——报省/市物价管理部门审批执行。

(9) 非本地老人能否享受优惠?

——对不起，按照规定只有××市的老人优待证才能享受优惠。

(10) 老人票有什么优惠?

——60 岁至 65 岁(不含 65 岁)的××市老人车票扣费时享受 5 折优惠；65(含 65 岁)岁以上，并持有××市老人优待证的老人乘车免费。

(11) 什么时候外地老人也可以优惠?

——等候政府公告。

(12) 请问小孩乘地铁有优惠吗?

——1.1 米以下的小孩免费乘坐地铁，1.1 米以上的小孩可以凭学生证购买学生储值票，享受 7 折优惠。

(13) 学生储值票有什么优惠?

——学生储值票享受 7 折优惠。

(14) 请问买储值票有什么优惠?

——成人储值票 9.5 折，老人储值票 5 折，学生储值票 7 折。

(15) 请问怎么购买团体票，团体票有什么优惠?

——请到车站票务中心办理，团体票 30 ~ 100 人(不包括 100 人)9 折优惠，100 人(包括 100 人)以上 8 折优惠。

(16) 残疾人乘车有无优惠?

——残疾军人持残疾军人证可免费乘坐地铁。

(17) 军人乘车有优惠吗?

——革命伤残军人、盲人凭有效证件可免费乘坐××市地铁(只限××市户口的盲人)。

(18) 使用公共交通卡乘坐地铁有没有优惠?

——与成人储值票一样享受 9.5 折优惠。

(19) 请问地铁单程票有没有优惠?

——现在地铁单程票没有优惠，请你注意地铁的促销活动，到时候可能有优惠。

(20) 请问车票如何加值?

——请持车票到票务中心办理。

(21) 请问我应如何去购票?

——如果您有 5、10、20 元纸币或者 5 角、1 元的硬币就可直接至自动售票机上购买单程票。如果没有，就到票务中心兑零，兑零后去自动售票机上购买单程票，购买储值票请到票务中心办理。

(22) 请问购买地铁车票能使用外币吗?

——对不起，我们只接受人民币。

(23) 请问到哪里买票? 到××地方多少钱?

——边引导边说：购买单程票请到售票机，储值票请到票务中心办理。到××地方××元。

(24) 学生票如何购买?

——请你携带学生证到票务中心购票，使用时必须携带学生证。

(25) 请问能用信用卡购票吗?

——对不起，现在地铁还没有开通这个业务。

(26) 请问 TVM 一次最多可以买几张车票?

——一次最多只能购买 6 张单程票。

(27) 请问单程票有效时间是怎么确定的?

——在购买车站当日有效(可在票务中心查询或在 TCM 上查询),进站乘车时间为 120 分钟，如到时未出闸将要补交全程车资。

(28) 请问车票到哪里拿发票?

——请您在出闸时到车站的票务中心拿发票。

(29) 请问小孩多高就要买票?

——按照票务规定，身高超过 1.1 米的儿童必须购买车票。

(30) 什么人可以购买学生储值票?

——××市内的中/小学生及职高、中专、技校的学生都可以购买学生储值票。

(31) 请问公共交通卡可以购买地铁单程票吗?

——不可以。

(32) 请问多买的车票可退回吗?

——对不起，按照票务规定不可以给您退票。

(33) 可以帮我买票吗?

——对不起，我只可以教您买票，请跟我来……

(34) 去××站要买多少钱的车票?

——××元(按实际情况回答)。

(35) 购买储值票为什么要收取押金?

——因为储值票有一定成本，按照我们的票务政策购买储值票要收取押金 20 元。

(36) 请问地铁最低票价是多少?

——现在××地铁的最低票价为2元。

(37) 请问我可不可以在票务中心购买单程票?(看实际情况)

——可以。

——对不起,请你到自动售票机上买票。

(38) 我可以一次买10张单程票吗?

——可以,但是单程票只作当天使用,售票机一次最多只能购买6张单程票,你要多买几次。

(39) 请问储值票可退票吗?

——可以,你可到票务中心退票。

(40) 请问我的车票折坏了,怎么办?

——请持身份证到票务中心办理相关手续。

(41) 如何查看车票使用纪录?

——请到票务中心或者在验票机上查询。

(42) 请问如果我的车票内余值不够一程车费,怎么办?

——请你到车站票务中心充值后,再乘车。

(43) 请问买车票时为什么有的硬币售票机接受,有的不接受?

——硬因为硬币有磨损,磨损多了售票机就不接受了。

二、“任务单”中的案例解析

(一) 案例一解析

1. 分析

(1) 售票员服务意识淡薄,回答乘客询问没有按要求使用文明礼貌用语;欠缺服务技巧,在乘客不满后没有耐心向乘客解释,而是视而不见、避而不答。之后,当值班站长向其了解事情经过时,该售票员在乘客面前争辩事情对错,情绪激动,给解释工作增加了难度,对此事负主要责任。

(2) 当班值班站长没做好各岗位巡查监控,负直接管理责任。

(3) 站长没做好车站服务管理工作,对此事负管理责任。

2. 定性

一类有责投诉。

3. 技巧指引

(1) 组织召开部级分析会,深刻剖析该投诉事件发生的原因,并举一反三,查找不足。相关当事人和各级管理人员作出深刻反省和检讨。

(2) 各站通过交班会等多种形式对此投诉进行分析讨论,教育员工要牢固树立“乘客为先”的服务意识,坚持“乘客永远是对的”服务理念;保持积极的服务心态;以让乘客满意为最终目标,主动做好乘客解释工作;以此为戒,杜绝类似事件发生。

(3) 各站组织车站管理人员加强对员工日常服务技巧的培训,切实有效地开展服务情景对话演练,真正使员工将服务工作技巧融合到日常工作中去,融会贯通,学以致用。

(4) 各站要进一步落实层级管理、责任制度,提高班组长的管理水平和岗位责任心。站长/值班站长要增强服务工作预见性,班前、班中针对各岗位的服务关键点对员工工作出提醒,班后对员工的服务工作作出客观的点评,出现乘客事务时要及时赶到现场作出妥善处理。

4. 处理原则

落实《乘客服务工作标准》的有关要求；回答乘客询问要热情、主动、文明、有礼，乘客误解时要耐心解释，最终使乘客满意。

5. 小提示

乘客永远是对的！

(二) 案例二解析

1. 分析

(1) 售票员向乘客解释不到位，乘客在没有平息怒气的情况下离开并进行了投诉，是事件发生的主要原因，售票员负主要责任。

(2) 当售票员对乘客的解释未令乘客满意，且乘客表示要投诉时，该售票员未及时通知值站到现场处理，化解矛盾，是事件发生的次要原因。

(3) 值班站长对本班员工的工作监督检查不到位，是事件发生的次要原因。

2. 定性

无责乘客投诉。

3. 技巧指引

(1) 各站在员工大会和交班会上认真学习此事件，并对原因进行分析，提高员工的服务意识，所有员工引以为戒，认真从此事中吸取教训，防止类似事件的发生。

(2) 各站组织员工学习《一类～三类有责投诉分类》。

4. 处理原则

加强与乘客之间的沟通，及时做好乘客解释工作。站务员、值班员的解释不能让乘客满意时，必须及时通知值班站长到现场处理，乘客问题尽量在本站内处理，防止事态扩大化。

5. 小提示

先达标、后提高，抓达标、促提高！

【任务实施】

1. 以小组为单位对乘客购票环节服务的关键点、标准答客语进行演练。
2. 设计现场模拟环境，学生根据已学知识，分小组进行角色扮演，学会正确处理乘客购票环节的各种服务问题。
3. 上述任务完成后，进行小组自评和互评，最后教师讲评，取长补短，开拓完善知识内容。

任务三　乘客进闸服务

【任务描述】

在乘客进闸时，城轨车站服务人员应立岗服务；纠正进闸的不恰当行为；为携带大件行李乘客开边门；对进不了闸的乘客指引其到乘客服务中心；制止饮食乘客；监督特种票使用。

任务单

请对下面两个案例进行处理。

1. 乘客对车站及服务总台的解释不满，打 110 报警

事情经过：

2013 年 6 月 16 日晚 19:30 左右，某站值班站长与夜班客值在去点钞室时，路过南站厅，厅巡反映有一女乘客自述其带女儿在南端站厅(闸机编号：EN19)买票进闸，由于小孩没有超过 1.1 米不用买票，所以女乘客用一张票进站，让小孩跟在大人的后面，闸机关门时扇门夹到了小孩的头。值站听后马上走到乘客面前询问情况，见小孩身高约 0.9 米，头部无伤痕，便对小孩进行了安抚，向乘客做好了解释工作，但女乘客要求值站出具地铁闸机扇门夹到她女儿头部的证明，值站听后向乘客解释车站不能出具此类证明。女乘客听后就说：“你不能决定就找你的上级。”于是值站致电站长、分部主任，得到回复：因地铁无此规定，不能为乘客出具此类证明，请值站做好解释工作。于是值站再次向乘客解释，但乘客仍不接受，于是值站将服务总台电话提供给乘客，请其向总台咨询，于是乘客记下值站、客值的工号致电服务总台，总台在向车站了解了具体情况后向乘客作出了解释，但乘客也不满意总台的解释，于是打 110 报警，公安到场后为乘客做了笔录，后乘客离开。

2. 乘客携带家禽进站，护卫用对讲机说粗话，引起乘客不满

事情经过：

2013 年 3 月 9 日 19:45 左右，有三名乘客在 D 口站厅准备购票时，站厅护卫发现他们携带鸡、鸽子等家禽进站，便向其解释动物不能带进站，但乘客却固执地要求车站出示相关规定给他看，值站收到通知后用对讲机讲请乘客稍等。在此期间，站台护卫用对讲机问乘客是男是女，另一站台护卫用对讲机问：“是谁，这么嚣张！”，被乘客听到，乘客误认为是骂他，一定要护卫上来向他道歉，值站向乘客解释，但乘客拒不接受，还向总台投诉，后来乘客写下《乘客意见记录表》等待合理答复。

【知识准备】

一、乘客进闸环节车站服务内容

1. 乘客进闸环节的服务内容

(1) 对第一次使用车票进闸的乘客，特别是老年乘客，厅巡要协助他们使用车票，耐心告诉乘客：“请您右手持票，并将票放在黄色验卡区上方，听到“嘀”的一声响后进站。入闸后请您保管好手中车票，出闸时仍需使用车票。”当乘客有摩擦票等不恰当行为时，应予以纠正：“您把票放在验卡区上方 10 厘米范围内就可以验票了，无需摩擦。”

(2) 对携带了大件行李而不便进闸的乘客，厅巡可以让乘客在进闸机上验票并空转转杆后(以防其他无票乘客转杆进站)，为该乘客打开通道门进站，并告诉乘客保管好车票。

2. 处理乘客持票进不了站

(1) 发现乘客进不了站，如果显示为进出站代码错位，要求乘客到票务中心处理：先生(小姐)，请将车票拿到票务中心交给工作人员处理一下。

(2) 发现持储值票的乘客进不了站，如果显示车票余值不够，对乘客说：先生(小姐)，您的车票余值不够，您可到票务中心加值或先买张单程票乘车。

3. 乘客乘坐电梯的引导

扶梯上乘客较多时，利用站厅广播向乘客宣传“请右侧站稳，左侧通行”以加强引导。

4. 老年乘客坚持乘扶梯而拒绝走楼梯的引导

(1) 进闸后，劝老人走楼梯或由家人陪同下到站台，或由厅巡陪同老人一起下扶梯，送至站台。

(2) 利用广播宣传“老人乘坐扶梯请由家人陪同”。

5. 制止乘客进闸时的饮食行为

乘客在进闸时如果正在饮食，厅巡应该马上制止，并向乘客解释：“为了保持车站及车厢的卫生，请勿在入闸后饮食，谢谢合作！”

6. 乘客在进闸环节问询的处理

(1) 一张票能几个人使用吗？

——不可以，一张票只能一人使用。

(2) 学生使用学生储值票未带学生证如何处理？

——如果学生使用学生储值票未带学生证，必须补交全程最高票价出站。

(3) 乘客的一卡通在进站时坏了的处理：

——乘客可以先在票务处查询，如真的坏了，车站工作人员会开具一张“办理凭证”，乘客持该凭证连同一卡通到一卡通客户服务中心办理换卡。

二、“任务单”中的案例解析

(一) 案例一解析

1. 分析

(1) 员工在处理事件的过程中，能够保持良好的服务态度，并能够及时安抚乘客，没有与乘客发生任何争执。

(2) 在处理过程中，员工的服务技巧仍有所欠缺，在语言表达及解释工作方面没有与乘客达成共识，使到乘客打110报警。

(3) 车站在处理类似事件时，员工只知道公司规定不能给乘客任何的书面证明，但在乘客解释方面没有一个明确的指引。

(4) 车站对服务技巧的培训不够。

2. 定性

无责乘客投诉。

3. 技巧指引

(1) 车站应加强对员工日常服务工作中的技巧进行检查、监督，发现问题及时指正。

(2) 当乘客对解释提出异议时，先用肯定句接受乘客意见，再婉转提示乘客，并使用其他方式再次向乘客解释，务求与乘客达成共识。

(3) 工作时要实现服务角色的非个性，即：承担服务角色时，要抛弃个人的性格、习惯和不良情绪，将最谦逊的一面展现给乘客。

(4) 做好服务投诉的记录，要求员工进行讨论、学习，使员工吸取教训、经验，不断提高服务技巧。

4. 处理原则

(1) 不能与乘客发生正面争执。

(2) 对乘客的解释要婉转，要做好乘客的引导工作，一切从乘客的角度出发。

5. 小提示

(1) 进入服务者角色，从乘客的角度思考问题，从乘客的立场处理问题。

(2) 在日常的工作中，注意对乘客的观察，了解乘客的需求。

(二) 案例二解析

1. 事件分析

(1) 车站护卫在工作时间，违反车站《对讲机使用管理规定》，用公司劳动用具讲粗口，是造成乘客投诉的主要原因。

(2) 车站护卫违反车站《对讲机使用管理规定》，用公司对讲机打听与自己工作无关的事宜，是造成此次投诉的次要原因。

(3) 值班站长当班不能认真检查本站人员的工作情况，做好监控，及时制止员工违规违纪行为，是造成此次投诉的重要原因。

2. 定性

无责乘客投诉。

3. 技巧指引

(1) 态度强硬、比较固执的乘客总是有的，作为工作人员，应该有足够的耐性.

(2) 当我们为乘客考虑了很多解决方案最后都不可行的时候，我们可以让乘客了解他的做法让我们很难处理，但不能埋怨乘客，而是共同商讨最佳解决方案。

(3) 员工在向乘客解释时，应面带微笑，态度和善、语气平和。

(4) 员工不能出口粗话，不能将个人情绪带到工作上，注意文明用语的使用，不能让乘客误会是在针对乘客，以乐观的态度面对工作中所受的委屈。

4. 处理原则

(1) 当班期间要使用标准服务用语，不能使用对讲机说脏话。

(2) 乘客不满后，要立即异人处理，做好乘客解释工作。

5. 小提示

不该讲的不讲，不该做的不做。

【任务实施】

1. 以小组为单位对乘客进闸环节服务的关键点、标准答客语进行演练。

2. 设计现场模拟环境，学生根据已学知识，分小组进行角色扮演，学会正确处理乘客进闸环节的各种服务问题。

3. 上述任务完成后，进行小组自评和互评，最后教师讲评，取长补短，开拓完善知识内容。

任务四 乘客候车服务

【任务描述】

乘客在城市轨道交通车站站台候车时，站务员立岗对候车行为进行监督和提醒；制止吸烟和小孩子追逐打闹等行为；关注老人、精神有异常的人等特殊乘客；处理乘客物品掉落轨道，维持站台候车秩序，做好列车晚点解释工作。

任务单

请处理下面两个案例。

1. 员工服务态度差，乘客打 110 报警

事情经过：

某站站台护卫A在站台巡视时发现有七八名学生倚靠屏蔽门，上前劝说后与乘客发生争执，随后护卫 A 用对讲机呼叫厅巡、D 口通道护卫 B 到站台协助。通道护卫 B 赶到站台进行劝阻后，一名学生避开工作人员打 110 报警。此时厅巡和值站赶到站台，厅巡见该名学生在下行方向的扶梯处大声吵嚷，便走过去，用手搭上学生的肩膀，想把他拉到人少的地方，该名学生认为厅巡的行为有恐吓意味并再次打 110 催促公安到场处理。后经公安调解该名学生取消了 110 立案离去。

2. 未能做好信息沟通，造成错误指引乘客

事情经过：

17:40 左右，A 站站台护卫向车控室汇报一女乘客的车票不小心掉在了上行线轨道上。经询问乘客得知，该乘客是准备去 B 站，掉下去车票的是一张 3 元单程票。此时列车准备进站，值班站长通知站台，让乘客出站再补票，乘客听后态度非常恶劣，并在大骂为什么不可以马上捡回，这是什么态度……在站台影响较大，值班站长考虑到是一张单程票掉下轨道，行调是不会让车站即时拾回，而且现在正是运营高峰期，站台是一人接车，于是值班站长按习惯做法联系 B 站行车值班员，请该站开边门放行，同时告诉 B 站行车值班员该乘客乘坐的车次，当时 B 站行车值班员同意开边门，于是 A 站值站通知站台，叫乘客到 B 站找工作人员。约 18:30 左右，B 站值站打电话来说她不会给乘客开边门，她要乘客补 6 元出站，但乘客不愿意，A 站值站告诉她此事已经和他们车站的行值联系好了，B 站值站说即使乘客到了 B 站也不开边门，并要求乘客补 6 元，当时 A 站值班站长也没办法，就让 B 站值站先垫 6 元解决乘客出站，最后派人将 6 元送到 B 站。

【知识准备】

一、乘客候车环节车站服务内容

1. 对站在黄色安全线边缘或蹲姿候车、倚靠屏蔽门的乘客如何进行安全教育

(1) 通过车站固定录音广播、人工广播向乘客宣传(以 2 ~ 3 次为宜)，强调：“站台候车的乘客，请勿越出黄色安全线/蹲姿候车，谢谢合作！”

(2) 站台岗员工不断加强巡视，如发现有乘客越出黄色安全线或蹲姿候车，应用手提广播

提醒，并注意语气和使用文明用语：“(站台候车的乘客，)请勿越出黄色安全线/蹲姿候车，谢谢合作！”。

(3) 如发现乘客手扶/依靠屏蔽门，应及时走近或用手提广播提醒：您好，请勿手扶/依靠屏蔽门，排队候车，谢谢合作。

(4) 发现身体不适或年龄较大的乘客，可指引他们到候车椅上休息。

2. 当发现乘客吸烟时的劝阻

发现有乘客吸烟，应立即制止乘客行为，并有礼貌地解释：“先生，对不起，为了安全，地铁站内禁止吸烟，请您熄灭烟头，谢谢合作！”

3. 对小孩子在站台追逐时的劝阻

站台岗员工应特别提醒家长带好自己的小孩，不要让他们随意在站台上奔跑，及时上前制止正在追逐打闹的小朋友，并强调：“地面很滑，容易摔倒，请家长照看好自己的小孩，不要在站台追逐、打闹、奔跑。”

4. 当站台有老人、精神异常等特殊乘客时的处理

(1) 发现有老人、小孩候车，应重点留意并指引他们到座位上等候。

(2) 发现有精神异常的乘客，立即通知车控室处理，并重点留意他们的动态，同时加强维持站台的候车秩序。

(3) 发现有身体不适的乘客，应主动上前询问情况，并指引他们到座椅上休息，若乘客感到很不适，应立即通知车控室处理。

5. 当乘客有物品掉下轨道时的处理

(1) 站台岗员工应立即提醒并安抚乘客：“请勿私自跳下轨道，我们的工作人员将会尽快为您拾回物品，谢谢合作！”

(2) 站台岗员工再用对讲机通知车控室处理，同时要确保乘客不能有跳下轨道的行为。

(3) 如掉落物品不妨碍行车安全，可与乘客解释，并请乘客留下联系方式，待员工取回后交还。

6. 列车晚点，延误乘客时间

(1) 值班站长在列车晚点 10 分钟以上，应立即采取措施，通知各岗位列车晚点，做好对乘客的解释工作。

(2) 用标准广播，向乘客播放相关票务政策，为乘客提供全面的服务让乘客满意。

7. 对站台候车秩序的维持

(1) 发现站台候车乘客较多时，应该用车控室广播和站台手提广播宣传：“站台候车的乘客，请按箭头排队候车，谢谢合作！”

(2) 当发现站台头部/两端/尾部候车乘客较多时，应该用车控室广播和站台手提广播宣传：“站台候车的乘客，为便于您乘车，请到乘客较少的站台两端/尾部/头部候车，谢谢合作！”

(3) 发现乘客抢上抢下时，应及时提醒：您好，请您耐心等候下一趟车。

8. 乘客候车环节的问询处理

(1) 物品掉下轨道怎么办？

——请马上与工作人员联系，耐心等候，不要跳下站台，我们做好安全措施后会尽快处理。

(2) 我的物品掉下了轨道，能帮我拾上来吗？

——可以，请稍等。

(3) 如果发生有人掉到轨道上有没有让车停下来的措施？

——有，车站的控制室，站台均设有紧急停车按钮。如工作人员发现有危险或者有人掉下轨道，可按压在站台(红色)的紧急停车按钮，但如在非紧急情况下按压将罚款 2 000 元。

(4) 屏蔽门故障如何上/下车？

——请听从工作人员(或列车、车站广播)的指引上下车。

(5) 为什么车门在闪烁时不能上/下车？

——因为车门灯闪烁表示车门即将关闭，为防止车门夹人，车门灯闪烁时不要强行上车。

(6) 为何只有××号线有屏蔽门？

——在××号线建设时还没有，但将来会进行改造。

(7) 屏蔽门是中国地铁特有的吗？

——不是，是引进国外的技术。

(8) 为什么不能在地铁站追逐打闹？

——为了乘客的人身安全，因为在车站打闹不仅妨碍了车站运作，而且影响了对其他乘客的服务，同时对自己也不安全。

(9) 屏蔽门是否会夹人？

——只要乘客正常上/下车就不会夹人，万一夹人，屏蔽门会自动重新打开。

二、“任务单”中的案例解析

(一) 案例一解析

1. 分析

(1) 站台护卫 A 缺乏层级观念，缺乏服务技巧，在乘客不听其劝阻、与其他乘客争吵的情况下，没有及时向车控室汇报或通知值站，而是叫其他当班员工帮忙，是此次事件的起因。

(2) 厅巡用手搭乘客的肩膀，与乘客有身体接触，使乘客受到惊吓而打 110 报警，违反《乘客服务工作标准》中的规定，是此次事件的主要原因。

(3) 当班值班站长没有有效监控车站当班情况，出现的问题未能合理控制，妥当处理，对此事件负直接管理责任。

(4) 厅巡、护卫 B 层级管理意识淡薄，在没有经过值站批准的情况下就擅自离岗，在一定程度上影响了车站的正常运作。

(5) 站长没有做好员工的日常服务教育管理工作，对此事件负管理责任。

2. 定性

此事件因乘客未向服务总台投诉，故未定责。根据《员工诫勉规定》，其他违反劳动纪律、安全纪律及部门各项规章制度的行为，情节轻微的，给予该站厅巡部级诫勉处理。

3. 技巧指引

(1) 车站应加强对员工的日常管理，树立层级观念，增强团队意识，服从车站统一管理。

(2) 当乘客对员工的提醒有异议时，员工不易直接反驳，先用肯定句接受乘客意见，再婉转提示乘客，杜绝与乘客发生正面争执。

(3) 工作时要实现服务角色的非个性，即承担服务角色时，要抛弃个人的性格、习惯和不良情绪，将最谦逊的一面展现给乘客。

(4) 当与乘客意见相左、乘客情绪激动或靠自身能力已不能使乘客满意时，应第一时间通知站长/值班站长到现场处理。

(5) 不能主动与乘客有身体接触。

4. 处理原则

(1) 不能与乘客发生正面争执。

(2) 对违反地铁有关规定的乘客应采用解释、诱导、委婉的语言，尽量站在乘客的角度解释这样做是从乘客安全、利益的角度出发的。严禁对乘客大声呵斥及有推、拉、扯、拽、不文明手势等行为。

5. 小提示

真正进入服务者角色，从乘客的角度思考问题，从乘客的立场处理问题。

(二) 案例二解析

1. 分析

(1) A站值班站长，在乘客单程票掉下轨道且乘客不同意补票后，未向上级请示汇报，而是与B站联系开边门放行，并在沟通方面出现问题，负主要责任。

(2) B站行车值班员最初擅自同意A站开边门；同时未向值班站长汇报，导致事件不能及时解决，并进一步恶化；该值班员应负主要责任。

(3) B站值班站长处理乘客事务敏感性不够，工作不能从乘客出发，不能从大局着想，未采取措施避免乘客事务进一步恶化，也未及时向上级汇报，该值班站长也负主要责任。

(4) A、B站站长应负管理责任。

2. 定性

二类有责投诉。

3. 技巧指引

(1) 从这件案例当中，我们得到了一个教训：必须大事化小，小事化无，而不是故意把事情激化，造成有责投诉。

(2) 组织全体员工认真学习《乘客投诉管理办法》中的一类至三类有责乘客投诉分类，定期检查学习效果。

(3) 组织全体员工学习事件的发生原因以及车站在处理过程中的不足，举一反三，吸取教训，防止同类事件的再次发生(如列车晚点、设备故障等客观原因)，对于类似事情应灵活处理，不能以主观意识行事。

(4) 加强员工的思想意识教育，提高对乘客问题处理的敏感性，做好跟踪，杜绝乘客投诉事件发生。

4. 处理原则

对特殊事件的处理，各岗位、车站要做好信息沟通，应及时上报室领导采取措施，防止事件扩大、恶化，将影响减少到最低，并且要锻炼好应急处理能力，不能死板行事。

5. 小提示

以真情换理解，以笑脸迎乘客！

【任务实施】

1. 以小组为单位对乘客候车环节服务的关键点、标准答客语进行演练。

2. 设计现场模拟环境，学生根据已学知识，分小组进行角色扮演，学会正确处理乘客候车环节的各种服务问题。

3. 上述任务完成后，进行小组自评和互评，最后教师讲评，取长补短，开拓完善知识内容。

任务五　乘客出闸服务

【任务描述】

乘客在城市轨道交通车站出闸时，站务员立岗组织乘客有序出站；制止超高小孩子逃票、成人逃票、成人违规使用车票等行为；协助携带大件物品的乘客开边门放行；处理手持车票出不了闸的乘客事务。

任务单

请处理下面两个案例。

1. 员工缺乏投诉处理技巧，未能及时处理乘客投诉

事情经过：

6 月 10 日 8:10 左右，一位男乘客在某站 B 端出闸时，看到工作人员后，便询问当时的厅巡：“你们站长在吗？我有事找她。”厅巡回答：“站长不在，还未上班，请你多等 10 分钟左右。如果叫当班值班站长可以吗？”男乘客说：“可以。”接着厅巡马上用对讲机通知行车值班员叫当班值班站长到站厅，在乘客等候期间，厅巡询问乘客有什么事，但乘客不肯讲，厅巡也没有追问。值班员接报后去找值班站长。因为此时值班站长可能在点钞室监督客运值班员之间的交接，行值打电话到点钞室，客运值班员回复：值站已经离开点钞室。于是行值便开始广播通知：“值站听到广播后请与车控室联系”。接着用对讲机呼：“值站，请到站厅”，但还是没有回复。约 2 分钟后，乘客又问：“你们值班站长出来了吗？”于是厅巡再用对讲机通知行值：“请通知值站快点到站厅。”行值回答：“好的”并继续找值班站长。男乘客又等了约两分钟后，说：“我不等了，要去洗手间，我是想同你们站长反映一件事，就是我的单程票是在票务处买的，而不是在售票机上买的，为什么会这样？”男乘客说完就立即从出闸机出站。后来值站到达车控室后，回复刚才在洗手间。行值向其反映：“有乘客事务。”行值询问厅巡：“乘客还在站厅吗？”厅巡说“乘客已经走了。”

2. 与乘客争对错，造成恶性投诉

事件经过：

2004 年 4 月，某站早班厅巡站在站厅 B 端闸机处引导乘客出闸，这时一名女乘客正准备抱着一个女孩出站，由于女孩看起来已经较高，厅巡走过去说：“女士，您的小孩已经很高，麻烦

你带小孩过来量一下身高是否超过 1.1 米，如果超过需要补票。”女乘客带小孩出闸后在 1.1 米身高度量标尺前量身后发现小孩已超过 1.1 米。于是厅巡带乘客到票亭补票，但当乘客听到需要补票 8 元时非常生气，厅巡又再次向乘客解释了票务政策，乘客很气恼，拉起小孩就往出入口走，厅巡追出去，并用对讲机报车控室。值班站长在听到报告后立即带引导员跑到现场，看到乘客正在十分生气地与厅巡讲理。值站立即让引导员将厅巡拉开并上前询问乘客有什么需要帮助处理的，并向乘客解释规定。乘客表示同意度高，经度量，该名乘客的女儿脱鞋后的身高刚好为 1.1 米。此时厅巡又再次走过来说：“小孩乘坐地铁是穿着鞋子的，那现在就要穿着鞋子量。”乘客激动地对值站说：“你的员工这是什么态度啊？这分明是有意刁难我，浪费我的时间，她的员工号是多少？我马上去投诉她。”值班站长听乘客说要投诉，连忙向乘客解释，希望乘客将此事交由车站处理，但乘客以赶时间为由拒绝了，随即离开。

【知识准备】

一、乘客出闸环节车站服务内容

1. 有秩序地组织乘客出站

厅巡加强对出闸机的巡视，并通过人工广播的形式向乘客进行关于“请将单程票投入闸机回收口”等宣传。

2. 如何处理超高小孩逃票、成人逃票或违规使用车票的乘客

(1) 发现无票的超高小孩或故意逃票的成年人，应马上上前制止，礼貌地请乘客出示车票：您好，请出示您的车票。如乘客无法出示车票，应按地铁票务政策规定，请乘客补票或按有关规定进行罚款。

(2) 若乘客态度不好且不愿补票(交罚款)，应耐心地向他们解释地铁的票务政策；若乘客故意为难工作人员，可找公安配合。

(3) 若发现违规使用车票的乘客(特别是成人使用学生票、年轻人使用老人免费票或老人半价票等有意逃票的行为)，可按执法程序执法，必要时找公安配合。

3. 携带大件物品的乘客

对携带大件物品且不便出闸的乘客，厅巡应马上为乘客开边门，对需要买行李票的行李，厅巡应向乘客收回车票，并将车票放入出闸机回收。

4. 乘客手持的车票出不了站

(1) 厅巡发现出不了站的乘客或听到求助门铃响后，应及时赶到现场，请乘客到票务中心的补票窗口办理。

(2) 向乘客做好解释工作：“对不起，您的车票已超乘，按规定补交超乘车费 × ×元。”或者：“对不起，您的车票已超时，按规定需补款 × ×元。”

5. 售票员处理补票口车票

(1) 当付费区与非付费区均有人时，要向乘客做好解释工作，并向其中一边的乘客解释：“请稍等，待会帮您处理。”，一般情况下，以付费区优先为原则处理。

(2) 将车票分析后，通过显示器告诉乘客，需要补票或者车票过期等信息。

6. 乘客出闸环节的问询处理

(1) 没带钱如何补票出站(手持单程票)?

——请致电您的亲戚或朋友给你帮忙。

(2) 我的车票丢在车厢里了，怎么办?

——请你说出具体车厢位置，我们将尽全力帮你寻找。如车票丢了，对不起，请重新购买车票。

(3) 为什么补票要补全程?

——对不起，这是《××市地下铁道管理条例》上的规定。

(4) 我想珍藏车票，请问可否留一张车票作纪念?

——对不起，地铁车票用完以后必须回收(纪念票除外)。

(5) 请问我的票已放在验票区，为什么我过不去?

——对不起，可能车票有问题，请你到票务中心分析车票。

二、“任务单”中的案例解析

(一) 案例一解析

1. 分析

(1) 客观情况：开始时乘客不肯讲为什么要找值班站长，后来乘客反映的事情内容不太具体(没有提到在哪个站购买的车票)，说完后就走了，并没有留下联络方式和要求车站要给他答复，导致车站对此事不重视，没有向分部、总台汇报和对此事进行跟踪。

(2) 厅巡不重视乘客事务，不主动处理乘客事务，当乘客需要找值班站长时只是简单地传达，是此事的主要原因。

(3) 行车值班员对信息不作处理和分析，只是简单地起到“传声筒”作用，同时缺乏处理技巧，在厅巡再次催促值班站长而又找不到值班站长时没有采取其他处理方法，如让厅巡、客运值班员处理或告诉乘客值班站长暂时因××原因不能到现场，是此事的主要原因。

(4) 值班站长到车站不能传达信息的卫生间(没有广播)没有通知车控室和带对讲机，导致不能及时处理乘客事务，是此事的次要原因。

2. 定性

二类有责投诉。

3. 技巧指引

(1) 接到乘客事务或投诉的通知后，值班站长要在2分钟内赶到现场。具体要求有：

① 车站检查站内、站外对讲机信号和广播没办法通知到的地点，值班站长如需要到这些地点要先通知行车值班员。

② 如值班站长因事不能在2分钟内到现场，行车值班员要向乘客说明并安排客运值班员或厅巡暂时处理。

(2) 车站员工在有乘客事务、乘客反映问题时要主动向乘客了解事情的经过，要主动处理乘客信息，不能简单汇报了事。

(3) 乘客事务尽量请乘客到会议室处理并做好书面记录,尽量请乘客留下电话以便跟踪处理。

(4) 乘客事务和投诉车站要做好记录和乘客信息保密工作，并于当天向分部客管和分管主任汇报。

(5) 车站发生投诉，车站站长要在接到投诉4个小时内调查出大致原因。

4. 处理原则

(1) 当有乘客投诉时应及时请乘客到会议室，并书面记录乘客的投诉。如乘客因有急事要离开，或车站值班站长无法亲自处理而乘客只愿意向值班站长反映问题时，可请乘客留下电话和给乘客车站电话，事后由值班站长亲自向乘客了解情况并做好书面记录。

(2) 乘客投诉要当天内向分部汇报，对于给乘客回复承诺的投诉要重点说明。

5. 小提示

急乘客所急，才是追求完美服务的法宝。

(二) 案例二解析

1. 分析

(1) 事情发生的同时，厅巡走过来插嘴补充解释，这是对乘客及上级的及其不尊重，完全没有“服从领导、统一指挥”的团队精神，只是一味地急于解释争辩，令乘客感觉是在与她争吵，车站缺乏严格管理，员工不服从上级指挥。这是造成此次投诉的主要原因。

(2) 值班站长没有完全地将当事人与乘客隔离，而是仍然让厅巡站在站厅，与乘客有语言接触，不利于乘客稳定情绪和乘客解释工作的开展。这是造成此次投诉的主要原因。

(3) 厅巡在处理乘客事务时虽然坚持了原则，但欠缺乘客服务技巧，只是一味地向乘客讲规定，没有从乘客角度出发去思考问题。造成了矛盾的升级，让乘客误以为是在刁难她。这是造成此次投诉的次要原因。

(4) 厅巡在发生乘客事务时，没有第一时间报告值班站长出来处理，等到矛盾激化后才报告给值站，延误了投诉处理时机。这是造成此次投诉的次要原因。

(5) 值班站长在得知乘客要投诉厅巡的同时，没有立即采取措施向乘客解释，并让当事人向乘客道歉，争取乘客的谅解，这是造成此次投诉的部分原因。

2. 定性

二类有责投诉。

3. 技巧指引

(1) 在处理乘客事务时应使用婉转的语气，不能斗气，用话噎人，训斥、顶撞乘客。

(2) 在岗位上不能带有个人情绪，要学会控制个人情绪。

(3) 车站员工应熟悉相关的票务规章，按规章操作。

(4) 要从乘客的角度出发，不要让乘客误以为员工在刁难自己。

4. 处理原则

(1) 当员工与乘客发生争执时，应及时采取措施将当事人隔离，以防止矛盾激化。

(2) 当员工处理不了乘客事务时，应及时通知上级到场处理。

(3) 加强对员工的服务培训，提高员工的服务技巧。

(4) 车站员工应服从车站管理。

5. 小提示

(1) 在岗位上不能讲不该讲的话。

(2) 在不能及时处理事务时，应易人易地处理并防止当事人与乘客有语言的接触。

(3) 员工有错时，应及时向乘客道歉以争取乘客的谅解。

【任务实施】

1. 以小组为单位对乘客出闸环节服务的关键点、标准答客语进行演练。

2. 设计现场模拟环境，学生根据已学知识，分小组进行角色扮演，学会正确处理乘客出闸环节的各种服务问题。

3. 上述任务完成后，进行小组自评和互评，最后教师讲评，取长补短，开拓完善知识内容。

任务六　乘客出站服务

【任务描述】

当乘客完成进站、购票、进闸、候车、出闸的环节后，整个地铁交通旅行就剩最后一个环节——出站。出站是城轨交通的最后一个环节，站务员在此环节对不明出站方向的乘客要有耐心地引导出站；主动引导逗留旅客出站；及时解答在出站环节的乘客问询。

任务单

请处理下面的案例。

1. 未能满足乘客需要

事情经过：

23 日上午，有一位乘客投诉他前几日在 A 站办理的一张 100 元的无效票，取票站是 B 站，但是到 23 日仍未办好。

经过调查后得知，当日下午 14:15 左右，该乘客在 B 站办理 OP103C，客运值班员到票亭办理，并按照乘客手中的 OP103C 的办理日期查看了 10 月 9 日 ~ 10 月 10 日的无效票通知书，发现该乘客的票的应得余值处写着："已移交 AFC，请乘客另等通知"。于是值班员继续查看后面下发的无效票通知书，当时车站能查看到的无效票通知书中，最后一张是办理 14 ~ 15 日上交的无效票的。而在所有这些无效票通知书中，都没有发现该乘客的车票信息。客运值班员就耐心地对乘客解释："对不起，由于您的票损坏得比较严重，我们票务部门一般的设备都不能读取信息，现已移交到专业部门去查询，可能时间会稍微长些。加上今天是星期天，我们节假日办理无效票是顺延的，麻烦您过一两天再来好吗？"该乘客听后还是担心车票是否真的查看不到信息，于是值班员就把 10 月 9 日的无效票通知书拿给乘客看，以消除乘客的疑虑。经过值班员的耐心解释，乘客基本上还是能够接受建议，并答应过两天再来看。而在 21、22 日该乘客都没有到车站来办理，直到 23 日由服务总台打电话来询问此事后，才通知乘客来办理。当时乘客的车票信息是在 21 日下发的办理 16 ~ 17 日上交的无效票通知书中。

2. 劝说为超高儿童补票无效，母亲舍弃女儿只身离去

事情经过：

8 月 22 日 9:30 左右，一名 30 多岁的妇女带着一个年约 10 岁的小女孩，欲通过地铁火车站出口时，火车站的工作人员发现女孩身高已超过 1.2 米，却未按规定购买全票，于是要罚这位妇女的款。但这位母亲表示女儿在进站时并没有工作人员要求购买全票，现在出站却要罚款，明显不合理。她坚称，补票可以，罚款绝对不接受；火车站工作人员则坚持要母亲交罚款，否则不让出站。双方争执了十几分钟，母亲一怒之下留下女儿扭头就走。女儿在身后大哭，工作人员则未有任何处理后散去，留下小女孩一人，满脸泪花不知所措。

【知识准备】

一、乘客出站环节车站服务内容

1. 乘客不确定出站方向

若乘客不确定自己出站的方向，车站员工应给予主动、热情的指引。

2. 乘客逗留

厅巡发现有乘客在地铁站逗留时间较长不出站，或坐在站厅的地上时，应及时问清乘客逗留的原因，礼貌地请乘客不要坐在站厅地面，并请乘客尽快出站，以免影响车站的正常客运工作。

3. 乘客出站环节的问询处理

(1) 请问储值票坏了怎么办？

——请携带身份证到票务中心办理相关手续。

(2) 毕业后，未用完的学生储值票如何办理？

——可以替换成成人储值票。

(3) 我捡了东西该交给谁？

——车站工作人员或警务人员。

(4) 地铁为什么没有厕所？

——因为列车间隔很短，所以不设厕所。你可以选择出入口外的商场的洗手间。

二、“任务单”中的案例解析

(一) 案例一分析

1. 分析

(1) 值班员对待乘客事务工作主动性不够，在乘客的 OP103C 需要延迟办理时间的情况下，应主动提出留下乘客联系电话，以便车票信息下发到站后立即通知乘客取票。

(2) 值班员在未经过确认的情况下，臆测“过一两天”可以取车票，并请乘客过一两天再来取票，如果无效票通知书不能在预期时间内下发到站，必将导致严重后果。

(3) 车站管理人员对待此次事件的敏感性不够，未主动向站务室或票务室提出尽快办理无效票；同时对地铁给乘客带来的不便未想方设法地使乘客谅解，导致乘客投诉。

2. 定性

无责乘客投诉。

3. 技巧指引

(1) 全体员工提高主动服务意识，想方设法及时弥补地铁给乘客带来的不便。

(2) 车站在交接班会上组织员工讨论学习，对此事件进行分析，吸取教训，杜绝此类事件发生。

(3) 认真学习《关于建立服务链体系的相关措施》、《乘客投诉管理办法》中一～三类有责乘客投诉的内容，11 月 30 日前组织一次考试，考试成绩于 12 月 2 日随文件交站务室客运管理员。

(4) 站长在对本站员工进行访谈时，了解员工心理，教育员工认识到服务岗位的职责，认识到个人前途与目前社会的就业压力，提高服务意识，让员工把自己定位在服务者的位置，做好服务工作。

4. 处理原则

在未经过确认的情况下，严禁臆测行事，告知乘客不确切的答案。

5. 小提示

想乘客所想、急乘客所急、帮乘客所需！

(二) 案例二分析

1. 分析

(1) 车站对票务政策的理解不透彻，给乘客错误的解释，缺乏服务的技巧，引起乘客的不满。

(2) 当车站与乘客发生纠纷时，第一时间要通知值班站长到现场处理，车站没有第一时间通知值班站长，导致争执的发生。

(3) 员工违反《乘客服务工作标准》，没有易人、易地、易时处理而与乘客发生争执。

(4) 车站在处理乘客问题时缺乏耐心，工作没有到位，没有使乘客满意而归。

(5) 值班站长未做好当班员工的管理工作，负管理责任。

(6) 站长未抓好员工的业务和服务的建设，负管理责任。

2. 定性

无责乘客投诉。

3. 技巧指引

只有公平、公正、合理，并遵循易时、易地、易人处理有关乘客问题，才能收到良好的效果。

4. 处理的原则

(1) 加强员工的业务知识和服务技巧的培训，提高员工的对客服务技巧和业务素质，为乘客提供优质服务。

(2) 车站的管理层加强对员工的管理，加强各员工之间的信息沟通，对乘客的投诉做到公平、公正、合理、使乘客满意而归。

(3) 车站在处理问题时不能“虎头蛇尾”，没有下文，要将乘客的问题当成自己的问题来处理，“急乘客之所急，想乘客之所想”，将工作进行到底。

5. 小提示

急乘客之所急，想乘客之所想，服务永无止境。

【任务实施】

1. 以小组为单位对乘客出站环节服务的关键点、标准答客语进行演练。

2. 设计现场模拟环境，学生根据已学知识，分小组进行角色扮演，学会正确处理乘客出站环节的各种服务问题。

3. 上述任务完成后，进行小组自评和互评，最后教师讲评，取长补短，开拓完善知识内容。

项目九

城轨交通乘客事务处理

【知识目标】

1. 了解投诉的分类、产生过程以及投诉的原因。
2. 掌握投诉受理及处理的方法和技巧。
3. 了解轻微客伤处理原则、处理程序及注意事项。
4. 基本掌握乘客物品掉落轨道的处理原则和处理程序。
5. 掌握乘客失物处理程序。

【能力目标】

1. 能正确对待投诉问题，具有正确受理和妥善处理投诉事件的能力。
2. 能通过优质服务减少投诉事件。
3. 能及时、快速、妥善地处理轻微客伤事件。
4. 能够正确处理乘客物品掉落轨道事件。
5. 能够正确处理乘客失物事件。

【项目导入】

项目学习引导书

在本项目中的学习任务是正确对待和处理乘客投诉和乘客轻微伤、失物处理、物品掉道的处理方法和流程等。

1. 乘客事务的分类

(1) 按事务性质可分为投诉、建议、咨询、表扬等类别。

(2) 按事务主体可分为人员服务类、设备设施类、公司政策类等类别。

(3) 按事务提交形式可分为来访、来电、来信、乘客车站留言、网站留言、电子邮件及媒体、其他部门转发等。

2. 处理乘客事务的基本要求

微笑服务、热忱主动；乘客为先、有理有节；坚持原则、灵活处理。

3. 乘客事务的处理原则

(1) 首问责任制原则：首位接待乘客的员工负责全程跟进乘客需求，并对乘客最终满意度负责。

(2) 投诉无申辩原则：在处理乘客投诉时，首先要为给乘客带来的不便向乘客表示歉意，处理过程中要关心乘客的需求，做到耐心、有礼，态度友善、语气温和，不能出现顶撞、推诿行为。

(3) 现场处理原则：受理乘客事务的个人或部门要尽量在现场处理完毕，确保事务处理的有效性。

(4) 满意原则：在处理乘客事务时，需迅速响应乘客的需求，尽量满足乘客的需要，做好服务补救措施，并及时将无法处理或乘客对回复不满意的投诉向上级反映，尽量使乘客满意。对于曾有投诉的乘客，服务总台定期电话回访并寄送地铁宣传资料，体现地铁对投诉乘客的关注和尊重。

(5) 及时原则：乘客事务必须及时处理，不能让乘客长时间等待。如当事人第一时间不能处理，应立即通知上级，相关人员接到信息后，必须在 3 分钟内到场为乘客处理相关事务。

4. 乘客事务的调查原则

事务调查遵循“四不放过”的原则：即投诉原因分析不清不放过；责任人和其他员工没有受到教育不放过；没有制订防范整改措施不放过；责任者没有受到严肃处理不放过。

在理论与实践的练习中，要求逐步掌握本项目中的所有技能，包括相关的背景知识。

任务一 乘客投诉处理

【任务描述】

作为城市轨道交通的客运服务部门，在服务过程中引起乘客投诉是很正常的，不能一味地恐惧投诉，厌恶投诉。作为服务行业，无法避免消费者的抱怨和投诉，即使是最优秀的服务企业，也不可能保证永远不发生失误或引起投诉。所以我们需要对投诉有一个清醒的认识，这样才能更好地处理投诉，更有效地改进服务工作并提高服务质量。

作为直接面向乘客的服务人员，应当以积极和欣赏的态度来看待投诉。

(1) 重视投诉。乘客的投诉大多是刺耳尖锐的、直接的、不留余地的。许多服务人员把投诉当成一个“烫手山芋”，希望最好不要发生。可是，对于企业来说，没有投诉的声音未必是个好消息。因为通过投诉往往可以暴露服务的薄弱环节。

(2) 欢迎投诉。乘客的投诉能使企业有机会回顾和检查在乘客服务中的不合适的地方。在投诉处理过程中，服务人员可以向乘客解释企业的规定和标准，从而使乘客和企业能够更好地理解和沟通。因此，作为服务人员，既不需要对投诉感到尴尬，也不需要带有畏惧和抵触的心理。

(3) 处理投诉。坚持安全第一、乘客至上，不推脱责任，先处理情感，后处理事件，包容乘客。

【知识准备】

乘客投诉可分为有责投诉和无责投诉两类，地铁应认真对待乘客的两类投诉，妥善进行处理。可指定部门受理，也可设立投诉热线处理乘客投诉。

一、投诉的处理原则

(1) 乘客投诉的调查处理工作要及时、客观、公正。

(2) 处理乘客投诉按“四不放过”原则，即投诉原因分析不清不放过、责任人和其他员工没有受到教育不放过、没有制订防范整改措施不放过、责任者未受到处理不放过。

(3) 车站受理乘客投诉时，应使用礼貌规范用语，认真聆听、及时填写《乘客意见表》，问清乘客投诉的原因，记录相关资料内容。

二、乘客投诉的途径

乘客可以通过以下途径提出投诉：乘客本人、乘客意见表、地铁热线电话、投诉信、新闻媒体等。

三、乘客投诉处理要求

(1) 严格执行有关信访制度。接受乘客投诉时，如有可能则及时澄清疑点；接受投诉不得推诿，必要时应及时上报有关部门领导。

(2) 对乘客来信，除车站站长(或其授权人)外，其他人员不得随意拆看；来信要认真登记、填写《乘客意见表》、检查落实，并将处理结果上报有关部门。

(3) 对乘客电话投诉，接电话的工作人员认真登记、填写《乘客意见表》，说明回复时间后，在规定时间报告站长(或授权人)。

(4) 对于上级转发过来的投诉，由值班站长认真登记投诉内容，说明回复时间后，在规定时间报告站长(或授权人)。

(5) 站长(或授权人)认真对投诉进行调查，在处理过程中经常与乘客保持必要的联系。

(6) 站长(或授权人)及时将投诉处理结果回复乘客，并表示感谢，力求使其满意；如果员工有过错，则应向乘客道歉及维护乘客合法权益。

(7) 站长(或授权人)将处理情况答复相关部门，对被投诉的相关责任人进行处理，组织员工进行学习谈论，吸取教训，制定改进措施。

四、乘客投诉受理标准

(1)“忍”。在受理乘客投诉时，不应表现出抗拒的姿态，即使明知是乘客的不对，也不要急于辩解和反驳，更不能与乘客发生争辩，应耐心听乘客讲完，弄清事实，恰当处理。

(2)“诚”。在受理乘客投诉时，即使不满意乘客的投诉，也应以诚恳的态度向乘客道歉，让乘客感觉到他的投诉受到重视，满足他们的自尊心，也便于工作人员更好地与乘客交流沟通。

(3)“速”。在受理乘客投诉时，区别不同情况，在征得乘客同意后作出迅速而恰当的处理，不应敷衍相互推卸责任。采取措施后，询问乘客是否需要进一步帮助。

(4)“理”。在受理乘客投诉时，应公平，公正，合理的处理乘客的投诉，对乘客做出合理的解释和正确的处理，不与乘客斤斤计较，得理让人，让乘客得到满意的答复。

(5)“礼”。在受理乘客投诉时，要礼貌热情的接待，耐心听取乘客意见，不卑不亢，对比较复杂有争议的问题，应查明真相，有理有节地作出处理。处理完毕后，要向乘客致谢，感谢乘客投诉及提出意见，促使地铁不断改进服务。

五、乘客投诉处理方法

乘客的投诉可由车站值班站长、站长及相关部门进行处理。在处理乘客投诉时，一般分三个阶段、七大步骤，即处理情绪阶段、解决问题阶段、最后回复阶段。

1. 处理情绪阶段

接受：不要把投诉看成个人的得失，用平和的语气对乘客表达有解决问题的诚意，用恰当的语言化解乘客的怒气。

道歉：对乘客表示为造成的不便诚心道歉。

确认：重视乘客的感受，请求乘客谅解并对乘客表示愿意帮忙。

2. 解决问题阶段

分析：专心聆听乘客的投诉，收集和分析资料，通过询问了解事情的来龙去脉。

解决：在职权范围内寻求解决方法和建议，若乘客不接受，尝试其他解决方法。

协议：重新确定乘客已协定的解决方案。

3. 最后回复阶段

回复：向乘客表达你的关心，并表示愿意帮忙，同时感谢乘客提出的投诉。

六、乘客投诉回复时间

对于投诉的回复时间，一般按以下标准：口头投诉为 3 个工作日内，书面投诉为 7 个工作日内。

七、乘客意见管理

建立“乘客意见管理台账”，并且每月编制报告。“乘客意见管理台账”的内容主要包括：

(1) 事件性质(设备设施、票务政策、人员服务、其他)；

(2) 乘客资料(姓名、身份证号、性别、年龄、联系方式)；

(3) 有关员工资料(员工姓名、编号、职务、工作地点)；

(4) 车票资料(类别、面值、余值、购买地点、日期、误用、过期、损坏等)；

(5) 有关设施资料(设施编号、地点、事件前后是否正常、不正常情况表现、乘客是否离开设施、历史记载等)；

(6) 已采取或将采取的行动(已解决、转交其他部门、纪律处分、奖励、其他)；

(7) 事件详细经过。

【任务实施】

案例：

某天下午在城轨车站站台，一位女乘客向站台岗反映：当列车开门时发现手机被盗，混乱中手机被小偷丢到轨道上。随后站台岗和乘客共同确认手机在下行站台 26 号屏蔽门对应的轨道附近，不影响行车。站台岗将此事汇报车控室，车控室指示：由于此时是高峰期，如现在拣必将导致列车晚点，如乘客坚持，车站可帮其汇报行调请点下线，但建议待运营结束后再帮其拾回。乘客表示同意。当晚运营结束后，由于车站票务、施工、巡视等作业需要，直到 11:40 才安排人员到线路捡手机，但并没有找到。其间已有两个线路巡检经过车站。于是乘客进行投诉。

1. 请你根据所学知识对上述乘客投诉进行正确处理。

2. 分小组进行角色扮演，然后进行小组自评和互评，最后教师讲评，取长补短，开拓完善知识内容。

任务二　乘客轻微客伤处理

【任务描述】

轻微客伤看起来并不是非常重要的乘客事件，但是处理不好就会给城轨运营公司带来诸多的负面影响和社会效应。因此正确、及时处理轻微客伤是站务人员必须具备的技能。

根据历年统计数据显示，客伤数量逐年增加，尤其是扶梯客伤时常发生，成为站务中心客伤处理的难点。目前客伤案件媒体关注度较高，医院的偏向性强，乘客的索赔意识强烈，常常采取纠集多人滞留车站不走、在网上或媒体上虚假宣传、直接到总公司争吵等不正常途径来解决问题，一味坚持“只要在地铁范围内受伤，地铁就应该负责”等错误观念，不听工作人员的解释，给现场客伤处理带来很大困扰。

有鉴于此，地铁站务中心以法律为准绳，以实践经验为指导，结合地铁范围内客伤的特点，针对各类客伤进行分类并给予责任界定的指引。

【知识准备】

客伤是指在地铁范围内发生的地铁外部人员及非在岗作业的地铁员工发生的人身伤害及伤亡事件的总称。轻微客伤是指在地铁范围内发生的地铁外部人员及非在岗作业的地铁员工发生的不需送往医院抢救、检查和治疗，可在现场简单包扎处理的轻微受伤。

一、客伤事件的处理原则

(1) 车站在处理客伤事件时要以维护地铁公司形象、保护地铁公司最大利益为原则，以人为本，给予乘客以必要的帮助。

(2) 车站在处理客伤事件时要第一时间进行取证，尽可能得到旁证及当事人签字确认。以事实为依据，客观记录，充分留下原始资料。

(3) 及时将(前期)处理结果报告相关部门，以备后续处理。

二、乘客人身伤害范围

1. 运输期间发生的乘客人身伤害

乘客自验票进入闸机时起至出闸机时止，对运输期间发生的乘客人身伤害，地铁承担运输责任。包括但不限于以下情况：

(1) 地铁设备设施损坏未及时修复且未设置警示、防护造成的；

(2) 地铁施工作业造成的；

(3) 列车紧急制动造成的；

(4) 地铁范围内的垂直电梯、自动扶梯突然停止运行或启动造成的；

(5) 屏蔽门、车门夹人造成的(属乘客强行上下列车的情况除外)；

(6) 地铁设备设施(垂直电梯、自动扶梯、屏蔽门、车门、闸机等)发生故障造成的；

(7) 车站或列车内湿滑未及时清理或设置防护警示造成的(因不可抗力造成的除外)；

(8) 闸机夹人造成的(乘客强行出闸，无票尾随出闸等情况除外)。

2. 在付费区内造成的其他非乘客自身责任的乘客人身伤害

(1) 无票人员在地铁付费区内发生的人身伤亡，比照乘客办理。

(2) 无票人员(包括已购票但未验票入闸的人员)在地铁非付费区内发生的人身伤亡，因地铁设备设施或管理所致的，比照乘客办理；因其自身原因所致的，原则上不予承担责任。

3. 地铁不承担运输责任的乘客人身伤害

有下列情形之一造成的乘客人身伤害，地铁不承担运输责任：

(1) 乘客违反《深圳市地铁运营管理暂行办法》而造成的乘客本人或他人伤害。

(2) 不可抗力造成的乘客人身伤害。

(3) 乘客自身健康原因造成的乘客本人或他人伤害。

(4) 能证明是乘客故意、重大过失造成的乘客本人或他人伤害。

(5) 因第三者责任(包括斗殴或制止斗殴)造成乘客人身伤害时，受害者直接向施害的第三者索赔，地铁公司原则上不予承担责任。

(6) 利用地铁站通道穿行或在车站逗留、休息等无票人员因自身原因造成的伤亡，地铁车站只提供基本援助(如拨打 120 等)，原则上不予承担责任。

三、轻微客伤的现场处理

在地铁发生乘客伤亡事件中，以乘客轻微受伤事件发生较多。乘客在地铁范围内轻微受伤，车站宜对伤势轻微的伤者进行现场简单包扎救助，若伤者需要可协助拨打 120 急救电话。

轻微客伤现场处理流程：

(1) 车站现场工作人员发现或接到受伤乘客求救时，须立即汇报当班值班站长(或站长)，并疏散围观群众，安抚和救助受伤乘客，提供应急的救护措施(特别注意孕妇、婴幼儿)，可判断已发生骨折患者，不能进行移动及使用药物，需由专业医护人员进行救治，避免责任风险。保护事故现场，寻找目击证人，劝留证人或留下证人联系方式。当班值班站长(或站长)担任临时应急处理负责人，应立即安排其他员工携带急救医药箱赶赴现场。

(2) 值班站长(或站长)在对伤者进行必要的现场急救的同时，应尽量对现场进行取证，询问当事人、证人了解事情经过，填写《客伤事件调查表》，并由当事人、证人签字确认。如有必要，可采取录音、拍照、录像等方式进行记录。

(3) 若伤者伤势较轻可以行走，可陪护伤者到车站会议室休息安抚或包扎上药，若伤者需要可协助拨打 120 急救电话。

(4) 若初步判断乘客受伤属于地铁责任时，车站应立即向有关部门、单位报告。伤者提出要求去医院检查时，车站可安排车站员工，陪同伤者前往医院，伤者在医院所花费用，经请示同意后，由车站在“伤亡紧急处理经费”中垫付(伤者费用低于 500 元时，值班站长(或站长)可自行决定)。伤者提出索赔时，车站应配合相关部门人员与当事人协商处理。

四、伤亡紧急处理经费管理

(1) 为保证乘客出现伤亡时的及时抢救和快速处理，地铁公司应设置乘客伤亡紧急处理经费。

(2) 各站所配经费由车站站长负责处置，值班站长保管，并遵照公司规定管理和使用。

【任务实施】

1. 利用实训室站台、站厅设备和医药箱等相关设备，设计轻微客伤的模拟现场，学生根据所学知识，分小组进行角色扮演，练习轻微客伤的现场处理。

2. 上述任务完成后，进行小组自评和互评，最后教师讲评，取长补短，开拓完善知识内容。

任务三　乘客失物处理

【任务描述】

粗心大意的乘客总是有的。有人丢手机、钥匙等一般物品，有人丢现金、电脑等贵重物品，作为城轨车站员工，拾获这些物品或者乘客捡到后交到车站的物品，必须对其保管、交接、认领、移交。

【知识准备】

一、乘客失物处理原则

(1) 车站对失物实行专人管理。车站客运值班员负责本站遗失物品的登记、保管、认领、移交。

(2) 遗失物品的清点、检查、登记、认领应由双人(客运值班员以上人员)同时进行。

(3) 失主认领遗失物品时，应描述失物特征，出示有效证件，车站当值值班站长或客运值班员核对无误并办理有关手续后，方可将失物交还给失主。

(4) 如遗失物品为违禁品、危险品、机要文件、大额现金或有价票据及贵重物品时，应立即转交地铁公安，车站保存移交记录备查。

(5) 遗失物品未交还失主前，车站应妥善保管，任何单位和个人不得侵占和挪用。

(6) 车站只办理当天失物的认领工作，隔日的失物认领统一到失物处理中心办理。

(7) 遗失物品在失物处理中心保管超过三个月的，按无人认领失物处理。

二、失物处理工作程序

(一) 一般失物处理程序

(1) 车站客运值班员与失物拾获人当面检查、核对失物，并详细填写《车站失物处理登记单》，注明失物数量及特征，双方签名确认。

(2) 根据《车站失物处理登记单》填写《失物标签》，并粘贴在失物上。

(3) 有失主联系资料的，先即时通知失主到车站认领失物。如无失主联系资料，车站应对失物做好妥善保管。

(4) 当天如无失主认领失物，车站应在当日运营结束前利用末班车(也可在第二天)将本站失物移交失物处理中心。

(二) 特殊失物处理程序

信(文)件、现金、危险品、违禁品和易腐物品等属于特殊失物，按以下程序处理：

1. 信(文)件

(1) 有“特快专递”、“挂号”、“机密”、“绝密”等字样或未付邮资的信(文)件，填写《车站失物处理登记单》后立即交站内地铁公安签收处理。

(2) 已付邮资的一般信件由车站代为投寄。

(3) 其他信(文)件按一般失物处理。

2. 现金及其他有价票据

(1) 2 000 元以内现金由车站当值值班站长与车站当值客运值班员双人核实，填写《车站失物处理登记单》后装入信封密封，并加盖个人私章后妥善保管。当日无人认领时，随《车站失物处理登记单》移交失物处理中心。

(2) 对现金总额在 2 000 元以上及现金及有价票据总额在 2 000 元以上的，车站应要求地铁公安介入协助，在填写《车站失物处理登记单》后移交地铁公安签收处理。

3. 危险品及违禁品

发现枪支、弹药、汽油、硫酸等易燃、易爆、腐蚀、剧毒物品时，车站人员在填写《车站失物处理登记单》后立即移交地铁公安签收处理。

4. 食品与易腐物品

(1) 食品与易腐物品不移交失物处理中心，可由车站自行处理。

(2) 有包装的食品保管期限为 72 小时，如无人认领由车站自行处理。

(3) 无包装的食品及易腐物品(如肉类、蔬菜等)，保管到当天关站时由车站自行处理。

5. 贵重物品

贵重物品如银行卡、证件、房产证、手机、相机、手提电脑、DV 机等，必须放入上锁的柜子，钥匙由当班行值负责保管(备用钥匙由值班站长和副站长或以上层级人员双人工字加封，保管在分管站长上锁文件柜或抽屉中)。拾获贵重失物当日，车站需在日况等其他栏反映，包括拾获物品名称/金额、拾获位置、拾获人员等，同时在次日中心站交接班会汇报，乘客认领或移交也需反映。

贵重物品的交接：

(1) 由拾获失物的员工与接收值班员及以上人员双人同时进行清点、确认，填写《车务部失物登记表》，注明名称、数量、特征、型号等，同时在《坐台人员登记本》重点事项栏上做好交接记录直至乘客到站认领或上交地铁公安。

(2) 如拾物为其他乘客/乘务分部/外部员工交给车站的，接收人员必须与拾获人员当面确认，如果乘客/乘务/外部员工上交的是现金，则需由车站两名员工同时与乘客/乘务/外部员工交接，如单人与拾获人交接时需在录像可监控到的地方办理交接或列出清单由拾获人确认，防止事后出现纠纷。

(3) 车站失物的交接由行值负责。行值在交接班过程中需现场核对《车务一部失物登记表》，确保账实相符。

(4) 如行值交接过程中发现账实不符，需立即报站长，相应损失由交班行值负责。

三、失物认领

(一) 一般失物认领程序

(1) 由认领人提供失物名称、遗失地点、遗失时间，车站或失物处理中心初步确认是否有认领人所提供的相符物品。

(2) 如有则请认领人提供两项以上最能表现失物特征的证明，如特征相符则由车站客运值班员及值班站长共同确认并办理认领手续。

(3) 认领人须凭本人身份证或其他有效身份证明办理领取手续，认领时要求认领人如实填写相关资料，并由双方在《车站失物处理登记单》上签名确认。

(4) 各车站只办理当天失物的认领，其认领手续按相关规定办理。

(5) 车站失物当天若无人认领时，应由当值客运值班员会同本站当值值班站长确认登记后交失物处理中心。

(二) 现金的认领程序及要求

(1) 车站拾得现金后，能及时找到失主的，按上述规定办理认领手续。其他情况下，现金的认领一律在乘客失物处理中心办理。

(2) 乘客认领现金时，确认认领人身份后方可办理认领手续，双方在《车站失物处理登记单》上做好登记签收后，即时与失主办理交接。

(3) 认领现金时，《车站失物处理登记单》认领事项中的证明人必须是车站站长或车站当值值班站长签名方为有效，其中 500 元以上 2 000 元以内的现金认领，其证明人必须是车站站长。

(4) 失物处理中心在办理 500 元以上 2 000 元以内的现金认领时，必须对《车站失物处理登记单》第二联进行复印备查。

四、失物存放及保管

(1) 失物处理中心必须对接收到的失物建立电脑台账，并对失物进行分类存放。

(2) 贵重物品，如钱包、手机、首饰、有价票据、现金存款单等，必须存放于保险柜内。其他物品，如雨伞、文件、证件等，可存放于储物架或文件柜内。

(3) 失物处理中心工作人员每季度必须对存放失物进行清理、造册，并按有关规定进行处理。

五、无人认领失物的处理

失物在处理中心保管时间超过 3 个月的，按无人认领失物办理。

(1) 对无人认领的地铁车票、现金，每月统计一次上交有关部门进行处理。共同交接时，并通知相关负责人到场监督双方交接。

(2) 对无人认领的银行磁卡，交还各发卡银行进行处理，银行不受理时由失物处理中心所在车站站长或值班站长及一名车站工作人员，将银行磁卡剪去一角交由车站保洁处理，但应通知相关负责人在场监督处理过程。

(3) 对于无人认领的普通证件、普通文件每半年清理一次，由处理中心所在车站站长或值班站长及一名车站工作人员清理后交由车站保洁处理，但此过程必须友人监督其处理。

(4) 其他无人认领失物每半年度清理一次，由失物处理中心统一造册，由相关负责人联系民政局或可接受捐赠部门进行处理。失物处理中心在交接无人认领失物时，相关负责人在场监督。

六、其　他

(1) 车站站长应经常检查遗失物品的登记、保管、移交情况，发现问题及时处理。

(2) 车站应保持《车站失物处理登记单》页码的完整，页脚编号不能出现少、断的情况。

(3) 失物处理中心与其他相关部门交接任何失物后必须保存相关记录，以便日后备查，并要及时通知相关部门人员监督执行交接过程。

【任务实施】

1. 设计乘客丢失物品的模拟现场，学生根据所学知识，分小组进行角色扮演，练习乘客丢失物品的现场处理。

2. 上述任务完成后，进行小组自评和互评，最后教师讲评，取长补短，开拓完善知识内容。

任务四　乘客物品掉落轨道的处理

【任务描述】

随着地铁客流不断增长，小件物品掉落轨道的情况也不断增多。据地铁站的工作人员介绍，乘客物品掉落轨道的事情在各个车站确实时有发生，掉落的物品也是五花八门，如地铁票、手机、书本、钱包、鞋子……这些都是掉进地铁轨道的“常客”。其中尤以手机、票卡最为常见。

由于各地铁站都安装有全高或半高式的屏蔽门，因此大多数乘客东西掉落道床后都会向工作人员求助。不过也有一些心急乘客曾想翻越屏蔽门，自己跳下站台去捡东西。为此，地铁方面应提醒乘客，切勿自行拾物，擅闯轨道或不当使用应急装置不但会影响地铁正常运营，还会危及乘客生命安全。

当物品掉下轨道后：

(1) 站台第一时间到现场确认，发现影响行车即刻按压相应方向的紧急停车按钮(ESB)，设置红闪灯做好防护，并报车控室，车控室按压 LCP 盘上紧急停车按钮，报告行调。由行调任命值班站长为事故处理主任在做好防护的情况下下轨道将物品捡拾上来，出清后报行调取消紧急停车。

(2) 站台第一时间到现场确认掉下物品不影响行车的，则处理如下：报告车控室，可由值班站长决定及时处理还是运营结束后处理。对于乘客有价值的物品，行调尽可能安排取物时间及时取出，取出前，车站安排专人看守。

【知识准备】

乘客物品掉落轨道时，有关岗位的作业如下：

一、站台巡视岗

(1) 接到乘客通知后马上将情况报告车控室，并安抚乘客。

(2) 立即到现场查明情况，向车控室汇报情况。如影响行车，则按压紧急停车按钮。

(3) 到监控亭拿挟物钳、隔离带到现场，隔离该处屏蔽门。

(4) 得到值班站长指示后，用钥匙打开该屏蔽门，将物品夹起。

(5) 得到值班站长指示后，恢复屏蔽门的使用，撤回隔离。

二、行车值班员

(1) 接到站台通知立即向值班站长汇报情况，通知厅巡到现场协助处理，并向行调汇报有关情况。

(2) 经站台保安确认后，向行调汇报物品是否影响行车。

(3) 接到值班站长的通知，向行调汇报有关情况，并要点(时间段)处理。

(4) 经行调批准后，按动紧急停车按钮，做好防护并通知值班站长可以实施处理。

(5) 线路出清后，报告行调销点，在 MCP 盘上按压取消紧急停车按钮，恢复正常运营。

三、值班站长

(1) 接行车值班员报告后，立即到现场查看有关情况。

(2) 确认物品是否可以用夹物钳夹起，并预计所需时间。

(3) 将情况通报车控室，要求行车值班员向行调请点处理；通知站台保安去监控亭拿夹物钳、隔离带到现场隔离该处屏蔽门，准备拾物；通知厅巡去监控亭拿信号灯到站台尾端墙做好防护准备。

(4) 行调同意后，通知厅巡做好防护。

(5) 如行调不同意运营时间处理，则登记乘客详细资料，待物品取出后通知乘客领取。

(6) 做好防护后通知站台保安将物品夹起，并疏散围观乘客。

(7) 物品夹起后通知站台保安撤回隔离，恢复屏蔽门的使用，通知厅巡收回防护信号。

(8) 确认线路出清向车控室报告。

(9) 做好相关记录，将物品归还乘客。

四、站厅巡视岗

(1) 接到行车值班员通知后，立即到现场协助处理。

(2) 接值班站长通知后去监控亭拿信号灯到站台尾端墙做好防护准备。

(3) 得到值班站长指示后在尾端墙手持信号灯做好防护。

(4) 得到值班站长指示后收回防护信号。

五、行　调

(1) 接到通知后，如物品影响行车，则扣停后续列车，安排车站取出物品。

(2) 如物品不影响行车，根据行车间隔和车站请点要求，作出适当安排。

【任务实施】

1. 设计乘客物品掉落轨道的模拟现场，学生根据所学知识，分小组进行角色扮演，练习乘客物品掉落轨道的现场处理。

2. 上述任务完成后，进行小组自评和互评，最后教师讲评，取长补短，开拓完善知识内容。

项目十

突发事件处理

【知识目标】

1. 掌握屏蔽门故障的处理方法；
2. 掌握列车车门、屏蔽门夹人夹物的处理方法；
3. 掌握地铁道床伤亡的处理方法；
4. 掌握电梯事件的处理方法；
5. 掌握紧急解锁手柄/呼叫按钮被拉/按下的处理方法；
6. 掌握车站水灾（水淹）、线路积水（区间水淹）的处理方法；
7. 掌握车站全部进/出站闸机故障的处理方法；
8. 掌握车站全部自动售票机故障的处理方法；
9. 掌握城轨车站全站停电的处理方法；
10. 掌握城轨交通火灾的处理方法。

【能力目标】

1. 能够及时处理屏蔽门故障；
2. 能够及时处理列车车门、屏蔽门夹人夹物事件；
3. 能够及时处理地铁道床伤亡事件；
4. 能够及时处理电梯事件；
5. 能够及时处理紧急解锁手柄/呼叫按钮被拉/按下事件；
6. 能够及时处理车站水灾（水淹）、线路积水（区间水淹）；
7. 能够及时处理车站全部进/出站闸机故障；
8. 能够及时处理车站全部自动售票机故障；
9. 能够及时处理城轨车站全站停电事件；
10. 能够及时处理城轨交通火灾。

【项目导入】

项目学习引导书

城市轨道交通日常运营中会出现设备故障、自然灾害、人为事件等突发事件，这些事件不仅会影响到正常行车，还会影响到车站乘客的安全和客流疏导。正确地组织突发事件中的客流，疏导、安抚、抢救个体乘客，联系社会力量共同应急处置突发事件，是城轨车站站务员、客运值班员、行车值班员、值班站长的基本职责。在本项目中的学习任务是：正确对待和及时处理屏蔽门故障、列车车门/屏蔽门夹人夹物、地铁道床伤亡事件、电梯事件、车站水灾（水淹）、线路积水（区间水淹）、车站全部进/出站闸机故障、车站全部自动售票机故障、全站停电、火灾等。

任务一　屏蔽门故障处理

【任务描述】

为了保证各地铁公司屏蔽门系统设备突发故障时，能及时组织抢险、最大限度地减少对运营的影响、降低经济损失、保证人员安全，各地铁公司均编制了屏蔽门应急处理程序，虽略有不同，但其目的与基本方法是一致的。

本任务介绍了屏蔽门故障处理的基本要求，并根据可能出现的 12 种故障，详细说明了各岗位工作人员的职责范围与工作重点。车站工作人员应该各司其职，认真学习相关处理办法，面对屏蔽门系统设备故障能够做到安全处理与正确操作。

【知识准备】

一、关键指引

(1) 发生屏蔽门故障时，应坚持“在确保安全前提下，先发车后处理”的原则，当无法隔离(旁路)时，应先发车后再处理。

(2) 与信号系统联锁后，在 RM、SM、ATO 模式下屏蔽门均可实现与车门同步开关；在反方向运行及 URM 模式下，必须使用 PSL 开关屏蔽门。

(3) 故障屏蔽门断电不能代替隔离(旁路)，要保持屏蔽门开启状态必须断电；要保证故障屏蔽门不影响行车必须隔离(旁路)。

(4) 因屏蔽门故障影响列车接发时，首列车接发不需使用互锁解除，后续列车(即自第二列起)使用互锁解除接发车。

(5) 操作尾端 PSL 仅在钥匙断在头端墙 PSL 锁孔时使用。

(6) 对不能关闭的单个或多个滑动门，必须设置安全防护栏或安排专人看护。专人看护时，原则上每个人可监护五档相邻屏蔽门。

(7) 整侧屏蔽门不能开关时，车站安排不少于 3 人到现场支援。

(8) 当一节车厢对应屏蔽门全部不能正常开启时，需至少手动打开一档滑动门，并将其隔离(旁路)和断电，引导乘客上下车。

(9) 故障屏蔽门修复后，由行调负责组织，车站和司机配合，利用下一列车进行一次相应侧的屏蔽门开关门试验。

(10) 在无列车停靠站台需要人工手动打开单个或多个屏蔽门时，车站必须征得行调同意，先将门隔离(旁路)和关闭电源，并密切注意 PDP 屏显示列车到站时间；当显示“列车即将到达”信息时必须停止操作。

(11) 车站屏蔽门备用钥匙要求统一放在监控亭，站台保安负责保管。101 号钥匙与 105 号、机械钥匙(丁字形钥匙)必须分开，不得连在一起。105 号钥匙与机械钥匙(丁字形钥匙)可连在一起。

(12) 对已开启的屏蔽门进行断电前，须征得行调同意，并按压紧急停车按钮防护。

(13) 就地操作 PSL 的技术要求：

① 开门时，要在“门关闭”位停顿 1 秒，再打到“门打开”位，并在“门打开”位保持 5 秒，确保屏蔽门全部打开。

② 关门时，要在“门关闭”位保持 5 秒，确保门全部关闭，屏蔽门 PSL“ASD/EED 门关闭”绿灯亮后，才可将钥匙回到禁止位，拔出钥匙。

二、屏蔽门故障各岗位人员行动指引(见表 10-1)

表 10-1　屏蔽门故障各岗位人员行动指引

故障现象	岗位	行动指引
1. 屏蔽门玻璃破碎	站台保安	(1) 发现玻璃破碎报告车控室，如是滑动门/应急门应将该门隔离(旁路)、断电； (2) 如玻璃未掉下来，将其左右相邻两档滑动门隔离(旁路)、断电后处于常开状态[端门破碎时将临近的 1#或 30#滑动门隔离(旁路)后处于常开状态]； (3) 使用封箱胶纸将破碎的玻璃粘贴住，并设置隔离带和张贴告示牌； (4) 加强对相关屏蔽门监督防护，提醒乘客注意安全。
	行车值班员	(1) 接报后，通知值班站长到场处理； (2) 做好乘客安全广播； (3) 通报行调、维修承包商、维修调度。
	值班站长	(1) 接报后组织员工处理，并赶赴现场； (2) 如玻璃掉下来则组织将其清扫；如掉到轨道影响列车安全应向行调报告，请点进入轨行区清理。
2. 使用 PSL 的专用锁匙断在锁孔中的处理	司机	(1) 如钥匙断在“门关闭”位，上下客完毕且屏蔽门已关闭，将连接 PSL 的 LITTON 接头从 PSL 上卸除，关车门动车后报行调。 (2) 如钥匙断在“禁止”/“门关闭”位，乘客尚未上下或断在“门打开”位时： • 立即将情况报车控室(使用站台直线电话，直线电话故障时报行调转达车站)，要求派站台保安到尾端 PSL 操作屏蔽门。同时将连接 PSL 的 LITTON 接头从 PSL 上卸除； • 待站台保安关闭屏蔽门后，关闭车门动车，并将情况报告行调。
	行车值班员	(1) 接报后，通知站台保安到尾端墙协助开关屏蔽门； (2) 通报行调、维修承包商、维修调度。
	站台保安	(1) 列车乘客未曾下车时，通过尾端 PSL 开启屏蔽门； (2) 确认乘客上下车完毕后，操作 PSL 关闭屏蔽门； (3) 后续列车到达对标停稳后通过尾端 PSL 开启屏蔽门；乘客上下车完毕(或列车开门约 20 秒后)，操作 PSL 关闭屏蔽门。
	行调	通知运行前方站交一新钥匙给司机。
	运行前方站值班站长	与司机交接新钥匙。
3. 列车进站时自动或紧急停车	司机	(1) 通过 ATC-MMI 查看确认为屏蔽门问题，立即向行调报告； (2) 如收不到速度码时，按行调指令 RM 模式进站； (3) 自动停车后收到速度码，列车正常进站； (4) 进站后不能 ATO 发车时，按照本程序第 9 条执行。
	行调	与车站确认站台安全后通知司机 RM 模式进站；
	行车值班员	(1) 查看车控室 MCP 盘“关门”绿灯是否常亮，亮则报告行调屏蔽门正常；不亮通知站台保安查看屏蔽门状态，确认站台安全后报行调； (2) 通报维修承包商、维修、监控调度及报告行调屏蔽门故障。
	站台保安	(1) 接到行值通知，查看屏蔽门门头状态指示灯是否报警，如指示灯报警，则将该档单元门进行隔离(旁路)，并报车控室；如指示灯不报警，无屏蔽门打开，报告车控室； (2) 如指示灯不报警首列车开车后，查看头端墙 PSL，如“ASD/EED 门关闭”绿灯不亮，使用互锁解除接发后续列车。
4. 列车到站后整侧滑动门不能同步开/关	司机	(1) 操作 PSL 开/关屏蔽门； (2) 将情况报告行调。
	行调	(1) 通报维修及监控调度； (2) 后续列车仍出现不能同步开关时，通知车站报维修承包商。

续表 10-1

故障现象	岗位	行动指引
5. 列车到站后，一个或数个滑动门不能正常打开	司机	(1) 视情况适当延长站停时间，并报告行调； (2) 乘客上下完毕后，关门动车。
	站台保安	(1) 将情况报车控室； (2) 引导乘客从正常的门上下车； (3) 在故障门上粘贴故障告示。
	行车值班员	(1) 多档门故障时报告值班站长和行调； (2) 做好站台乘客广播，引导乘客从正常门上车； (3) 通报维修承包商、维修调度。
	值班站长	(1) 多档门不能打开时，组织人员现场引导乘客从正常的门上下车。 (2) 当一节车厢对应屏蔽门全部不能正常开启时，需至少手动打开一档滑动门，并将其隔离(旁路)和断电，引导乘客上下车。
	行调	多档门故障时通知线上后续列车司机做好乘客广播。
	后续列车司机	多档门故障时，做好乘客广播，引导乘客从正常门下车。
6. 列车到站后，整侧滑动门不能打开(使用PSL仍不能开启)	司机	(1) 使用 PSL(头端墙)重新开门一次，如无效立即报车控室(使用站台直线电话，直线电话故障时报行调转达车站)； (2) 广播引导乘客自行手动开启屏蔽门上下车，同时报行调； (3) 凭站台保安“好了”信号，关闭车门动车(列车能收到速度码时，以 SM 模式限速 30 km/h 驶离车站)。
	行车值班员	(1) 通知站台保安手动打开滑动门； (2) 通报值班站长、行调、维修承包商和维修调度； (3) 做好乘客广播。
	站台保安	(1) 按每节车厢不少于一档门要求，手动打开滑动门，并将其断电： • 引导乘客从已开启门上下车； • 乘客上下完毕，开启的滑动门做好安全防护(或人工看护)后，向司机显示“好了”信号。 (2) 做好安全防护，对开启的滑动门采取隔离(旁路)。后续列车到站后组织乘客从已开启的屏蔽门上下车，乘客上下车完毕后，向司机显示“好了”信号。
	值班站长及车站他员工	(1) 按每节车厢不少于一档门要求，手动打开滑动门，并将其断电； (2) 引导乘客从开启门上下车； (3) 对开启的滑动门加强监督防护，对开启的滑动门采取隔离。
	行调	通知线上后续列车司机做好乘客广播，适当延长站停时间。
	后续列车司机	(1) 做好乘客广播，通知乘客从已开启的屏蔽门下车，适当延长站停时间。 (2) 列车能收到速度码时，以 SM 模式限速 30 km/h 驶离车站。
7. 列车发车前，一档或多档滑动门不能正常关闭	站台保安	(3) 单个门故障时，将故障门隔离(旁路)，向司机显示“好了”信号，待发车后手动将该门关闭，并张贴故障告示；无法旁路时，先显示“好了”信号，发车后再处理。 ① 两档门不能关闭时： • 将就近一档门隔离(旁路)后，手动将其关闭； • 到另一档故障门确认无夹人夹物后，向司机显示“好了”信号，待发车后将其隔离(旁路)和手动关闭，并张贴故障告示； ② 两档以上门故障时： • 立即报告车控室，对开启的滑动门设置安全防护； • 开启的滑动门做好安全防护(或人工看护)后(人工看护时原则上每个人可监护五档相邻屏蔽门)后，向司机显示“好了”信号； • 待列车出发后将故障门隔离(旁路)和手动关闭，并张贴故障告示； ③ 对手动不能关闭的滑动门，加设安全防护栏，并加强监督防护。
	行车值班员	(1) 通报行调、维修承包商、维修调度； (2) 后续列车加强车站站台乘客广播，引导乘客从正常门上车。
	值班站长	(1) 多档滑动门故障时，组织人员协助设置安全防护栏或人工看护(人工看护时原则上每个人可监护五档相邻屏蔽门)； (2) 组织人员对开启的滑动门加强监督防护；
	司机	(1) 报告行调； (2) 凭站台保安“好了”信号动车。

续表 10-1

故障现象	岗位	行动指引
8. 列车发车时，整侧滑动门不能正常关闭（操作PSL仍不能关）	司机	(1) 立即报车控室(使用站台直线电话，直线电话故障时报行调转达车站)；报告行调； (2) 凭站台保安“好了”信号以RM模式动车离站。
	站台保安	立即报车控室，并： (1) 对开启滑动门设置安全防护； (2) 开启的滑动门做好安全防护(或人工看护)后(人工看护时原则上每个人可监护五档相邻屏蔽门)，向司机显示“好了”信号； (3) 后续列车待乘客上下完毕做好安全防护后，向司机显示“好了”信号。
	行车值班员	(1) 通报值班站长、行调、维修承包商、维修调度； (2) 加强车站站台乘客安全广播。
	值班站长	接报后，组织人员加强对开启滑动门的监督防护(人工看护时原则上每个人可监护五档相邻屏蔽门)。
	行调	故障未消除前，向后续列车司机通报故障情况。
	后续列车司机	(1) 列车自动停车后，以RM模式驾驶列车进站，对标停车； (2) 凭站台保安“好了”信号以RM模式动车离站。
9. 列车发车时收不到速度码，但屏蔽门门头灯状态指示灯无报警	司机	(1) 如PSL“ASD/EED门关闭”绿灯亮，报告行调，根据行调指示RM动车； (2) 如PSL“ASD/EED门关闭”绿灯不亮，使用PSL尝试开关一次，仍不亮时，将情况报车控室(使用站台直线电话，直线电话故障时报行调转达车站)； (3) 报告行调，凭行调指示或站台保安“好了”信号动车。
	行车值班员	(1) 接报后，通知站台保安确认屏蔽门状态安全和无夹人夹物后显示“好了”手信号； (2) 通报行调、维修承包商、维修及监控调度。
	站台保安	确认屏蔽门无夹人夹物，向司机显示“好了”信号。
10. 使用PSL关闭屏蔽门，打到“禁止”位后屏蔽门自动打开	司机	(1) 立即报车控室(使用站台直线电话，直线电话故障时报行调转达车站)，要求派站台保安到头端墙PSL处协助处理； (2) 报行调； (3) 待站台保安关闭屏蔽门后，按规定动车。
	行车值班员	(1) 接报后，通知站台保安到司机立岗处协助司机手动关闭屏蔽门； (2) 通报行调、维修承包商、维修及监控调度。
	站台保安	(1) 到司机立岗处操作PSL关闭屏蔽门，并保持在“门关闭”位； (2) 待列车启动往前移动2米后，将钥匙恢复到“禁止”位，拔出钥匙。 (3) 后续列车仍存在同样问题时，协助司机关屏蔽门，屏蔽门关闭后待列车启动往前移动2米后，将钥匙恢复到“禁止”位。
	行调	在运行前方站存在同样问题，通知运行前方其他站协助司机关闭屏蔽门。
11. 列车启动后突然紧急制动	司机	(1) 通过ATC-MMI查看确认为屏蔽门问题，立即向行调报告； (2) 按行调指令RM模式动车。
	行调	与车站确认站台安全后通知司机RM动车；
	行车值班员	(1) 察看车控室MCP盘“关门”绿灯是否常亮，亮则报告行调屏蔽门无异常；不亮通知站台保安察看屏蔽门状态，确认站台安全后报行调； (2) 报告行调、维修承包商、维修及监控调度。
	站台保安	(1) 接到行值通知，察看屏蔽门门头状态指示灯是否报警，如指示灯报警，则将该档单元门进行隔离(旁路)，并报车控室；如指示灯不报警，表示站台屏蔽门安全，报告车控室。 (2) 察看头端墙PSL，如“ASD/EED门关闭”绿灯不亮，使用互锁解除接发后续列车。

续表 10-1

故障现象	岗位	行动指引
12. 使用互锁解除接发列车	行车值班员	(1) 在后续列车因屏蔽门故障影响行车时(如故障门未隔离(旁路)或 MCP 盘“关门”绿灯不亮)，安排站台保安在头端墙操作互锁解除接发车(整侧滑动门均不能正常关闭时除外)； (2) 通知列车运行方向的后方邻站后续列车到其站后向本站报点； (3) 接到后方站报点后，通知站台保安操作互锁解除接车。
	站台保安	(1) 接到行车值班员的通知后，到头端墙 PSL 处，使用 105 号钥匙操作互锁解除接车； (2) 列车到达停妥后，松开 105 号钥匙，将 101 号钥匙打到“门打开”位打开屏蔽门； (3) 乘客上下完毕、将 101 号钥匙打到“门关闭”位关闭屏蔽门，再使用 105 号钥匙操作互锁解除发车； (4) 待列车尾部离开轨道电路后，松开钥匙开关。
	值班站长	(1) 如有滑动门/应急门异常开启时，设置安全防护栏或安排人工　看护(人工看护时原则上每个人可监护五档相邻屏蔽门)； (2) 乘客上下完毕后，向司机显示“好了”信号。

【任务实施】

1. 根据所学知识，按本任务中介绍的屏蔽门可能出现的 12 种故障设计模拟现场，分小组进行角色扮演，模拟演练屏蔽门出现 12 种故障时的现场应急处理程序。

2. 上述任务完成后，进行小组自评和互评，最后教师讲评，取长补短，开拓完善知识内容。

任务二　列车车门/屏蔽门夹人夹物处理

【任务描述】

列车车门/屏蔽门夹人夹物属于早晚高峰时段频发事件，“抢车门”等危险举动不仅影响乘客和运营的安全，还会造成“一车等一人”的现象，甚至波及后续列车，形成晚点传播。虽然已有较为完善的防夹设施，但蜂鸣声响、门灯闪烁等指示仍不能有效防止“两门”夹人夹物。作为客运服务人员，应认真学习“两门”夹人夹物的处理要点，掌握操作流程，熟练使用标准用语，在事故发生时及时处理，从提高自身业务素质方面强化“两门”上下客安全。

【知识准备】

一、关键指引

(1) 站台保安应站在站台两端的楼扶梯口值岗，车门和屏蔽门关闭之际，应尽可能确认是否有夹人夹物，发现夹人夹物应及时向司机显示停车信号，并按压停车按钮。

(2) 行车值班员在列车到站期间应加强监控，观察站台保安是否有异常，需要时，可按压 MCP 盘紧停按钮。

(3) 司机在关门期间应重点监控是否有抢上乘客，如有，不要急于动车，应重点观察站台保安是否显示紧停手信号。

(4) 列车车门夹物动车后应及时汇报清楚，并由司机统一处理，车站不得开启屏蔽门或应急门来处理车门夹人夹物。司机动车后接到夹人夹物处理命令后，应先进行客室广播再迅速前往现场处理。

(5) 车站站台工作人员应熟记车站楼/扶梯口对应的列车车厢号码和车门编号，便于及时准确的汇报。

(6) 车站人员及时通知自动监控部调度恢复站台紧急停车按钮盖板。

二、处理程序

(一) 列车未启动时各岗位人员行动指引(见表 10-2)

表 10-2　列车未启动时各岗位人员行动指引

岗位	行动指引
站台保安	(1) 发现列车车门/屏蔽门夹人夹物且没有自动弹开释放，立即就近按动紧急停车按钮； (2) 在赶赴现场查看的同时将情况报告车控室； (3) 向司机显示停车手信号，示意司机重新打开车门/屏蔽门； (4) 将人或物撤出后，向车控室报告，并向司机显示“好了”信号； (5) 值班站长到场后，协助调查处理。
行车值班员	(1) 发现异常或接到报告后，通知值班站长前往处理，并向行调汇报； (2) 利用 CCTV 观察现场情况； (3) 需要时，通知公安或运管办到场协调处理； (4) 接到人或物撤出通知后，取消紧停，并汇报行调。
值班站长	(1) 赶赴现场处理，调查事件原因； (2) 如发生客伤事故，按《客伤处理程序》办理； (3) 如是乘客抢上抢下造成时，寻找目击证人，并记录详细资料； (4) 事件处理完毕后，将有关情况通报行调。对乘客进行教育，对蛮不讲理的乘客，通知运管办到场处罚。
司机	(1) 如接到报告或观察到夹人(夹物)后，应重新打开车门和屏蔽门，待人和物撤离后，再关闭屏蔽门和车门。 (2) 如司机发现而站台保安未发现夹人夹物处所时，应通过端墙直线电话通知车控室； (3) 凭站台保安“好了”信号，关闭车门和屏蔽门，确认车门、屏蔽门无夹人夹物及屏蔽门和车门之间空隙无滞留人或物。 (4) 凭行调指令动车。
行调	(1) 接到报告后，了解现场情况，必要时，指示有关人员按章处理，监控事件处理经过和结果，提醒相关人员防止夹人夹物开车。 (2) 接到事件处理完毕报告后，指示司机动车。

(二) 列车已动车时各岗位人员行动指引(见表 10-3)

表 10-3　列车已启动时各岗位人员行动指引

岗位	行动指引
站台保安	(1) 发现列车车门/屏蔽门夹人夹物，列车已启动，立即就近按动紧急停车按钮； (2) 立即将情况报告车控室，如列车尚未出站且所在位置在站台有效范围内，应前往夹人夹物现场了解情况和处理； (3) 如列车未停车，应立即报车控室。
行车值班员	(1) 发现异常或接到报告后，立即向行调汇报，并通知值班站长到现场处理；(如列车未停止运行，应立即向行调汇报，不能立即与行调通话时，应通知前方站扣停列车进行处理。) (2) 利用 CCTV 观察现场情况；需要时，通知公安或运管办到场协调处理； (3) 接到行调通知后，取消紧停，恢复正常运作。

续表 10-3

岗位	行动指引
值班站长	(1) 赶赴现场，协助司机处理。 (2) 调查事件原因，并检查是否对车站设备造成影响，将有关情况通报行调。
行调	(1) 接到报告后，通知司机前往现场处理。 (2) 通知前方站安排人员到指定车厢了解情况和采取相应的处理措施。 (3) 接司机夹人夹物事件处理完毕报告后，通知车站取消紧停，指示司机动车。 (4) 如对设备造成影响时，还应通知相关部门前往处理和指示后续列车的运行。
司机	(1) 列车产生不明原因紧急制动后汇报行调(如运行中获知夹人或夹物信息应立即停车)。 (2) 接到行调(乘客报警)有关夹人夹物处理指示后确认具体位置，做好乘客安抚广播； (3) 携带 800 兆电台前往现场采用单个车门紧急解锁方式处理(解锁前要确保附近乘客的安全)。严禁按压司机室门控按钮开门； (4) 处理完毕，恢复车门，汇报行调。凭行调指令动车。

(三) 接报非站台侧车门夹人夹物后各岗位人员行动指引(见表 10-4)

表 10-4 接报非站台侧车门夹人夹物后各岗位人员行动指引

岗位	行动指引
接报站站台工作人员(含站台保安及支援人员)	(1) 接到非站台侧车门夹人夹物报告(无论是否知道具体位置)，待列车进站停稳后或列车动车前就近按压 ESB，同时汇报车控室： • 迅速进入客室逐个查看非站台侧车门状态(如客室乘客较多则通过站台到达相邻车门)； • 找到夹人夹物后妥善处理，同时汇报车控室；如现场不能处理则就近按压 PECU 通知司机。如司机没有响应则在站台显示手信号或通过车控室中转通知司机。 • 协助司机处理夹人夹物(按照列车未动车程序执行)。 • 如找不到夹人夹物则汇报车控室或值班站长。 (2) 接到非站台侧车门夹人夹物报告后，若知道具体位置且列车正在动车时，按照列车已动车程序执行；若不知道具体位置且列车已离开车站时，立即报告车控室转交下一站处理(下一站站台工作人员必须按照本条处理原则认真查找，妥善处理)。
接报站行车值班员	(1) 接到站台岗、邻站或行调有关非站台侧夹人夹物报告后，通知站台人员立即处理，同时通知值班站长到现场处理； (2) 在车控室设置紧急停车，并汇报行调； (3) 如在本站处理，则通过 CCTV 重点观察现场处理情况，及时汇报行调。接到处理完毕的通知后，取消紧停，恢复正常运营。 (4) 如不能在本站处理，及时联系行调要求下一站扣车处理，同时使用站间电话(站间电话故障则使用公用电话)转告下一站，下一站必须按照本款规定扣车处理。 (5) 如本站人员检查全部非站台车门后仍未找到夹人夹物则汇报行调。
接报站值班站长	(1) 接到非站台侧车门夹人夹物通知后，立即组织尽可能多的人员(至少 3 名人员)赶往站台支援； (2) 与车控室确认已设置紧急停车，否则按压站台 ESB ； (3) 安排站台工作人员尽可能平均分布站台，逐车搜寻非站台侧车门有无夹人夹物； (4) 查明夹人夹物位置并处理。如不能处理则就近按压 PECU 通知司机，协助司机处理； (5) 处理完毕，通知车控室取消紧停，向司机显示“好了”手信号。 (6) 如未找到夹人夹物，与其他站台工作人员确认非站台侧车门已全部检查完毕，汇报车控室。
行调	(1) 接到报告后及时通知司机停车或站内扣车，指示司机前往现场处理。 (2) 通知就近车站安排人员上车搜寻，并采取相应的处理措施。 (3) 接到司机/车站有关夹人夹物事件处理完毕的报告后，通知车站取消紧停，指示司机动车。 (4) 如对设备造成影响时，还应通知相关部门前往处理和指示后续列车的运行。
司机	(1) 接到行调通知或通过客室 PECU 得知车门夹人夹物后，前往现场处理(携带 800 M 无线便携台)； (2) 采用单个车门紧急解锁方式妥善处理夹人夹物(解锁前要确保附近乘客的安全)。处理完毕，恢复车门； (3) 如在站台则根据站台工作人员“好了”手信号关门，确认车门、屏蔽门无夹人夹物及屏蔽门和车门之间空隙无滞留人或物。如在区间则汇报行调； (4) 凭行调指令动车。
注：可能造成非站台侧车门夹人夹物的车站包括：一号线罗湖、老街、国贸以及四号线少年宫、福民、福田口岸等车站。	

三、汇报时的标准用语

(一) 站台保安汇报车控室的标准用语

(1) 车门夹人夹物时："车控室，上行(下行)列车×号车厢×号车门夹人(夹物)"。罗湖站、福田口岸站站台保安汇报时用语为："车控室，×站台列车×号车厢×号车门夹人(夹物)"。

(2) 屏蔽门夹人夹物时："车控室，×站台第×档屏蔽门夹人(夹物)。"

(二) 行车值班员汇报行调时的标准用语

(1) 车门夹人夹物时："行调，×站上行(下行)站台(出站)列车×号车厢×号车门夹人(夹物)"。遇列车运行方向右侧车门夹人夹物时，还要重点汇报右侧门。

(2) 屏蔽门夹人夹物时："行调，×站台第×档屏蔽门夹人(夹物)。"

(三) 司机处理完毕汇报行调时的标准用语

司机："行调，×次列车夹人(夹物)处理完毕，有(无)乘客受伤。"

行调："×次列车夹人(夹物)处理完毕，有(无)乘客受伤。""×次列车司机可以动车。"

【任务实施】

1. 分岗位模拟列车未启动时车门/屏蔽门夹人夹物的处理程序。
2. 分岗位模拟列车已动车时车门/屏蔽门夹人夹物的处理程序。
3. 分岗位模拟非站台侧车门夹人夹物的处理程序。

任务三　地铁道床伤亡处理

【任务描述】

通过对前两个任务的学习，我们知道安装屏蔽门会带来失灵、夹人、夹物等安全隐患。但与此同时，屏蔽门有效避免了乘客因站台拥挤而不慎落轨的事件发生，道床伤亡事故得到控制。然而，受环控系统设计或既有车辆车型等因素影响，早期建成的部分地铁线路并没有安装屏蔽门，依然有道床伤亡事故发生。轻则造成客伤、列车晚点，重则造成人员伤亡、高峰期列车停运。人员伤亡是最让人痛心疾首的，因此各地铁公司制定了相应预防措施。作为地铁运营管理人员，一方面要集中注意监控站台情况，另一方面，面对已发生的事故，要沉着冷静，严格按照流程操作，及时上报、及时处理，有能力短时间内把损失降到最低。

【知识准备】

轨道交通道床伤亡事故是指地铁运行过程中，非地铁职工、公安人员被列车撞、轧而导致的人员伤亡的事故。

为快速、及时地处置轨道交通道床伤亡事故，迅速恢复列车运行，确保线路畅通，各地铁公司均制定了相应的预防措施以及关于轨道交通道床伤亡事故处理的相关规定。

轨道交通道床伤亡事故的处置原则是：属地管辖、各负其责，优先抢救伤者、尽快恢复运营。

下面以《上海地铁运营有限公司突发事故（件）信息传递及现场处置规定》（沪地铁运司运安（2004）289号）为例介绍地铁道床伤亡处理的应急措施。

一、轨道交通道床伤亡事故的信息传递

(一) 信息传递原则

突发事故(件)信息传递及现场处置按照《××地铁运营有限公司突发事故(件)信息传递及现场处置规定》执行。车站、列车司机须立即进行道床伤亡发生第一信息的报告并做好伤亡人员的判断和处理的续报。

(二) 汇报原则

各车站(班组)严格按信息汇报流程及时汇报，对尚不明确的重大信息须按照“先挂号、后续报”的原则汇报。

(三) 汇报内容

(1) 事发时间(月、日、时、分)、地点(车站、上行或下行线、车次、列车迫停位置或里程标)。

(2) 报告人姓名、单位、部门、工种(职务)。

(3) 事件概况：包括伤(亡)者身份或外貌特征、伤势情况、送往何医院、收集旁证材料情况及恢复运行时间等。

(4) 相关车站的客运组织：包括停止和恢复售票时间、退票情况及赠票发放情况等。

二、处置方案

(一) 车站道床伤亡

1. COCC调度员

(1) COCC当班人员接报后，通过CCTV、ATS大屏及生产调度汇报核实人车冲突现场情况信息。

(2) 通过短信平台及时发布相关短信，做好信息汇报，按要求报申通集团、运营公司、维保中心、现代公司领导，并报轨道公安。

(3) 通过CCTV、ATS大屏及车站汇报对人车冲突现场实施监控，联系事发线路OCC，了解采取的相应调整手段，协调、监督运营调整重点及原则。

(4) 通过CCTV、ATS大屏及车站汇报监控相邻线路的运营调整，协调相邻线路OCC，采取相应的运营调整措施，维持全路网正常运营秩序。

(5) 关注换乘枢纽站的客流变化，疏导换乘站可能滞留或集中到达的大客流。

(6) 利用PIS系统向车站发布应急信息，及时向路网车站广播、乘客信息系统发布地铁预警信息，广播告示乘客，说明人车冲突停运的线路或区段，诱导乘客换乘路网其他线路或地面交通出行，诱导乘客优化路网内的出行路径。

(7) 根据影响程度，运营中断30分钟以上，及时采取公交保障方案，并对该方案的具体实施进行监督、协调。及时有效，疏散拥堵线路车站乘客。

(8) 通知公安指挥室，说明事态，请求公安人员前往人车冲突线路和车站，配合车站处置，维持乘客乘车秩序。

(9) 事件处理完毕完成各单位的《事件专报》进行汇总，确认该事件造成的影响，转发相关部门。

2. OCC 调度员

(1) 制定运营调整方案，及时与现场沟通。

(2) 将现场处置的关键节点通报有关车站，指导全线做好信息发布和疏导工作。

(3) 侧式站台车站发生道床伤亡事件，现场处置人员下线路勘查前，应封闭另一侧线路，防止邻线列车伤人；高架、地面线路的区间发生道床伤亡事件，现场处置人员下线路勘查前，应做好相应区间安全防护措施，列车进入相关区间必须加强瞭望、限速通过，确保现场处置人员的人身安全。

(4) 接车站值班站长恢复运行的请示后，下达恢复运行的指令，并报轨道公安分局指挥中心。

3. 车站值班员

(1) 汇报值班站长、OCC、公司生产调度、警务站、站长。

(2) 联系医疗单位(120)，及时抢救伤员。

(3) 密切注意运营情况，确保行车安全，夜间需打开区间照明。

(4) 加强各类人工广播，做好运营恢复的准备工作。

4. 值班站长

(1) 根据 OCC 命令，立即携带应急物品赶至现场。

(2) 督促有关人员寻找并挽留目击证人。

(3) 拍照固定事发现场、伤(亡)者的姿势、死亡人员被肢解的器官、肢体散落情况等。

(4) 组织工作人员抢救伤员或清理尸体及遗留物等，尽快将人抬上站台，恢复运营。

5. 站务员

(1) 服从值班站长安排，立即赶至现场。

(2) 做好伤者的抢救、尸体的位移、接送及遗留物的收集工作。

(3) 维持好站台秩序，做好乘客的解释工作，确保站台安全。

6. 服务员

(1) 服从安排，做好相应的停止售票或退票工作。

(2) 坚守岗位，做好乘客的解释工作。

7. 列车司机

(1) 立即停车，及时汇报 OCC。

(2) 确认伤(亡)者位置及伤亡情况，会同值班站长寻找伤(亡)者，密切配合现场勘查人员前期调查和证据收集。

(3) 接受值班站长动车指令，并及时将信息传递至 OCC。

(二) 地面线路道床伤亡

1. COCC 调度员

(1) COCC 当班人员接报后，通过 CCTV、ATS 大屏及生产调度汇报核实人车冲突现场情况信息

(2) 通过短信平台及时发布相关短信，做好信息汇报，按要求报申通集团、运营公司、维

保中心、现代公司领导，并报轨道公安。

(3) 通过 CCTV、ATS 大屏及车站汇报对人车冲突现场实施监控，联系事发线路 OCC，了解采取的相应调整手段，协调、监督运营调整重点及原则。

(4) 通过 CCTV、ATS 大屏及车站汇报监控事发线路的运营调整，协调相邻线路 OCC，采取相应的运营调整措施，必要时要求相关的线路增加或减少运力。维持全路网正常运营秩序。

(5) 关注换乘枢纽站的客流变化，疏导换乘站可能滞留或集中到达的大客流。

(6) 根据影响程度，运营中断 30 分钟以上，及时采取公交保障方案，并对该方案的具体实施进行监督、协调。及时有效，疏散拥堵线路车站乘客。

(7) 通知公安指挥室，说明事态，请求公安人员前往人车冲突线路和车站，配合车站处置，维持乘客乘车秩序。

(8) 对各单位的《事件专报》进行汇总，确认该事件造成的影响，转发相关部门。

2. OCC 调度员

(1) 制定运营调整方案，及时与现场沟通。

(2) 将现场处置的关键节点通报有关车站，指导全线做好信息发布和疏导工作。

(3) 接车站值班站长恢复运行的请示后，下达恢复运行的指令，并报轨道公安分局指挥中心。

(4) 列车若在区间内已越过被撞人且一时无法找到死伤者，司机在报行调后，按指令以低于 15 公里/小时速度行至前方站，行调应令相关车站站长，指派人员会同民警随后续列车以低于 15 公里/小时的速度前行搜索，至事发地进行勘查，迅速将被撞人抬至驾驶室带至前方车站，尽快恢复运行。

(5) 接报外来人员擅闯区间的情况后，行调必须立即通知事发区间两端车站派员封堵两端站台出口，同时打开区间照明。

(6) 通知车站派员登乘后续列车，列车以 ATP 手动方式限速 20 km/h 进入事发区间查看，发现擅闯人员应随时停车，并将人带上列车客室送至下一车站警务站处理。

(7) 如果未能找到擅闯人员，则后续第二、第三列车应分别限速 20 km/h、45 km/h 继续查找，若仍未发现异常情况，行调可取消事发区间的列车限速，但相关车站仍应加强对该区间站台出口的巡视。

(8) 如事发区间属于地面或高架线路，或有旁通道等特殊情况，调度员应对邻线做类似的安排和处置。

3. 车站值班员

(1) 汇报 OCC、分公司生产调度、值班站长、警务站(98110)、站长。

(2) 联系医疗单位(120)，及时抢救伤员。

(3) 督促、提醒站务员及时确认伤(亡)者位置及伤亡情况。

(4) 及时打开区间照明。

(5) 与事发现场保持双向沟通，密切注意运营情况，确保行车安全。

(6) 加强各类人工广播，做好运营恢复的准备工作。

4. 值班站长

(1) 立即携带应急物品赶至现场。

(2) 做好拍照固定事发现场工作。

(3) 组织工作人员抢救伤员或清理尸体及遗留物等，尽快恢复运营。

5. 站务员

(1) 服从值班站长安排，立即赶至现场。

(2) 及时确认伤(亡)者位置及伤亡情况。

(3) 做好伤者的抢救、尸体的位移、接送及遗留物的收集工作。

(4) 维持好站台秩序，做好乘客的解释工作，确保站台安全。

6. 服务员

(1) 服从安排，做好相应的停止售票或退票工作。

(2) 坚守岗位，做好乘客的解释工作。

7. 列车司机

(1) 立即停车，及时汇报 OCC。

(2) 配合车站确认伤(亡)者位置及伤亡情况。

(3) 向值班站长报告伤(亡)者位置，尽可能配合现场勘查人员前期调查。

(4) 接受值班站长动车指令，并及时将信息传递至 OCC。

(三) 地下区间道床伤亡

1. COCC 调度员

(1) COCC 当班人员接报后，通过 CCTV、ATS 大屏及生产调度汇报核实人车冲突现场情况信息。

(2) 通过短信平台及时发布相关短信，做好信息汇报，按要求报申通集团、运营公司、维堡中心、现代公司领导，并报轨道公安

(3) 通过 CCTV、ATS 大屏及车站汇报对人车冲突现场实施监控，联系事发线路 OCC，了解采取的相应调整手段，协调、监督运营调整重点及原则。

(4) 通过 CCTV、ATS 大屏及车站汇报监控事发线路的运营调整，协调相邻线路 OCC，采取相应的运营调整措施，必要时要求相关的线路增加或减少运力。维持全路网正常运营秩序。

(5) 关注换乘枢纽站的客流变化，疏导换乘站可能滞留或集中到达的大客流。

(6) 根据影响程度，运营中断 30 分钟以上，及时采取“公交保障预案”，并对该方案的具体实施进行监督、协调。及时有效，疏散拥堵线路车站乘客。

(7) 通知公安指挥室，说明事态，请求公安人员前往人车冲突线路和车站，配合车站处置，维持乘客乘车秩序。

(8) 对各单位的《事件专报》进行汇总，确认该事件造成的影响，转发相关部门。

2. OCC 调度员

(1) 制定运营调整方案，及时与现场沟通。

(2) 将现场处置的关键节点通报有关车站，指导全线做好信息发布和疏导工作。

(3) 接车站值班站长恢复运行的请示后，下达恢复运行的指令，并报轨道公安分局指挥中心。

(4) 列车若在区间内已越过被撞人且一时无法找到死伤者，司机在报行调后，按指令以低于 15 公里/小时速度行至前方站，行调应令相关车站站长，指派人员会同民警随后续列车以低于 15 公里/小时的速度前行搜索，至事发地进行勘查，迅速将被撞人抬至驾驶室带至前方车站，尽快恢复运行。

(5) 接报外来人员擅闯区间的情况后，行调必须立即通知事发区间两端车站派员封堵两端

站台出口，同时打开区间照明。

(6) 通知车站派员登乘后续列车，列车以 ATP 手动方式限速 20KM/H 进入事发区间查看，发现擅闯人员应随时停车，并将人带上列车客室送至下一车站警务站处理。

(7) 如果未能找到擅闯人员，则后续第二、第三列车应分别限速 20KM/H、45 KM/H 继续查找，若仍未发现异常情况，行调可取消事发区间的列车限速，但相关车站仍应加强对该区间站台出口的巡视。

(8) 如事发区间属于地面或高架线路，或有旁通道等特殊情况，调度员应对邻线做类似的安排和处置。

3. 车站值班员

(1) 汇报 OCC、分公司生产调度、值班站长、警务站(98110)、站长。

(2) 联系医疗单位(120)，及时抢救伤员。

(3) 督促、提醒站务员及时确认伤(亡)者位置及伤亡情况。

(4) 及时打开区间照明。

(5) 与事发现场保持双向沟通，密切注意运营情况，确保行车安全。

(6) 加强各类人工广播，做好运营恢复的准备工作。

4. 值班站长

(1) 立即携带应急物品赶至现场。

(2) 做好拍照固定事发现场工作。

(3) 组织工作人员抢救伤员或清理尸体及遗留物等。

5. 站务员

(1) 服从值班站长安排，立即赶至现场。

(2) 及时确认伤(亡)者位置及伤亡情况。

(3) 做好伤者的抢救、尸体的位移、接送及遗留物的收集工作。

(4) 维持好站台秩序，做好乘客的解释工作，确保站台安全。

6. 服务员

(1) 服从安排，做好相应的停止售票或退票工作。

(2) 坚守岗位，做好乘客的解释工作。

7. 列车司机

(1) 立即停车，及时汇报 OCC。

(2) 配合车站确认伤(亡)者位置及伤亡情况。

(3) 向值班站长报告伤(亡)者位置，尽可能配合现场勘查人员前期调查。

(4) 接受值班站长动车指令，并及时将信息传递至 OCC。

三、处置要求

(1) 道床伤亡事故的现场处置以车站为主，值班站长作为现场指挥人，不论警方是否到场，都应全面负责车站前期的处置工作，动车命令应有值班站长到司机室当面向司机发布，不得使用对讲机发布(包括列车移动对位)，经行调同意后恢复运行。

(2) 事发车站值班员作为现场信息第一人应在事故发生后立即报 OCC 及分公司生产调度，

并与事发现场保持双向沟通，及时了解处置过程，以确保现场处置的快速、安全。

(3) 发生道床伤亡事故时，值班站长接报后立即赶至现场并做好拍照固定事发现场工作，车站站务员或列车司机应以最快速度确认伤(亡)者位置，并确认是否死亡，如未死亡，应及时抬离现场，送医院抢救；若伤者移动有困难或确认已死亡，可将伤(亡)者移至不会造成列车再次挤压的位置，并确认工作人员撤离线路后，通知司机移动列车进行上下客作业，待事发列车驶离后再将伤(亡)者抬至站台隐蔽处或送医院抢救。如一时无法判断是否死亡的，按未死亡进行处置。处置时间不得超过 15 分钟。

(4) 值班站长确认伤(亡)者抬离线路(遗留物收集完毕)，且工作人员撤离后，至事发列车司机室通知司机可以动车，司机记录下值班站长工号并报 OCC，征得 OCC 同意后可恢复运行。

(5) 一旦发生道床伤亡事件时，事发车站需及时按压紧急关闭按钮，作为现场处置的安全防范措施，值班站长发布动车命令也作为紧急关闭按钮恢复的条件，由 OCC 通知相关集中站进行紧急关闭复原。如伤(亡)者一时无法抬离线路，待事发列车驶离车站后，车站工作人员在下线路前须再次按压紧急关闭按钮，值班站长在确认伤(亡)者已抬离线路(遗留物收集完毕)，且工作人员撤离后，通知行车值班员报 OCC，再由 OCC 通知相关集中站进行紧急关闭复原。

(6) 对于事发列车的后续列车在进入事发车站时，需在事发车站外一度停车，在得到 OCC 恢复运行命令后，鸣笛动车。

(7) 车站处置过程中，必须寻找到两名以上的目击证人，以确保证据的有效性。

(8) 在警方到场后，车站值班站长应指挥有关人员配合警方开展有关工作。

(9) 事发车站工作人员及当事司机应配合警方做好询问笔录工作。

四、相关规定

(一) 拍照固定现场的有关要求

(1) 事发列车停车后，车站应立即在伤(亡)者所处位置的站台上拉出警戒线(警戒线可适当拉宽，长度适中)。

(2) 值班站长拍照固定现场的照片包括：

① 伤(亡)者所处位置上方列车车门(含车门编号)；

② 事发列车车头全景(如无法拍摄可省略)；

③ 列车未移动时伤(亡)者位置；

④ 事发列车驶离车站后，伤(亡)者姿势全景(含轨道)；

⑤ 事发地点(可以里程标或隧道壁上有特点的广告牌作为拍摄对象)。

注意：拍照须在 3 米内进行，照片根据不同情况可适当多拍几张，以确保证据的有效性。

(二) 应急物品和摆放

(1) 各车站应保证担架、裹尸袋、轮椅、照相机(包括胶卷及电池)、手电筒、警戒绳、对讲机等物品的完好与齐全，以备急需。

(2) 应急物品原则上应放置于车控室，个别车站也可将轮椅、担架等物品放置于站台的站务员室，但须人人皆知。

【任务实施】

1. 分岗位模拟车站道床伤亡事故的应急处理程序；
2. 分岗位模拟地面线路道床伤亡事故的应急处理程序；
3. 分岗位模拟地下区间道床伤亡事故的应急处理程序。

任务四 电梯事件处理

【任务描述】

车站电梯系统包括自动扶梯、液压电梯和楼梯升降机。车站电梯每天担负着大量运送客流的任务，是城市轨道交通系统一个不可或缺的组成部分。电梯通常连接出入口与站厅或站厅与站台，对于高峰期客流组织以及突发事件下乘客疏散有着十分重要的意义。为了保证电梯系统安全、可靠地运行，车站工作人员务必熟练掌握电梯事件的处理程序及注意事项。

【知识准备】

一、垂直电梯困人应急处理程序

(一) 关键指引

1. 处理原则

以乘客安全为出发点，贯彻“安全第一，生命至上”的要求，积极采取措施，最大限度地减少人员伤亡和财产损失，视情况报 119、120。

2. 电梯困人处理流程

车站负责电梯困人的现场应急处置，做好客运组织及客伤处理工作。

(1) 报告：发现乘客被困电梯时，应立即通知行调、环调、设施设备部生产调度、站务室生产调度。

(2) 立即赶往现场，通过喊话、电梯对讲系统喊话等方式，安抚乘客，缓解乘客情绪，并告知被困乘客不要倚靠轿厢门、不要擅自撬砸轿厢门和救援人员到达的大致时间。

(3) 设置警示标示。

(4) 维修人员到达后，协助救援。

(5) 乘客被救出后，做好乘客安抚工作，如有乘客受伤，按《乘客伤亡事故处置预案》流程进行处理。

(6) 维修人员应查明事发时扶梯是否发生故障，如遇其他突发事件，立即协助车站处理。

(7) 如需重新开启电梯，维修人员须提供设备具备正常运行条件的检测报告。

3. 信息汇报内容及流程规定

行车值班员向行调汇报的内容：①汇报车站；②事件发生时间(时、分)；③事件发生地点(具体事件地点)；④概况(人员伤亡情况、设备损坏情况)；⑤已采取的措施。

（二）各岗位人员行动指引(见表 10-5)

表 10-5　垂直电梯困人各岗位人员行动指引

岗　位	行　动　指　引
值班站长	(1) 立即赶往现场，安抚乘客，缓解乘客情绪。 (2) 告知被困乘客不要倚靠轿厢门，不要擅自扒开、撬砸轿厢门。 (3) 安排人员在每层安排人员现场防护，禁止操作该梯。 (4) 维修人员到后，提供协助。 (5) 乘客救出后，安抚乘客，了解其受伤情况。 (6) 如乘客受伤，则按客伤处理流程处理。 (7) 当维修人员在长时间无法打开电梯门或乘客出现呼吸困难等身体不适情况时，可报 119 消防人员进行救助。
行车值班员	(1) 接到乘客被困电梯时，立即报值站、行调、环调、设施部生产调度、站务室生产调度。 (2) 通过对讲系统、闭路电视监控系统(以下简称 CCTV)了解现场情况。 (3) 视情况报告地铁公安、120、119，安排人员到出入口接应。 (4) 保持与现场的联系。
客运值班员	(1) 接到电梯困人的通知后，立刻到现场协助值班站长的处理。 (2) 安抚电梯内的乘客，防止乘客自行救助，以免事态扩大。 (3) 维持好现场秩序，挽留目击证人做好证据的收集。
站厅巡视岗	(1) 发现电梯发生困人时，应立即到梯前确认被困乘客情况(人数、有无受伤等)，并通过对讲电话安抚乘客，使乘客保持镇定，防止擅自采取行动。 (2) 报告车控室。疏散周围乘客，做好防护，禁止操作该梯。 (3) 寻找现场目击证人，将目击证人交给客运值班员。
站台巡视岗	(1) 接到通知后，立即赶赴现场，协助处理。 (2) 疏散周围乘客，做好防护，禁止操作该梯。
其他人员	(1) 发现电梯发生困人时，应立即到梯前确认被困乘客情况(人数、有无受伤等)，并通过对讲电话安抚乘客，使乘客保持镇定，禁止擅自采取行动。 (2) 听从值班站长安排，协助处理。
维修人员	(1) 接到通知后，维修人员立即赶赴现场，进行处理。 (2) 处理完毕，确认电梯状态。
环调	(1) 接到车站报告后立即组织相关专业人员赶赴现场处理。 (2) 跟进现场处理情况。

【知识拓展】

垂直电梯困人应急处理作业标准

<table>
<tr><td colspan="2">作业性质：应急</td><td>作业项目：垂直电梯困人应急处理</td></tr>
<tr><td>作业条件</td><td colspan="2">垂直电梯发生故障导致乘客被困</td></tr>
<tr><td>作业工器具</td><td colspan="2">1. 电梯专用三角钥匙 1 把(专业人员使用)； 2. 电梯停用标志若干； 3.隔离带若干。</td></tr>
<tr><td>安全要点</td><td colspan="2">1. 防止被困乘客受伤，非专业人员不得操作故障垂直电梯。
2. 安抚乘客情绪，提醒被困乘客切勿自行设法离开。</td></tr>
<tr><td>作业项目</td><td colspan="2">作业步骤及标准</td></tr>
<tr><td>1.垂直电梯报警处理</td><td colspan="2">(1) 行车值班员作业，标准：通过 EMSC 获知垂直电梯召援报警，指定就近人员前往查看，当确认垂直电梯困人后立即报告值班站长前往处理；
(2) 现场人员作业，标准：前往现场查看，当确认垂直电梯困人后立即将情况报告车控室；
(3) 值班站长作业，标准：立即携带电梯专用三角钥匙前往现场，组织救援。</td></tr>
<tr><td>2.垂直电梯困人处理</td><td colspan="2">(1) 行车值班员作业，标准：依次通知电梯承包商、维调、行调，通过 CCTV 观察现场情况；
(2) 现场人员作业，标准：立即将垂直电梯门口隔离，疏散围观乘客；
(3) 值班站长作业，标准：安抚乘客，缓解乘客情绪，并须告知乘客切勿自行设法离开、不要依靠轿厢门、不要擅自扒开、撬砸轿厢门。维修人员到场后，协助处理。</td></tr>
<tr><td>3.被困乘客解救后处理</td><td colspan="2">(1) 行车值班员作业，标准：在乘客解救后，立即将情况报行调，若乘客受伤则按《客伤处理程序》处理；
(2) 值班站长作业，标准：在乘客解救后，须安抚乘客，若乘客受伤则按《客伤处理程序》处理。</td></tr>
</table>

二、自动扶梯伤人应急处理程序

(一) 关键指引

1. 处理原则

以乘客安全为出发点，贯彻“安全第一，生命至上”的要求，积极采取措施最大限度地减少人员伤亡和财产损失，视情况报 119、120。

2. 自动扶梯伤人处理程序

车站负责自动扶梯伤人的现场应急处置，做好客运组织及客伤处理工作。

(1) 报告：接到报告后，立即报行调、环调、设施设备部生产调度、站务室生产调度。

(2) 立即按压紧急停梯按钮，停止自动扶梯运行，停止运行前须提醒其他乘客注意站稳，了解乘客受伤情况，安抚乘客，如有乘客受伤，按《乘客伤亡事故处置预案》流程进行处理。

(3) 设置警示标示，疏导围观乘客。

(4) 寻找目击证人，了解事发经过。

(5) 维修人员到达现场后，立即了解事发时扶梯是否发生故障，如遇其他突发事件，立即协助车站处理。

(6) 如需重新开启扶梯，维修人员须提供设备具备正常运行条件的检测报告。

3. 信息汇报内容及流程规定

行车值班员向行调汇报的内容：①汇报车站；②事件发生时间(时、分)；③事件发生地点(具体事件地点)；④概况(人员伤亡情况、设备损坏情况)；⑤已采取的措施。

(二) 各岗位人员行动指引(见表 10-6)

表 10-6　自动扶梯伤人各岗位人员行动指引

岗　位	行 动 指 引
值班站长	(1) 接报后，立即赶往现场，了解乘客受伤情况，安抚乘客。 (2) 如乘客有明显外伤，做简单包扎处理。 (3) 乘客伤势较重时，立即派人送往医院或拨打 120，并设法与其家人取得联系，按客伤处理流程进行处理。 (4) 安排人员寻找目击证人，了解事发经过，组织进行物证、人证的取证工作。 (5) 使用屏风进行围蔽，疏导围观乘客。 (6) 确认当事人的伤势情况，进行紧急救助(简单的包扎等)。 (7) 重新开启扶梯时，应检查扶梯是否有异常(尤其是扶梯上部及下部)，执行开关扶梯规范程序。
行车值班员	(1) 立即通知值班站长、客运值班员到现场处理，报行调、环调、设施设备部生产调度、站务室生产调度。 (2) 安排人员到现场维持秩序，封锁现场。利用闭路电视监控系统(以下简称 CCTV)观察现场情况。 (3) 视情况报告地铁公安、120、119，安排人员到出入口接应。
客运值班员	(1) 接到扶梯伤人的通知后，立刻携带药箱赶到现场协助值班站长的处理。 (2) 对受伤乘客进行简单处理。 (3) 维持好现场秩序，做好证据的收集。
巡视岗	(1) 现场发现或接收到扶梯发生人员伤亡事故的信息后，立即报告车控室并到现场处理。 (2) 视情况按下紧急停止按钮(按下前大声通知乘客“紧急停止，请站稳扶好”)。 (3) 请现场的其他乘客协助救助当事人，将当事人平抬出扶梯，并挽留至少两名目击证人。 (4) 将目击证人移交给客运值班员处理。 (5) 协助值班站长处理。 (6) 使用铁马把扶梯上、下端围起进行防护等待维修。
站台岗	(1) 接到通知后，如为站内扶梯，立即赶赴现场，协助处理。 (2) 疏散周围乘客，做好防护。
其他人员	听从值班站长安排，协助处理现场工作。
维修人员	(1) 接到通知后，维修人员立即赶赴现场，进行处理。 (2) 处理完毕，确认扶梯状态。
环调	(1) 接到车站报告后立即组织相关专业人员赶赴现场处理。 (2) 跟进现场处理情况。

【任务实施】

1. 分岗位模拟演练垂直电梯困人的现场应急处理程序。

分岗位模拟演练自动扶梯伤人的现场应急处理程序。

3. 分岗位模拟演练自动扶梯紧急停止的现场应急处理程序。
4. 演练开启与关闭自动扶梯流程。
5. 分岗位模拟演练自动扶梯蛇形运行、相邻两梯级踏面防滑条不在同一直线的处理程序。
6. 分岗位模拟演练楼梯升降机不能启动的处理程序。
7. 分岗位模拟演练液压梯无法向上运行的处理程序。
8. 分岗位模拟演练液压梯在行驶中突然停止的应急处理程序。

9. 模拟以下案例现场，学生根据所学知识，分小组进行角色扮演，演练自动扶梯伤人的现场应急处理程序。

“5.25”华强路站自动扶梯多人受伤事件

2010 年 5 月 25 日上午 9:34 左右，华强电子世界广进电子展销部送货人员 2 人拉着一辆装满 15 箱货物(每箱 13 千克)的手推车(600 mm × 890 mm，装载高度约 1.3 米左右)，从与华强路站 D 出入口接驳的华强地铁商城进入车站后，穿过站厅从 A 出入口违规使用自动扶梯由站厅运货到地面，当自动扶梯运行至约一半时，货物散落，自动扶梯上的部分人员在躲避货物时向后倾倒或站立不稳而摔倒受伤，事件造成 20 名人员受伤。主要经过如下：

9:34　保洁人员在 A 出口签到时发现上行自动扶梯上有人用平板车装载的货物散落，并有人员摔倒，因扶梯急停按钮被出口处的人员和货物挡住，于是用拖布木把伸入扶手带入口处，按压了保护开关，扶梯停止运行。随即返回通道通知车站人员，下楼梯时发现还有多名人员摔倒。

9:34　负责 A 端出闸机引导乘客出站的站务人员发现 A 出口通道乘客大呼小叫，于是一边前往现场一边向车控室报告情况。同时站长及值站等工作人员通过车控室的玻璃看到 A 通道连接处有乘客骚动，立即赶赴现场查看情况。

9:35　车站 5 名员工对现场进行疏导，一方面搀扶扶梯上受伤人员离开扶梯，另一方面对现场进行隔离，疏导现场围观乘客迅速离开，保持现场畅通，同时组织员工维持站内乘客秩序，车控室报 120 及 OCC。经现场人员及保洁指认，确认肇事者，暂扣其身份证，并安排专人看守控制其活动范围。

9:40　车站员工陆续将受伤人员搀扶到会议室休息，对受伤人员进行简单的消毒止痛处理，登记受伤人员相关信息，等待 120 急救车前来进一步处理。

9:43　车站将 A 通道与站厅连接处设置隔离带。

9:50　罗湖保安公司 11 人赶赴华强路站进行支援。

9:54　站长将事件情况向党群工作部部长汇报。

9:55　车站工作人员多次拨打 120 要求尽快安排急救车到站。

9:57　地铁公安到达华强路站处理。

9:58　第一趟 120 急救车到达华强路站 D 口，车站将 2 名受伤较重人员送上急救车。

10:08　因 120 急救车太慢，安排员工打的士将部分受伤人员送市第二人民医院治疗。通知邻站和本站休班人员立即到站支援，安排员工与受伤市民一对一陪护和安抚。

10:15　经地铁公安现场确认后，对现场进行清理。

10:25　将 15 名受伤人员被分别送往中医院和市二医院治疗。

10:33　受伤人员陆续到达中医院和市二医院。

10:34　经机电人员确认后恢复 A 口 4 号自动扶梯运行。

10:37　《南方都市报》等 6 家媒体到场采访。

12:10　深圳市市场监督管理局福田分局特种设备科专业人员到达现场，与分公司机电专业技术人员及扶梯厂家对电梯进行了三方检测，经检查，该扶梯技术状态正常。

14:30　分公司对新闻通稿完成审核后，分发至现场新闻媒体。

17:25　全部受伤人员离开医院。

善后：分公司成立善后慰问小组，登门拜访受伤乘客，详细了解伤势、就医、诉求、物品损坏等，并进一步沟通和协商。

任务五　紧急解锁手柄/呼叫按钮被拉/按下的处理

【任务描述】

列车在行驶过程中，其紧急解锁手柄被乘客拉下或者车门紧急解锁手柄被拉下，原因有各种各样。应及时了解和帮助乘客，并及时恢复有关设备。列车紧急解锁手柄被拉下，统一由司机恢复处理。列车紧急呼叫按钮(PECU)在区间运行中被按下，如非夹人夹物，尽量安排到站后处理。

【知识准备】

一、列车在站台被解锁的处理程序

(1) 做好临时停车广播，并将情况报告车站：车站在接到司机报告后，站台岗和值班站长应前往解锁车门协助。若出现客伤或者乘客财物损失时，及时寻找目击证人。

(2) 司机再次打开车门、屏蔽门(安全门)。

(3) 司机通过显示屏确认发现紧急解锁的车门编号，并记录在手上。

(4) 报行调，司机带上钥匙从站台跑到相应车门处确认车门情况；司机应尽可能先离开司机室，一边前往现场一边汇报，以免对处理时间造成过大影响。

(5) 到达解锁车门后司机大概了解现场情况后恢复解锁车门；恢复解锁车门后需确认车门上方的指示灯状态(黄灯亮)，车门将恢复到完全打开的状态。

(6) 司机确认显示屏显示车门正常，司机关屏蔽门(安全门)/车门后，确认“门全关闭灯”亮，车站人员确认该车门关闭后向司机显示“好了”信号，动车后将情况报告行调。

二、列车未出清站台被解锁的处理程序

(1) 做好临时停车广播，并将情况报告车站：××站上(下)行站台，××方向××车门解锁，正在处理；车站在接到司机报告后，站台岗和值班站长应立即前往现场，并观察屏蔽门与车门、司机室侧门的对位情况，以备后续处理时使用。

(2) 通过显示屏确认发现紧急解锁的车门编号，并记录在手上

(3) 司机前往相应车厢处理(务必锁好通道门)，简单了解现场情况(如解锁原因、确认乘客是否跳下隧道等情况)后恢复解锁车门；恢复解锁车门后需确认车门上方的指示灯状态，且反推车门不能开。

(4) 回到驾驶室，确认两侧“关门灯”亮、显示屏显示车门正常(车门图标为灰色，其他颜色时需重新到现场确认处理)，按规定动车，动车后将情况报告行调。

(5) 乘客晕倒、受伤或同行人员不能同时上下车的原因导致解锁车门，在处理中应秉持尽快动车原则，建议乘客到下一站再作处理，如情况较为严重或乘客强烈要求下车，则马上联系车站人员，打开最近下车通道将乘客移送到站台处理。

三、列车在区间被解锁的处理程序

(1) 临时停车广播，并将情况报告行调要求前往现场处理。

(2) 车停稳后，司机通过显示屏确认出现紧急解锁的车门编号，并记录在手上

(3) 由客室前往相应车厢处理，简单了解现场情况(如解锁原因、确认乘客是否跳下隧道等情况)后恢复解锁车门；恢复解锁车门后需确认车门上方的指示灯状态，且反推车门不能开。

(4) 司机回到驾驶室，确认两侧“关门灯”亮、显示屏显示车门正常(车门图标为灰色，其他颜色时需重新到现场确认处理)，按规定动车，动车后将情况报告行调。

(5) 若为乘客晕倒、受伤导致的解锁车门，应秉持尽快处理原则。需要退行的，应及时通知行调。

(6) 如出现乘客要求下车的情况，司机应向乘客解释列车即将进站，有事可到站后处理。

注意事项：列车在站台区域出现紧急解锁的情况主要由司机处理，车站人员协助处理。

四、乘客按压列车紧急呼叫按钮的处理程序

当列车上有乘客按压紧急呼叫按钮(PECU)时，当次列车的驾驶室司机会收到报警信息(可以查到报警位置)，司机需要即刻通过车载电台报告行调，行调即刻通知前方车站到达指定位置进行现场确认。出现任何情况都由车站现场处理、回复。

五、紧急解锁手柄/或呼叫按钮被拉/按下后各岗位人员行动指引

紧急解锁手柄/呼叫按钮被拉/按下后各岗位人员行动指引见表 10-7。

表 10-7 紧急解锁手柄/呼叫按钮被拉/按下后各岗位人员行动指引

故障现象	岗位	行动指引
1. 乘客拉下车门紧急解锁手柄	司机	(1) 列车有 ATP 保护时，紧急解锁手柄被拉下，列车紧急停车，司机应立即广播安抚乘客,并通过 MMI 确定被拉下紧急解锁手柄的位置;(如列车无 ATP 保护，列车将失去牵引力，此时，司机应尽量维持列车进站)。 (2) 报告行调，经行调同意后，司机赶往该车门处了解情况，恢复紧急解锁手柄，并确认该车门已关闭；如乘客有特殊需求，交由车站处理。 (3) 立即返回司机室报告行调，经同意后继续运行。
	值班站长	按乘客的需求，提供必要的帮助。
2. 乘客按下列车 PECU(紧急停止)装置	司机	(1) 如列车启动尚未离站，应立即停车；如列车在区间运行则应继续运行到前方站处理； (2) 与乘客通话，了解有关情况； (3) 将有关情况向行调报告； (4) 列车到站待车站人员处理完毕后，凭其显示的“好了”信号关门动车。
	行调	根据司机汇报，及时通知车站派人赶赴现场。
	站台保安	(1) 进入客室，了解情况，并将乘客通话装置复位； (2) 处理完毕，向司机显示“好了信号”。
	值班站长	按乘客的需求，提供必要的帮助。

【任务实施】

根据所学知识，分小组进行角色扮演，模拟演练以下乘客事物处理程序：

1. 列车在站台被解锁的处理程序。
2. 列车未出清站台被解锁的处理程序。
3. 列车在区间被解锁的处理程序。
4. 乘客按压列车紧急呼叫按钮的处理程序。

任务六　车站水灾(水淹)和线路积水(区间水淹)处理

【任务描述】

城市轨道交通车站与线路大都位于地面标高以下，一方面受到地面洪涝灾害积水回灌危害，另一方面，受到岩土介质中地下水渗透浸泡危害。地下水或地表水进入城市轨道交通车站和区间线路，可以使装修材料霉变，电气线路、通信元件受潮浸水损坏失灵，造成事故。地下空间相对密闭狭小，人员和设备又高度集中，一旦发生灾害，疏散和抢救十分困难。作为客运服务人员要熟悉水害处理流程，在事故发生时快速确认现场情况并上报，在专业救援人员到达前安抚乘客情绪、维护好站内秩序，必要时组织乘客疏散。

【知识准备】

一、车站水灾(水淹)现场应急处理流程

(一) 关键指引

1. 车站站外水害处理关键点

(1) 确认现场情况，及时报告行调。

(2) 组织先期处置，安排车站员工搬运防水沙包等物资进行抢险，必要时关闭相应出入口。

(3) 设备抢修人员确认现场设备状况，采取措施保护设备，并尽可能维持设备正常运作。

(4) 播放广播，维持站内乘客秩序，必要时疏散站内乘客。

(5) 抢险支援人员到达时，协助抢险队员进行抢险。

(6) 发生车站被淹没的可能时，组织所有员工撤退到出口外的安全地带，并保持与行调的联系。

(7) 行车值班员及时将情况报至行调，并做好与行调、车站各岗位之间的信息传递。

2. 站内管道漏水处理关键点

(1) 值班站长发现或接到车站水管爆裂的通知后，立即赶至现场，查看现场情况。

(2) 将现场情况及时报告行调。

(3) 组织先期处置，安排车站员工搬运防水沙包等物资进行抢险，关闭相应水阀。

(4) 设备值班人员确认现场设备状况，采取措施保护设备，并尽可能维持设备正常运作。

(5) 播放广播，维持站内乘客秩序，必要时疏散站内乘客。

(6) 设备房有积水时，应及时通知设备管理单位处置。一旦发现设备被淹，应立即报行调、车站或直接通知设备管理责任部门确认相关设备是否已停电，确认无触电危险后，方可进入。

(7) 抢险人员到达，协助抢险人员进行抢险。

(8) 行车值班员及时将情况报至行调，并做好与行调、车站各岗位之间的信息传递。

3. 行车值班员向行调汇报的内容

行车值班员向行调汇报的内容：① 汇报车站；② 事件发生时间(时、分)；③ 事件发生地点(具体水淹地点)；④ 概况(水淹规模、人员伤亡情况、设备损坏情况)；⑤ 先期处置情况及措施。

(二) 各岗位人员行动指引(见表 10-8)

表 10-8 车站水灾(水淹)各岗位人员行动指引

岗位	行动指引
值班站长	(1) 接到通知后，立即到现场确认发生险情后，通知行车值班员，宣布启动车站水灾(水淹)应急现场处理程序，并组织抢险。 (2) 维持现场秩序，做好乘客疏导工作。 (3) 协助抢险人员抢险。 (4) 抢险结束后，组织恢复正常运营秩序。
行车值班员	(1) 接到发生险情的信息后，立即通知值班站长到现场确认，报告行调、环调、站长、站务室生产调度。 (2) 请求邻站支援，通知驻站机电人员。 (3) 播放应急广播。 (4) 做好信息汇报及续报工作。 (5) 接到值班站长的撤退通知后，广播通知所有员工撤退到指定出口外。 (6) 听从值班站长安排。
客运值班员	(1) 接到险情通知后，立即到现场配合值班站长抢险。 (2) 维持乘客秩序，协助有需要帮助的乘客，做好乘客服务工作。 (3) 恢复正常运作时，确认相关设备投入正常运作。
站厅巡视岗	(1) 接到险情通知后，立即到现场配合值班站长抢险。 (2) 视情况关闭相关电扶梯、电梯、出入口。 (3) 将防洪物资搬运至现场听从值班站长指挥。
售票岗	(1) 维持乘客秩序，协助有需要帮助的乘客，做好乘客服务工作。 (2) 接到值班站长的撤退通知后，立即收拾钱票并锁好钱票箱和客服中心门撤退到指定出口外。
站台巡视岗	(1) 维持乘客秩序，协助有需要帮助的乘客，做好乘客服务工作。 (2) 接到值班站长的撤退通知后，撤退到指定出口外。
其他人员	(1) 保洁听从车站安排进行抢险工作，加强积水区域的清理。 (2) 其他驻站人员听从车站安排。
司机	(1) 接到险情通知后，严格按照行调指挥行车。 (2) 发现线路水浸、区间水管破裂现象后，立即报行调。
行调	(1) 接到车站水灾(水淹)的报告后，应了解清楚水灾原因和影响程度 (2) 同时向主任调度及电、环调通报，同时通知设施设备部和生产调度。 (3) 接到车站关站的报告后，通报各站和各次列车司机，并调整列车运行。 (4) 如车站水灾(水淹)影响到轨行区线路时，则按线路积水(区间水淹)应急处理程序执行。

二、线路积水(区间水淹)现场应急处理程序

(一) 关键指引

1. 造成线路积水(区间水淹)的原因

可能造成线路积水(区间水淹)的原因有：区间消防水管漏水；地面积水从风亭、施工遗留

孔洞灌入、土建结构渗漏水及区间水泵故障等。除人员发现线路积水(区间水淹)发生外，在设备监控方面会有区间废水泵房高水位报警。

2. 处理原则

发生区间消防水管漏水时，立即电动或手动关闭相应区间消防水阀 (环调先关电动蝶阀，再通知相关车站人员关手动阀)。特别要注意消防水管是否移位侵限和区间线路纵断面最低处积水情况。

3. 行车值班员向行调汇报内容

行车值班员向行调汇报内容：① 汇报车站；② 事件发生时间(时、分)；③ 事件发生地点(公里标)；④ 概况(线路积水情况、设备损坏情况)；⑤ 已采取的措施。

(二) 各岗位人员行动指引(见表 10-9)

表 10-9 线路积水(区间水淹)各岗位人员行动指引

岗位	行动指引
值班站长	(1) 接到报告后组织员工做好乘客服务工作。 (2) 按环调指令关闭相应手动阀门。 (3) 非运营时间发生线路积水(区间水淹)时，按行调指令组织人员到现场核查。 (4) 配合抢修人员做好抢险工作。 (5) 按控制中心发布的列车晚点或调整信息，做好客流组织工作。
行车值班员	(1) 接到行调通知后，向值班站长汇报。 (2) 维修人员需下线路抢险时，与行调联系抢修事宜，办理抢修相关手续。 (3) 按行调发布的列车晚点或调整信息，播放相应广播。 (4) 严密监控 ATS/LCW，列车反向运行时及时通知各岗位做好准备。
客运值班员	(1) 做好乘客服务工作， (2) 非运营时间发生线路积水(区间水淹)时，按值班站长要求到现场核查。 (3) 列车晚点时，做好客流组织及安抚工作。
巡视岗	(1) 做好乘客安抚工作。 (2) 加强站厅乘客引导，维持站厅候车持续。 (3) 发现站厅异常情况及时报车控室。
售票岗	(1) 做好乘客服务工作， (2) 列车晚点时做好乘客安抚、解释工作。
站台岗	(1) 做好乘客安抚工作， (2) 加强站台乘客引导，维持站台候车秩序， (3) 发现站台异常情况及时报车控室。 (4) 列车反向运行时，车门、屏蔽门无法联动时，协助开关屏蔽门。
其他人员	听从值班站长安排

续表 10-9

岗位	行动指引
行调	1. 运营期间线路积水(区间水淹)： (1) 故障确认和通报：接到线路积水(区间水淹)的报告后，应了解清楚积水(水淹)原因、影响程度和范围，同时向主任调度及行调其他调度通报。 (2) 行车安排：通知后续列车司机线路积水地点(区域)，组织列车通过积水区域，通知司机注意积水情况并报行调。 (3) 抢险组织：安排维修人员到场确认现场情况(必要时安排机电专业人员现场确认区间排水泵工作情况)，并由其决定是否限速和抢修。 (4) 进行列车调整：按现场人员报告及主任调度指示，调整列车运行。 2. 非运营期间线路积水(区间水淹)： (1) 故障确认和通报：接到区间作业人员线路积水(区间水淹)的报告后，应了解清楚积水(水淹)原因和影响程度，同时向主任调度及行调其他调度通报。 (2) 抢险组织：安排就近车站及维修人员确认现场情况，必要时根据主任调度指令进行抢修。
客车司机	(1) 发现区间防水管漏水、地面水灌入及不明原因积水时要立即向行调报告。 (2) 首发司机根据水势和消防水管是否明显移位等情况，确认是否可以通过。(积水区段行车按行调要求执行。不能通过时汇报行调，按行调指示处理。 (3) 后续列车按行调命令限速通过，并确认消防水管状态、漏水量和区间线路纵断面最低处积水情况。 (4) 遇区间停车时，及时播放车厢广播安抚乘客。 (5) 抢险完毕后，恢复正常的驾驶模式行车。

【任务实施】

1. 分岗位模拟演练车站站外水害处理流程。
2. 分岗位模拟演练站内管道漏水处理流程。
3. 分岗位模拟演练站内正线积水现场应急处理流程。
4. 分岗位模拟演练区间水淹时的应急处理流程。

任务七　车站全部进/出站闸机故障的处理

【任务描述】

自动售/检票(AFC)系统的推广和普及，使城市轨道交通迎来了跨越式发展。自动售/检票(AFC)系统大大减少了人工售/检票的繁重工作量，提高了乘客自助购票、进站、乘车、出闸、出站效率，继而使地铁车站人员更多地投入到为乘客的服务中。乘客通过进站闸机实现了“储值卡进站验票，出站扣费(单程票进站验票，出站回收)”功能，出站闸机主要用于检验乘客车票有效性以及正常回收乘客购买单程票设备，同时作为付费区与非付费区的分界，因此，车站人员应重视进/出站闸机的日常维护及故障处理的相关程序。

【知识准备】

一、车站全部进站闸机故障的处理

(一) 发生车站

(1) 发生车站上报行调，引导持票乘客从边门进站。

(2) 设备恢复正常或进站客流有效缓解后，车站上报行调。

(二) 其他车站

单程票、纪念票及其他非免费乘车的一卡通票卡：引导乘客到客服中心，按规定给车票更新，若超时、超程则按规定收取费用后更新车票，乘客从闸机出站。

(三) 各岗位人员行动指引(见表 10-10)

表 10-10 车站全部进站闸机故障各岗位人员行动指引

岗位	行动指引
值班站长	(1) 接到报告后立即赶往现场。 (2) 通知行值“全部进站闸机故障”。 (3) 到达现场确认故障后，通知客值开边门，引导乘客从边门进站。 (4) 通知巡视岗故障闸机前放置“暂停服务”告示牌、设置隔离带。 (5) 接巡视岗“故障修复”通知后，对设备进行确认。 (6) 确认故障修复后，通知巡视岗撤除“暂停服务”告示牌及隔离带。 (7) 通知行值“故障修复”。 (8) 通知客值“关闭边门”。
行车值班员	(1) 接值班站长“全部进站闸机故障”通知后，报告 AFC 轮值和行调、本站站长、站务室生产调度。 (2) 广播通知持票乘客听从工作人员指引进站。 (3) 接值班站长“故障修复”通知后，报告行调行调、站务室生产调度。
客运值班员	(1) 接值班站长通知后，按值班站长的安排开边门，进行人工检票，组织持票乘客进站乘车。 (2) 接到值班站长“关闭边门”的通知后，关闭边门，引导持票乘客从进站闸机进站。
现场人员	(1) 发生全部进闸机故障，立即报车控室。 (2) 及时摆放暂停服务牌，做好现场客流引导。 (3) 听从值班站长的安排开边门，进行人工检票，组织持票乘客进站乘车。
巡视岗	(1) 及时摆放暂停服务牌，做好现场客流引导。 (2) 听从值班站长的安排开边门，进行人工检票，组织持票乘客进站乘车。
站台岗	听从值班站长的安排，做好现场客流引导。
其他人员	(1) 及时摆放暂停服务牌，做好现场客流引导。 (2) 听从值班站长的安排，协助客值开边门，进行人工检票，组织持票乘客进站乘车。

二、车站全部出站闸机故障的处理

(一) 发生车站

发生车站上报行调：

(1) 单程票：引导乘客从边门出站，人工回收单程票并计入当日站存车票，填写《车站车票库存日报表》;

(2) 纪念票及非免费乘车的一卡通票卡：引导乘客从边门出站，告知乘客本次车费在下次乘车时到客服中心扣除后方可正常进站；

(3) 免费乘车的票种：告知乘客下次照常使用；

(4) 若乘客主动反映车票超时、超程，引导乘客到客服中心按规定进行超时、超程补票，单程票回收并记入当天站存车票，引导乘客从边门出站，填写《车站车票库存日报表》；

(5) 无票的处理：引导无票乘客到客服中心按规定进行补款，引导乘客从边门出站。

设备恢复正常或出闸客流有效缓解后车站恢复正常运作，上报行调。

(二) 各岗位人员行动指引(见表 10-11)

表 10-11 车站全部出站闸机故障各岗位人员行动指引

岗位	行动指引
值班站长	(1) 接到报告后立即赶往现场。 (2) 到现场确认故障后，立刻安排客值、巡视岗开边门，引导乘客从边门出站。 (3) 通知行值“全部出站闸机”故障。 (4) 安排巡视岗在出站闸机前放置“暂停服务”告示牌和隔离带。 (5) 接客值“故障修复”通知后，对设备进行确认。 (6) 通知行值“故障修复”。 (7) 通知巡视岗“关闭边门”。
行车值班员	(1) 接值班站长“全部出站闸机故障”通知后，报告 AFC 轮值和行调行调、站长、站务室生产调度。 (2) 广播通知乘客从边门出站，持储值票的乘客下次乘车前先到客服中心处扣除本次车资，单程票人工回收。 (3) 接值班站长“故障修复”通知后，报告行调行调、站务室生产调度。
客运值班员	(1) 接值班站长“全部出站闸机故障”通知后，服从值站安排开边门，引导乘客从边门出站。 (2) 故障修复后，通知值班站长。 (3) 待值班站长确认故障修复后，协同巡视岗关闭边门，引导乘客正常出站。 (4) 将人工回收的单程票清点封存后交调度票务部。
现场人员	(1) 发现出闸机全部故障，立即报车控室。 (2) 放置“暂停服务”告示牌和隔离带。 (3) 引导乘客从边门出站，回收单程票。 (4) 故障修复后，关闭边门，引导乘客正常出站。
巡视岗	(1) 发现出闸机全部故障，立即报车控室。 (2) 放置“暂停服务”告示牌和隔离带。 (3) 听从值班站长安排，引导乘客从边门出站，回收单程票。 (4) 故障修复后，关闭边门，引导乘客正常出站。
站台岗	听从值班站长安排引导乘车有序乘车。
其他人员	(1) 发现出闸机全部故障，立即报车控室。 (2) 放置“暂停服务”告示牌和隔离带。 (3) 引导乘客从边门出站，回收单程票。 (4) 故障修复后，关闭边门，引导乘客正常出站。

【任务实施】

1. 分岗位模拟演练车站进站闸机能力不足时的处理流程；
2. 分岗位模拟演练车站全部进闸机故障时的处理流程。
3. 分岗位模拟演练车站出站闸机能力不足时的处理流程。
4. 分岗位模拟演练车站全部出站闸机故障时的处理流程。

任务八　车站全部自动售票机故障的处理

【任务描述】

目前，我国各城市地铁车站均实现了 IC 卡自动售票功能，大大减少了人工售票的繁重工作量，从而提高了乘客自助购票，进站、乘车、出闸、出站效率。但是，一旦车站全部自动售票机故障，导致车站 IC 卡不能正常赋值发售，将出现非付费区客流激增的情况，为减少自动售票机故障对车站带来的影响，作为地铁运营车站人员，在配合设备技术人员抢修的同时，应按照既定的车站应急处置预案，执行好各岗位的工作流程，尽量降低自动售票机故障带来的影响。

【知识准备】

一、车站自动售票机(TVM)全部故障或能力不足时的票务处理

自动售票机(TVM)全部故障或能力不足时，由站长或值班站长根据设备故障及客流情况，决定出售预赋值单程票。

二、各岗位人员行动指引（见表 10-12）

表 10-12　车站自动售票机全部故障各岗位人员行动指引

岗位	行动指引
值班站长	(1) 到现场确认全部 TVM 故障或能力不足后，通知客值、售票员并做好出售预制票的工作。 (2) 通知行值“TVM 故障情况”。 (3) 向站务室报告发售预制票的原因及预制票的使用情况。 (4) 密切注意预制票的站存数量和售卖速度。 (5) 当全部 TVM 故障还没修复，而站存车票仅可继续售卖两小时(根据售卖速度)，申请配发车票。 (6) 故障修复后，对设备进行开机确认。 (7) 确认故障修复后，通知巡视岗撤销隔离栏杆和“暂停服务”告示牌。 (8) 通知行值“故障修复”。 (9) 通知客值和售票员停止发售预制票。
行车值班员	(1) 接值班站长“全部 TVM 故障”通知后，报告 AFC 轮值、行调行调、本站站长、站务室生产调度。 (2) 广播通知乘客到人工售票处购票。 (3) 接值班站长“故障修复”通知后，报告行调、站务室生产调度。 (4) 广播通知乘客到 TVM 购票。
客运值班员	(1) 接到值班站长“全部 TVM 发生故障”或运能不足通知后，做好预制票和零钞的配发工作。 (2) 按值班站长的要求给售票员配发预制票和零钞。 (3) 跟进站存预制票的数量，预计预制票数量不足时及时报告值班站长。
现场人员	(1) 确定 TVM 全部故障时，立即报车控室。 (2) 引导乘客到人工售票处购票。
巡视岗	(1) 听从值班站长安排人工售卖预制票。 (2) 引导乘客到人工售票处购票。 (3) 在故障处设置隔离栏杆和“暂停服务”告示牌。
站台岗	(1) 听从值班站长安排。 (2) 引导乘客有序乘车。
其他人员	(1) 听从值班站长安排售卖预制票。 (2) 引导乘客到人工售票处购票

【任务实施】

1. 分岗位模拟演练车站自动售票机能力不足时的处理流程。
2. 分岗位模拟演练车站全部自动售票机故障时的处理流程。

任务九　城轨车站全站停电处理

【任务描述】

地铁供电系统作为车站运作的重要组成部分，主要为地铁一类负荷、二类负荷、三类负荷提供电能。其中，一类负荷为断电会造成严重后果的重要负荷，如通信系统、信号系统、牵引供电系统、电力监控系统、防灾报警系统、机电设备监控系统、屏蔽门、防淹门、消防泵、废水泵、雨水泵、事故风机及其风阀、排烟风机及其风阀、站厅和站台照明、事故照明等；二类负荷为断电造成的后果较严重的重要负荷，如非事故风机及其风阀、排污泵、自动扶梯、设备区照明和管理区照明、自动售/检票机、楼梯升降机、民用通信电源、冷冻机组控制器电源、维修电源等；三类负荷为不属于一、二类负荷的一般电力负荷，如冷水机组、冷冻水泵、冷却水泵、冷却塔风机、广告照明、电开水器、清扫电源等。本任务着重介绍了城轨车站三类负荷停电处理的基本要求，以及车站发生停电事件的应急处理工作流程。

【知识准备】

一、车站停电时的客运组织

1. 车站停电时

值班站长立即报告行调，问清停电原因及大约恢复供电时间。

2. 如要较长时间才能恢复供电或恢复供电的时间不能确定

(1) 做好乘客广播，安抚乘客，各岗位加强乘客秩序的控制，做好解释工作。

(2) 检查车站事故照明系统开启情况，确定事故照明系统能维持的时间，拿出所有应急灯和电筒等。

(3) 关停电扶梯，在客流通过的瓶颈位置如扶梯、闸机等位置放置应急灯并安排站务人员在此维护秩序，用手提广播引导乘客慢行通过。

3. 较短时间内可恢复供电

(1) 做好乘客广播，安抚乘客，各岗位加强乘客秩序的控制，做好解释工作。

(2) 检查车站事故照明系统开启情况。

(3) 关停电扶梯，在客流通过的瓶颈位置如扶梯、闸机等位置放置应急灯并安排站务人员在此维护秩序，用手提广播引导乘客慢行通过。

4. 事故照明系统蓄电量耗尽前十分钟

(1) 通知全站员工疏散乘客出站，控制出入口客流只出不进，逐步关闭出入口。

(2) 站务员停止售/检票，引导站内所有乘客上车或出站。

(3) 广播通知驻站各部门人员疏散，请求行调让列车不停站通过。

(4) 确认疏散所有乘客和其他部门驻站人员后，关闭全站，组织员工巡查车站，等待供电恢复。

二、车站停电各岗位人员行动指引(见表 10-13)

表 10-13 全站停电各岗位人员行动指引

岗位	行动指引
值班站长	(1) 车站停电后，报告行调； (2) 如有列车停靠车站，广播注意事项，并派人拿应急灯到站台照顾乘客上下车； (3) 接到行调疏散命令后，通知车站员工停止车站服务，执行车站疏散程序，并到站台协助疏散乘客。
行车值班员	(1) 广播安抚乘客； (2) 通知驻站警察到现场协助； (3) 将有关情况报告站长； (4) 疏散乘客时，将闸机设为开放状态，通过 PIS 发布有关疏散信息。
车站其他员工	(1) 客运值班员到站台协助乘客上、下车，确保安全； (2) 售票员停止售票兑零，做好结算工作，在站厅控制客流； (3) 厅巡、站厅保安在拿应急灯、手电筒在站厅维持秩序； (4) 站台保安负责站台乘客上下车安全； (5) 执行疏散时，各岗位按《车站疏散程序》办理。
行调	(1) 将情况报告主任调度员； (2) 通知各维修部门调度派人到站处理管辖设备问题； (3) 通知停靠该站司机做好车站停电的乘客广播； (4) 如不能短时间内恢复供电，命令车站疏散乘客，并通知全线司机和车站该站停止列车服务，并做好乘客广播。
主任调度员	(1) 接报后，将有关情况向上级领到汇报； (2) 确认短时间内不能恢复供电，命令行调停止车站服务，组织列车通过车站。
司机	(1) 如停靠该站，要做好乘客广播； (2) 开车前要确认无夹人夹物； (3) 如该站停止服务，按行调指示通过车站，并做好乘客广播。
其他车站	(1) 接到该站停止列车服务后，做好乘客广播； (2) 如有需要，按照行调指示安排车站备班人员到事发站协助处理。

【任务实施】

1. 分岗位模拟演练车站全部停电时的应急处理流程。
2. 分岗位模拟演练车站大面积停电时的应急处理流程。

任务十 城轨交通火灾处理

【任务描述】

随着城市地铁的迅速发展，地铁灾害问题也愈来愈引起人们的重视。在轨道交通系统发生的灾害中，火灾占的比例最高，约占 30%。近三十年来，仅在欧洲和北美就发生重大地铁火灾

50 多起。例如 1987 年 11 月 18 日晚，伦敦国王十字地铁车站发生重大火灾，持续 4 个多小时，造成 32 人死亡，100 多人受伤，经济损失严重；1995 年 10 月 28 日夜里，阿塞拜疆首都巴库地铁发生一起恶性地铁火灾惨剧，造成 558 人死亡；2003 年 2 月 18 日韩国大邱地铁发生的人为纵火事件，造成 198 人死亡，146 人受伤，289 人失踪，成为震惊世界的重特大火灾事故。而在我国据不完全统计，我国地铁自 1969 年相继投入运行以来，共发生火灾 156 起，其中重大火灾 3 起，特大火灾 1 起。这些血的教训给地铁安全设计和管理部门敲响了警钟。地铁火灾事故的发生不但会造成大量的人员伤亡，而且还会造成城市的大面积交通堵塞，社会影响极大。因此，对地铁火灾事故的认识和正确处置有着重要的现实意义。

本任务对火灾发生后的处置原则、信息传递、处置方案、处置要求等进行了介绍。

【知识准备】

一、城轨交通火灾概念的界定

地铁公司所管辖范围内发生火灾事故(件)是指在地铁车站、电动列车、区间线路等处发生火灾，造成危及乘客人身安全、财产损失及重大社会影响的突发事故(件)。

二、城轨交通火灾的处置原则

统一指挥，快速反应，各司其职，配合协同，以人为本，减少危害。

三、城轨交通火灾的信息传递流程

(一) 信息传递要求

信息传递应遵循“快速准确、有序高效、对口汇报”的原则。

突发事(故)件信息传递及现场处置按照《××运营公司突发事故(件)信息传递及现场处置规定》执行。

(二) 信息报告内容

(1) 事件发生地点、时间、汇报人姓名、职务。

(2) 火灾事发位置、起因及影响程度(乘客伤亡情况)、事件概况等。

四、城轨交通火灾处置方案

(一) 车站火灾

1. COCC 调度员

(1) COCC 当班人员接报后，通过 CCTV、ATS 大屏及分公司调度汇报核实现场情况信息。

(2) 通过短信平台及时发布相关短信，做好信息汇报，按要求报申通集团、运营公司、维保中心、现代公司，并报轨道公安分局、交通局等上级部门。

(3) COCC 依据车站发生火灾事件造成的危害程度、波及范围、影响大小、行车中断时间、人员伤亡及财产损失等级，向公司抢险救灾指挥小组提出事发车站乘客疏散、事发线路停运请求。

(4) COCC 根据公司抢险救灾指挥小组命令向事发车站下达乘客疏散、线路停运指令，向运营公司、维保中心、现代公司、事发 OCC、客分公司、抢险救援中心发布乘客疏散抢险命令。协调、监督、下达运营调整方案、抢险救灾方案、受困人员的撤离方案、乘客疏散方案、下达乘客疏散、车站封站、AFC 系统降级等指令。

(5) 通过 CCTV、ATS 大屏及车站汇报对乘客疏散现场实施监控，联系事发线路 OCC，了解采取的相应调整手段，协调、监督运营调整重点及原则。

(6) 通过 CCTV、ATS 大屏及车站汇报监控相邻线路的运营调整，协调相邻线路 OCC，采取相应的运营调整措施，必要时要求相关的线路增加或减少运力，维持全路网正常运营秩序。

(7) 协调、监督事发线路 OCC 发布抢险救援命令，督促维保中心各专业分公司按抢险救援命令快速响应，通过 GPS 监督各专业分公司工程救险车赶赴事发线路、车站。

(8) 根据影响程度，运营中断 30 分钟以上，及时采取公交保障方案并对该方案的具体实施进行监督、协调，及时有效，疏散拥堵线路车站乘客。

(9) 关注换乘枢纽站的客流变化，疏导换乘站可能滞留或集中到达的大客流。

(10) 通知轨道分局，说明事态，请求公安人员前往停运线路和车站，维持乘客乘车秩序。

(11) 负责地铁各部门与公安、消防、新闻、卫生等部门的组织协调。

(12) 按灾情情况，报上级抢险指挥部，说明地铁灾情，请求外部支援。

(13) 事件处理完毕 3 小时内完成各单位的《事件专报》进行汇总，确认该事件造成的影响，转发相关部门。

2. OCC 调度员

(1) 根据本预案要求，启动预案程序，汇报事件信息，请求支援。

(2) 与 COCC、公安分局、各线路分公司等部门保持通讯畅通，通报事件进展及需要协助的事项。

(3) 接受 COCC 抢险指令，拟定行车、电力、环控、客运(票务)等专业调度的抢险救灾实施方案，组织实施。

(4) 与现场救灾负责人密切保持联系，掌握现场最新动态。

(5) 及时做出人员紧急疏散，关闭车站，中断运营的决定。

(6) 与专业调度密切联系，监控事态的发展，减少人员与财产损失。

(7) 记录、收集、保存原始资料。

(8) 协调现场事故处理小组与调度员的关系，安排供电方式、消防环境控制方式的改变，管理运营线路的占用与出清。

3. 区域站长

(1) 接到案(事)件报告后，立即赶赴现场。

(2) 指导车站尽快疏散乘客及抢救伤员。

(3) 根据运营调度命令，组织车站恢复或调整运营。

4. 车站值班员

(1) 立即向轨道交通公安分局及消防(119)报警并确认着火地点及火情。

(2) 汇报运营调度、站长、警务站、机电值班、分公司生产调度。

(3) 及时汇报设备调度，按实际情况正确开启或关闭机电消防设备。

(4) 通过监视器密切注意车站情况，与有关部门保持联络，负责各部门与车站有关人员间的信息传递工作。

(5) 联系医疗单位(120)，及时救护伤员。

(6) 加强广播宣传，引导、疏散乘客，按下车控室内 AFC 设备的紧急按钮。

(7) 根据运营调度命令，指挥现场列车，防止列车进入事发车站。

5. 值班站长

(1) 立即组织车站工作人员对乘客进行疏散，抢救伤员，控制现场。

(2) 根据实际情况，通知车站值班员开启相应的机电消防设备，采取初期扑救，防止火势蔓延。

(3) 保护现场，维护秩序，设置警戒区，第一时间寻找证人、证据。

(4) 上级指挥小组到场后，应尽快将收集到的现场情况上报，并根据上级命令，进行有关的操作。

6. 站务员巡视岗

(1) 加强站台监护，防止乘客跌入股道。

(2) 引导站台上的乘客往站厅疏散。

(3) 服从安排携带应急装备及灭火器材至现场参与灭火、救护工作。

(4) 保护现场，配合公安部门调查取证。

7. 站务员客服中心岗

(1) 根据命令停止售票，并将票款及时转移至安全地点。

(2) 服从安排带好器具尽快赶赴现场，参与灭火及疏散站厅乘客。

(3) 及时打开专用通道及消防疏散门，引导乘客从专用通道及进出站闸机处疏散。

(4) 服从安排带好器具尽快赶赴现场，参与灭火工作。

(二) 到站列车火灾

1. COCC 调度员

(1) COCC 当班人员接报后，通过 CCTV、ATS 大屏及生产调度汇报核实现场情况信息。

(2) 通过短信平台及时发布相关短信，做好信息汇报，按要求报申通集团、运营公司、维保中心、现代公司领导，并报轨道公安分局、交通局等上级部门。

(3) COCC 依据列车发生火灾事件造成的危害程度、波及范围、影响大小、行车中断时间、人员伤亡及财产损失等级，向公司抢险救灾指挥小组提出乘客疏散、事发线路停运请求。

(4) COCC 根据公司抢险救灾指挥小组命令下达乘客疏散、事发线路停运指令，向运营公司、维保中心、现代公司、事发 OCC、客分公司、抢险救援中心发布乘客疏散抢险命令，协调、监督、下达运营调整方案、抢险救灾方案、受困人员的撤离方案、乘客疏散方案、下达乘客疏散车站封站、AFC 系统降级等指令。

(5) 通过 CCTV、ATS 大屏及车站汇报对乘客疏散现场实施监控，联系事发线路 OCC，了解采取的相应调整手段，协调、监督运营调整重点及原则。

(6) 通过 CCTV、ATS 大屏及车站汇报监控相邻线路的运营调整，协调相邻线路 OCC，采取相应的运营调整措施，必要时要求相关的线路增加或减少运力，维持全路网正常运营秩序。

(7) 协调、监督事发线路 OCC 发布抢险救援命令，督促维保中心各专业分公司按抢险救援命令快速响应，通过 GPS 监督各专业分公司抢险车赶赴事发线路、车站。

(8) 根据影响程度，运营中断 30 分钟以上，及时采取公交保障方案并对该方案的具体实施进行监督、协调，及时有效，疏散拥堵线路车站乘客。

(9) 关注换乘枢纽站的客流变化，疏导换乘站可能滞留或集中到达的大客流。

(10) 通知公安指挥室，说明事态，请求公安人员前往停运线路和车站，维持乘客乘车秩序。

(11) 负责地铁各部门与公安、消防、新闻、卫生等部门的组织协调.

(12) 按灾情变化，联系上级抢险指挥部，说明地铁灾情，请求外部支援。

(13) 事件处理完毕及时完成各单位的《事件专报》进行汇总，确认该事件造成的影响，转发相关部门。

2. OCC 调度员

(1) 根据本预案要求，启动预案程序，汇报事件信息，请求支援。

(2) 与 COCC、公安分局、各线路分公司等部门保持通讯畅通，通报事件进展及需要协助的事项。

(3) 接受 COCC 抢险指令，拟定行车、电力、环控、客运(票务)等专业调度的抢险救灾实施方案，组织实施。

(4) 与现场救灾负责人密切保持联系，掌握现场最新动态。

(5) 及时做出人员紧急疏散，关闭车站，运营调整的决定。

(6) 与专业调度密切联系，监控事态的发展，减少人员与财产损失。

(7) 记录、收集、保存原始资料。

(8) 协调现场事故处理小组与调度员的关系，安排供电方式、消防环境控制方式的改变，管理运营线路的占用与出清。

3. 区域站长

(1) 接到事故(件)报告后，立即赶赴现场。

(2) 指导车站尽快疏散乘客及抢救伤员。

(3) 根据运营调度命令，组织车站恢复或调整运营。

4. 车站值班员

(1) 立即向轨道交通公安分局及消防(119)报警并确认着火地点及火情。

(2) 汇报运营调度、站长、分公司生产调度。

(3) 及时汇报设备调度，按实际情况正确开启或关闭机电消防设备。

(4) 安装有屏蔽门(安全门)的车站，应立即打开所有屏蔽门(安全门)。

(5) 通过监视器密切注意车站情况，与有关部门保持联络，负责各部门与车站有关人员间的信息传递工作。

(6) 联系医疗单位(120)，及时救护伤员。

(7) 加强广播宣传，引导、疏散乘客，按下车控室内 AFC 设备的紧急按钮。

(8) 根据运营调度命令，指挥现场列车，防止列车进入事发车站。

5. 值班站长

(1) 立即组织车站工作人员对乘客进行疏散，抢救伤员，控制现场。

(2) 根据实际情况，通知车站值班员开启相应的机电消防设备，采取初期扑救，防止火势蔓延。

(3) 保护现场，维护秩序，设置警戒区，第一时间寻找证人、证据。

(4) 上级指挥小组到场后，应尽快将收集到的现场情况上报，并根据上级命令，进行有关的操作。

6. 站务员巡视岗

(1) 加强站台监护，防止乘客跌入股道。

(2) 引导站台上的乘客往站厅疏散。

(3) 服从安排带好器具至现场参与灭火、救护工作。

(4) 保护现场，配合公安部门调查取证。

7. 站务员客服中心岗

(1) 根据命令停止售票，并将票款及时转移至安全地点。

(2) 服从安排带好器具尽快赶赴现场，参与灭火及疏散站厅乘客。

(3) 及时打开专用通道及消防疏散门，引导乘客从专用通道及进出站闸机处疏散。

8. 列车司机

(1) 迅速打开所有车门，利用车厢广播引导乘客往站台上疏散。

(2) 用车载无线电话，迅速向运营调度汇报。(也可以使用站台头部的调度热线电话)。

(3) 疏散乘客的同时，赶赴车厢着火点，利用列车上灭火机，进行初期扑救。

(三) 列车在区间发生火灾(列车可继续运行)

1. COCC 调度员

(1) 提前做出预警报告，采取应对措施。

(2) COCC 值班人员接到报告后，确认预警等级后，启动应急处置预案。通知申通集团、运营公司、维保中心领导，按领导指示上报交通局及上级部门。

(3) 通过 CCTV、ATS 大屏及车站汇报对现场实施监控，向路网、OCC、车站广播、乘客信息系统发布地铁预警信息，广播告示乘客，说明停运的线路或区段。

(4) 通知相邻线路 OCC，采取相应的措施，加强行车组织，加强客运组织工作，关注换乘枢纽站的客流变化，疏导换乘站可能集中到达的大客流，必要时下达关闭相关换乘通道的指令。必要时要求相关的线路增加运力。根据影响程度，适时采取公交保障方案，保持全线正常运营秩序，保证乘客安全。

(5) 协调、监督、下达运营调整方案、抢险救灾方案、受困人员的撤离方案、乘客疏散方案、及设备保护方案的执行；视情况而定下达封站、AFC 系统降级等指令。

(6) 通知公安指挥室，说明事态，请求公安人员前往停运线路和车站，维持乘客乘车秩序。

(7) 按灾情变化，联系上级抢险指挥部，说明地铁灾情，请求外部支援。

2. OCC 调度员

(1) 根据本预案要求，启动预案程序，汇报事件信息，请求支援。

(2) 与 COCC、公安分局、各线路分公司等部门保持通讯畅通，通报事件进展及需要协助的事项。

(3) 接受 COCC 抢险指令，拟定行车、电力、环控、客运(票务)等专业调度的抢险救灾实施方案，组织实施。

(4) 指定现场救灾负责人，密切保持联系，掌握现场最新动态。

(5) 及时作出人员紧急疏散，关闭车站，运营调整的决定。

(6) 与专业调度密切联系，监控事态的发展，减少人员与财产损失。

(7) 记录、收集、保存原始资料。

(8) 协调现场事故处理小组与调度员的关系，安排供电方式、消防环境控制方式的改变，管理运营线路的占用与出清。

3. 区域站长

(1) 接到事故(件)报告后，立即赶赴现场。

(2) 指导车站尽快疏散乘客及抢救伤员。

(3) 根据运营调度命令，组织车站恢复或调整运营。

4. 车站值班员

(1) 发现到站列车着火后(运营调度告之或自行发现)，立即向轨道交通公安分局及消防(119)报警并确认着火地点及火情。

(2) 汇报运营调度、站长、分公司生产调度。

(3) 及时汇报设备调度，按实际情况正确开启或关闭机电消防设备。

(4) 安装有屏蔽门(安全门)的车站，应立即打开所有屏蔽门(安全门)。

(5) 通过监视器密切注意车站情况，与有关部门保持联络，负责各部门与车站有关人员间的信息传递工作。

(6) 联系医疗单位(120)，及时救护伤员。

(7) 加强广播宣传，引导、疏散乘客，按下车控室内 AFC 设备的紧急按钮。

(8) 根据运营调度命令，指挥现场列车，防止列车进入事发车站。

5. 值班站长

(1) 立即组织车站工作人员对乘客进行疏散，抢救伤员，控制现场。

(2) 根据实际情况，通知车站值班员开启相应的机电消防设备，采取初期扑救，防止火势蔓延。

(3) 保护现场，维护秩序，设置警戒区，第一时间寻找证人、证据。

(4) 上级指挥小组到场后，应尽快将收集到的现场情况上报，并根据上级命令，进行有关的操作。

6. 站务员巡视岗

(1) 引导车厢内的乘客往站台、站厅疏散。

(2) 加强站台监护，防止乘客跌入股道。

(3) 服从安排带好器具至现场参与灭火、救护工作。

(4) 配合公安部门调查取证。

7. 站务员客服中心岗

(1) 停止售票，并将票款及时转移至安全地点。

(2) 服从安排带好器具尽快赶赴现场，参与灭火及疏散站厅乘客。

(3) 及时打开专用通道及消防疏散门，引导乘客从专用通道及进出站闸机处疏散。

8. 列车司机

(1) 利用车载无线电话，迅速向运营调度汇报情况及建议采取的措施。

(2) 根据运营调度命令将列车前进(后退)至就近车站。(如车载无线电话故障，无法联系到运营调度，列车只能正向运行至前方站。到站后应立即利用站台头部的调度热线电话，与运营调度取得联系)。

(3) 列车到站后，迅速打开所有车门，利用车厢广播引导乘客往站台上疏散。

(4) 疏散乘客同时，赶赴车厢着火点，利用列车上的灭火机，进行初期扑救。

(四) 列车在区间发生火灾(列车无法继续运行)

1. COCC 调度员

(1) COCC 当班人员接报后，通过 CCTV、ATS 大屏及生产调度汇报核实现场情况信息。

(2) 通过短信平台及时发布相关短信，做好信息汇报，按要求报申通集团、运营公司、维保中心、现代公司领导，并报轨道公安分局、交通局等上级部门。

(3) COCC 依据列车发生火灾事件造成的危害程度、波及范围、影响大小、行车中断时间、人员伤亡及财产损失等级，向公司抢险救灾指挥小组提出乘客疏散、事发线路停运请求。

(4) COCC 根据公司抢险救灾指挥小组乘客疏散、事发线路停运指令，向运营公司、维保中心、现代公司、事发 OCC、客分公司、抢险救援中心发布乘客疏散抢险命令。协调、监督、下达运营调整方案、抢险救灾方案、受困人员的撤离方案、乘客疏散方案、下达乘客疏散车站封站、AFC 系统降级等指令。

(5) 通过 CCTV、ATS 大屏及车站汇报对乘客疏散现场实施监控，联系事发线路 OCC，了解采取的相应调整手段，协调、监督运营调整重点及原则。

(6) 通过 CCTV、ATS 大屏及车站汇报监控相邻线路的运营调整，协调相邻线路 OCC，采取相应的运营调整措施，必要时要求相关的线路增加或减少运力。维持全路网正常运营秩序。

(7) 协调、监督事发线路 OCC 发布抢险救援命令，督促维保中心各专业分公司按抢险救援命令快速响应，通过 GPS 监督各专业分公司抢险车赶赴事发线路、车站。

(8) 根据影响程度，运营中断 30 分钟以上，及时采取公交保障方案并对该方案的具体实施进行监督、协调，及时有效，疏散拥堵线路车站乘客。

(9) 关注换乘枢纽站的客流变化，疏导换乘站可能滞留或集中到达的大客流。

(10) 通知公安指挥室，说明事态，请求公安人员前往停运线路和车站，维持乘客乘车秩序。

(11) 负责地铁各部门与公安、消防、新闻、卫生等部门的组织协调.

(12) 按灾情变化，联系上级抢险指挥部，说明地铁灾情，请求外部支援。

(13) 对各单位的《事件专报》进行汇总，确认该事件造成的影响，转发相关部门。

2. OCC 调度员

(1) 根据本预案要求，启动预案程序，汇报事件信息，请求支援。

(2) 与 COCC、公安分局、各线路分公司等部门保持通讯畅通，通报事件进展及需要协助的事项。

(3) 接受 COCC 抢险指令，拟定行车、电力、环控、客运(票务)等专业调度的抢险救灾实施方案，组织实施。

(4) 指定现场救灾负责人，密切保持联系，掌握现场最新动态。

(5) 及时做出人员紧急疏散，关闭车站，运营调整的决定。

(6) 与专业调度密切联系，监控事态的发展，减少人员与财产损失。

(7) 记录、收集、保存原始资料。

(8) 协调现场事故处理小组与调度员的关系，安排供电方式、消防环境控制方式的改变，管理运营线路的占用与出清。

3. 区域站长

(1) 接到事故(件)报告后，立即赶赴现场。

(2) 指导车站尽快疏散乘客及抢救伤员。

(3) 根据运营调度命令，组织车站恢复或调整运营。

4. 车站值班员

(1) 立即向轨道交通公安分局及消防(119)报警并确认着火地点及火情。

(2) 汇报运营调度、站长、警务站、机电值班、分公司生产调度。

(3) 及时汇报设备调度，按实际情况正确开启或关闭机电消防设备。

(4) 联系医疗单位(120)，及时救护伤员。

(5) 通过监视器密切注意车站情况，与有关部门保持联络，负责各部门与车站有关人员间的信息传递工作。

(6) 加强广播宣传，引导、疏散乘客，按下车控室内 AFC 设备的紧急按钮。

(7) 根据运营调度命令，指挥现场列车，防止列车进入事发车站。

5. 值班站长

(1) 接到行车值班员的报告后，立即组织车站工作人员进行乘客疏散，抢救伤员，控制现场。

(2) 根据实际情况，通知车站值班员开启相应的机电消防设备，采取初期扑救，防止火势蔓延。

(3) 保护现场，维护秩序，设置警戒区，第一时间寻找证人、证据。

(4) 上级指挥小组到场后，应尽快将收集到的现场情况上报，并根据上级命令，进行有关的操作。

6. 站务员巡视岗

(1) 引导站台上及从区间撤至车站的乘客往站厅疏散。

(2) 服从安排带好应急装备与消防器材，赶赴区间着火现场参与灭火、引导、救护工作。

(3) 保护现场，配合公安部门调查取证。

7. 站务员客服中心岗

(1) 根据命令停止售票，并将票款及时转移至安全地点。

(2) 及时打开专用通道及消防疏散门，引导乘客从专用通道及进出站闸机处疏散。

(3) 服从安排带好器具尽快赶赴现场，参与灭火及疏散站厅乘客。

8. 列车司机

(1) 利用车载无线电话，迅速向运营调度汇报情况及建议采取的措施。(如车载无线电话故障，应走到就近的轨旁电话处，与运营调度联系)

(2) 按照运营调度命令，打开司机室紧急疏散门，利用车厢广播引导乘客按指定方向从隧道内向就近车站疏散。

(3) 疏散乘客的同时，赶赴车厢着火点，利用列车自带的灭火机，进行初期扑救。

(4) 确认车厢内的乘客完全疏散后，方可撤离。

五、城轨交通火灾处置要求

(1) 发生上述事故(件)时，各车站(班组)应严格按信息报告流程及时汇报，对尚不明确的重大信息须按照“先挂号、后续报”的原则汇报。

(2) 为体现快速处置原则，各车站应保证担架、轮椅、应急灯、对讲机、安全警戒绳、警示标志、防毒面具、电话箱钥匙等物品，以备急需。

(3) 有关领导到场后，服从指挥，积极配合，必要情况下，汇报分公司调度请求邻站增援。

六、其他说明

当接到灾情报告后，OCC 应立即按信息报告流程进行汇报，根据公司抢险救灾指挥小组指令，向相关分公司、抢险救援中心发布抢险命令，加强与现场沟通、迅速做出反应，确定救援及运营调整方案。

遵循“以人为本、减少灾害”的原则，通知事发列车、车站在轨道公安协助下做好紧急疏散和救护工作(在高架/地面区间发生时，运营调度需对邻线采取防护措施，以便乘客疏散)；通过运营调整，竭力减小事故影响范围，并尽力让事发列车驶离正线；严禁无关列车进入事发现场，防止事态扩大。

【任务实施】

1. 分岗位模拟演练车站站厅发生火灾的应急处理流程。
2. 分岗位模拟演练车站站台发生火灾的应急处理流程。
3. 分岗位模拟演练车站设备区发生火灾的应急处理流程。
4. 分岗位模拟演练车站气体保护房间发生火灾的应急处理流程。
5. 分岗位模拟演练到站列车发生火灾的应急处理流程。
6. 分岗位模拟演练列车在区间发生火灾(列车可继续运行)的应急处理流程。
7. 分岗位模拟演练列车在区间发生火灾(列车无法继续运行)的应急处理流程。

附录一　城轨交通设备操作指南

一、屏蔽门

(一) 屏蔽门的自动操作

(1) 在正常运行模式下，列车到站并停在允许的误差范围内，信号系统(SIG)发出允许开门的命令；

(2) 各种安全因素经过列车司机的人工确认后，按压开门按钮，屏蔽门自动打开；

(3) 当列车停站时间到，信号系统(SIG)发出允许关门命令；

(4) 各种安全因素经过列车司机的人工确认后，按压关门按钮，屏蔽门自动关闭。

(二) 就地控制盘(PSL)操作

当因信号系统(SIG)故障失效或屏蔽门系统控制柜(PSC)对屏蔽门控制单元(DCU)控制故障时，由司机或被授权操作人员操作就地控制盘(PSL)控制屏蔽门的开关。

1. 就地控制盘(PSL)允许操作开关的操作

(1) 开门操作，插入钥匙，转动到开门位置，整侧屏蔽门打开完毕。

(2) 关门操作，转动钥匙到关门位置，整侧屏蔽门关闭完毕。

(3) 取出钥匙并带走，操作完毕。

2. ASD/EED 互锁解除开关的操作：

位于互锁解除位置时，强行给出 ASD/EED 互锁已解除的信号，让列车继续前行或进入车站，一般由站务人员操作。

(1) 插入钥匙转动至互锁解除位置并保持；

(2) 确认列车驶出安全距离后或停车到位后，松开钥匙开关；

(3) 取出钥匙并带走，操作完毕。

(三) 门道故障隔离操作步骤

(1) 当某个门道出现故障不能关闭时，插入模式开关钥匙切换到隔离位置(转向左边)，隔离该档门；

(2) 排除故障后，将该门道的模式钥匙开关切换到自动位置(中间位置)，将门恢复到自动控制；

(3) 钥匙从开关上取出并带走，操作完毕。

(四) 关门障碍时的操作

(1) 门关闭时，如遇障碍物，门后退一段距离，障碍物清除后，门关闭且锁紧；

(2) 如果障碍物依然存在，循环四次后，门完全打开，门头发出声光报警；

(3) 经授权人员操作隔离该门道，并向相关人员报告。

(五) 应急情况的操作

1. 滑动门手动操作

(1) 当系统级控制和站台级控制均不能操作屏蔽门时；

(2) 在站台侧由站台工作人员用钥匙打开滑动门；

(3) 在轨道侧由司机通过车内广播通知乘客使用滑动门上的手动解锁把手自行开启屏蔽门。

2. 应急门的手动操作

(1) 当列车无法在规定范围内停车，且偏离量较大，而且乘客无法从滑动门进出时；

(2) 站台工作人员在站台侧用钥匙打开应急门；

(3) 在轨道侧由列车司机通过广播指导乘客压推杆锁打开应急门。

3. 端门的手动操作

(1) 当隧道内发生火灾、列车出轨等情况，需要在隧道内停车时；

(2) 乘客将从车厢疏散到隧道；

(3) 乘客压推杆锁打开端门，或由站台工作人员在站台侧用钥匙打开端门；

(4) 乘客通过端门进入站台。

4. 屏蔽门控制开关(PCS)操作步骤

当发生火灾时，车站值班员视具体情况可操作屏蔽门控制开关(PCS)，打开或关闭屏蔽门。

(1) 将钥匙插入屏蔽门控制开关(PCS)；

(2) 转到开门位置，整侧屏蔽门将打开；

(3) 转到关门位置，整侧屏蔽门将关闭。

5. 专用钥匙的管理

(1) 提供屏蔽门操作的专用钥匙，应由车站控制室统一管理，每把钥匙应有明确的标识；

(2) 模式开关、滑动门、应急门的钥匙应在站台监控亭内存放一份，方便紧急时使用。

(六) 日常巡视时应注意的问题

(1) 注意观察站台人群的拥挤情况，维护好乘客候车的秩序；

(2) 检查屏蔽门门体有无破损，玻璃有无爆裂；

(3) 检查滑动门开关是否顺畅；

(4) 检查地坎的垃圾和积尘是否影响到滑动门的开关；

(5) 检查站台侧屏蔽门有无漏渗水的现象。

二、垂直电梯和自动扶梯

(一) 垂直电梯

1. 垂直电梯安全使用要点

(1) 严格按操作规程进行操作；

(2) 电梯的井道、紧急检修控制板和钥匙要严格处于受控状态，保证除专业人员外，其他人不得进入或掌控；

(3) 告知乘客安全乘梯要领：不能擅自强行拉门，不赶乘电梯，乘梯时，不准在梯内蹦跳等；

(4) 若需保持电梯门敞开着，应由专人按“开门”开关，不能用异物阻挡电梯门。

2. 垂直电梯(GEN2)的基本操作

1) 启动垂直电梯的方法

(1) 查看垂直电梯厅门的周围有无障碍物，层站的通道是否畅通，楼层的显示是否正常；

(2) 在基站用电梯的专用钥匙将电梯锁拧至开启位置启动电梯；

(3) 用手按外呼盒上的按钮，电梯门打开；

(4) 进入电梯内，查看电梯内部操作是否正常。

2）停止垂直电梯的方法

(1) 在基站用电梯的专用钥匙将电梯锁拧至停止位置；

(2) 电梯在接收到锁梯信号后，将不再响应其余呼梯信号，直接进入基站，打开门后电梯将关门，停止运行。

3）垂直电梯紧急情况下的处理方法

(1) 当有紧急的情况出现时，首先要使乘客保持镇静，组织疏导乘客离开轿厢，然后停止电梯的运行，最后关闭电梯的总电源；

(2) 电梯运行中因供电中断、电梯故障等原因而突然停驶将乘客困在轿厢内时，站务人员应安抚乘客，维护现场秩序，通知专业人员前来救援。

(3) 在地铁车站处于消防状况时，电梯将接收到车站控制室的消防信号，电梯自动处于消防状况，即电梯立即不响应所有呼梯信号，直接到达基站开门，然后停止运行，直至消防状况取消。

4）垂直电梯紧急情况消除后的处理

在紧急情况消除后，应由专业维修人员对电梯进行全面检修，确认没有问题后方可使用。

(二) 自动扶梯

1. 自动扶梯安全使用要点

(1) 严格按操作规程进行操作；

(2) 要有专门的清洁人员，从事扶梯的清洁工作，防止灰尘、杂物进入梯内或缝隙，保障扶梯正常运行；

(3) 加强现场管理，做好各种宣传和警示，特别要注意小孩乘梯时的安全防护；

(4) 不准乘客擅自按急停按钮，婴儿车、过重过长物品不准乘用扶梯，防止任何异物掉入扶梯内，并需防止扶梯内积水。

2. 奥的斯自动扶梯的操作方法

1）启动奥的斯扶梯的方法

(1) 查看出入口、梯级、扶手等部位的清洁情况，尤其要确认梯级及梳齿部位没有小石子或钉子之类的妨碍运行的杂物；

(2) 用扶梯的专用钥匙打开上平台左侧或下平台右侧的控制盒的盖；

(3) 用手按控制板上的上下行按钮启动扶梯。

2）启动奥的斯扶梯时的注意事项

(1) 在打开扶梯电源主开关或辅助制动器起作用后，如要重新启动扶梯，必须先按上方向按钮，使扶梯向上方向启动运行扶梯，等辅助制动器完全打开后，才可以进行下方向运行。

(2) 在启动扶梯时，要按住上行方向或下行方向运行按钮，这时会有蜂鸣声响起，这时扶梯不立即启动，大约几秒钟后，扶梯才开始启动，在此期间手一定要一直按在按钮上，不要松开，否则扶梯不能启动；当扶梯启动后，手要立即离开启动按钮，不要继续按在按钮上，否则扶梯也会停止运行。

3) 停止奥的斯扶梯的方法

(1) 用扶梯的专用钥匙打开上平台左侧或下平台右侧的控制盒的盖；用手按一下控制面板上的 STOP 按钮，扶梯就会停止运行；

(2) 如果在紧急的情况下要停止扶梯，可以按下扶梯上下平台端部的紧急停止开关来使扶梯停止运行。

4) 改变奥的斯扶梯运行方向的方法

(1) 参照正常停止扶梯的方法，把扶梯完全停止下来，再参照启动扶梯的方法，按新的运行方向开始启动扶梯；

(2) 严禁在扶梯运行中或扶梯没完全停下来时转至运行的另一方向。

3. 三菱自动扶梯的操作方法

1) 启动三菱扶梯的方法

(1) 查看出入口、梯级、扶手等部位的清洁情况，尤其要确认梯级及梳齿部位没有小石子或钉子之类的妨碍运行的杂物；

(2) 将钥匙插入“照明开关”转至“开”侧打开照明；

(3) 将钥匙插入“蜂鸣器”侧，使蜂鸣器鸣响数秒，向周围人们发出将要运行的提示；

(4) 将钥匙插入“启动开关”转至“上行”或“下行”侧，并保持 1 秒以上，启动自动扶梯。

2) 停止三菱扶梯的方法

(1) 将钥匙插入“蜂鸣器和停止开关”转至“蜂鸣器”侧，使蜂鸣器鸣叫数秒，确认无人站在扶梯上后，将钥匙转至“停止”侧，使扶梯停止运行；

(2) 将钥匙插入“照明开关”转至“关”侧熄灭照明。

(3) 如果在紧急的情况下要停止扶梯，可以按下扶梯的紧急停止开关来使扶梯停止运行。

2) 改变三菱扶梯运行方向的方法

(1) 应参照正常停止扶梯的方法，把扶梯完全停止下来，再参照启动扶梯的方法，按新的运行方向开始启动扶梯；

(2) 严禁在扶梯运行中或扶梯没完全停下来就把钥匙插进去转至运行的另一方向。

4. 自动扶梯紧急情况下的处理方法

(1) 一旦在扶梯中发生乘客失足摔倒或其他紧急情况，应立即按下“紧急停止按钮”，使扶梯停止运行，并采取相应的救护措施；

(2) 扶梯有故障时，安全系统起保护作用而使扶梯紧急停车，此时应停用该扶梯并通知专业人员来检修，在专业人员到来之前用护栏拦住扶梯，严禁乘客进入；

(3) 当车站发生火灾时应马上疏散乘客，停止扶梯运行，切断扶梯总电源；

(4) 扶梯机房进水或出入口扶梯因暴风雨而被严重淋湿时，应停用扶梯并切断总电源(包括动力及照明电源)；

(5) 发生地震时，应立即疏导乘客离开扶梯，然后将扶梯停止运行，并切断电源。

5. 自动扶梯紧急情况消除后的处理

在紧急情况消除后，应由专业维修人员对扶梯进行全面检修，确认没有问题后方可使用。

6. 自动扶梯的急停开关

(1) 每个车站控制室提供一个扶梯的急停开关，该开关能使车站内的全部扶梯同时停止；

(2) 该开关带有金属罩壳，正面是透明有机玻璃，打破有机玻璃后才能使用该开关；

(3) 操作时需遵守相关的规定。

(三) 电扶梯专用钥匙的管理

(1) 钥匙应固定放置在车控室内，并标识明确，无关人员不得拿走；

(2) 管理人员交班时应完成钥匙的交接。

三、使用落轨梯及绝缘拾物钳的规定

(一) 使用落轨梯的要求

(1) 落轨梯必须放于站台区域备品库或监控亭，钥匙由巡视岗人员持有。各班员工认真做好交接工作。

(2) 使用落轨梯必须经值班人员同意。且在使用前，值班人员必须提醒员工注意安全。

(3) 落轨梯在搬运过程中，应平举，严禁高举，避免接近触网时发生触电事故。

(4) 放下轨道时，必须保证落轨梯与站台平面的夹角小于 45 度，以防人员触电，严禁以垂直方式放下落轨梯。

(5) 落轨梯放下轨道后，必须检查是否靠牢在站台边缘，防止滑动，造成上下人员摔倒受伤。

(6） 在使用落轨梯下轨道时，必须注意自身安全，双手要扶好、脚要踩正梯级，防止滑倒伤。

(二) 使用绝缘拾物钳的注意事项

(1) 使用时需手持绝缘钳的工作部分进行拾物。

(2) 工作时避免接触到接触网高压电，应将手放在工作部分，不要接触到绝缘材料与绝缘材料之间的 PVC 管。

(3) 需按规定定期对绝缘钳进行绝缘检查，对不符合绝缘要求的应立即停止使用。

四、接触网绝缘杆的使用管理规定

接触网绝缘杆适用于一、二、八号线车站站台区域(区间)接触网有异物的处理。

(1) 绝缘杆由杆、钩、刀、针组成。使用时要先将第一节伸出、扣紧，再进行其他安装。使用时手抓杆中橙色部分(此处较粗，有防滑作用)。

(2) 刀主要用于塑料薄膜缠绕在接触网上的处理，也可以用于处理气球(割断绳、线)。用刀割接触网上的物品时，要注意不能割伤接触网表面。

(3) 钩主要用于从接触轨附近钩取掉物，也可以用于接触网上钩取缠绕的物品。

(4) 一般用于处理气球(指用刀、钩都不能将气球从网上拿下来)，可以用它将气球刺破后再处理，也可以用在接触轨附近有掉物时，将异物戳上来。

(5) 绝缘杆的各个部分均是绝缘的，使用时人的身体离接触网要有 0.7 米的安全距离，且绝缘杆应与绝缘防护用品(绝缘靴、绝缘手套)配套使用。

(6) 绝缘杆存车站监控亭，绝缘靴、绝缘手套存放在车站的变电所控制室工具箱内，使用时要迅速到变电所拿取。

(7) 绝缘杆刀、小钩、针较锋利，日常不使用时，要将刀、小钩、针锋利部分用笔套或其他物品加盖，小心刮伤身体。

五、消防栓及消防卷盘操作

（一）操作步骤

(1) 发现微小火灾，打开消防箱箱门；

(2) 甲将消防卷盘上的软管拉至着火地点；

打开消防箱箱门

拉出软管

(3) 甲打开消防软管上的水枪阀门，准备就绪后通知守候在消防箱边的乙；

(4) 乙打开卷盘上的控制阀门进行供水，同时询问甲水量、水压是否足够；

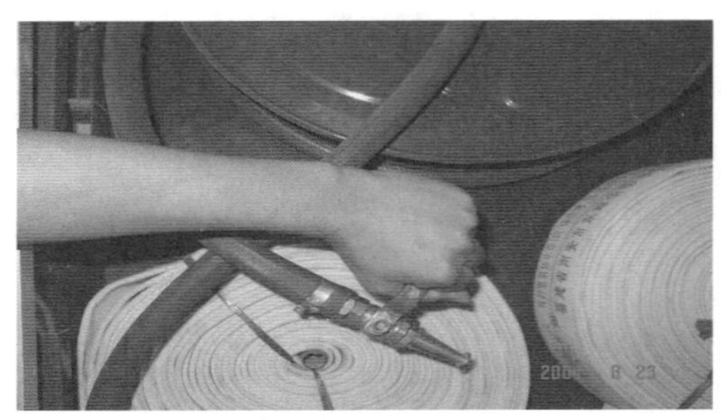

打开软管上的水枪

打开控制阀门

(5) 如果水压不够，乙应该按下电动蝶阀启动按钮确保供水；

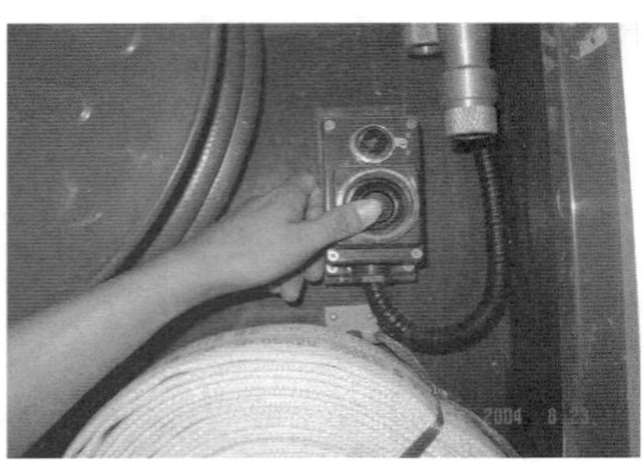

打开电动蝶阀按钮

(6) 灭火完毕，应将供水控制阀门关闭，将软管内的余水排净；

(7) 按照打开的逆序将软管绕到卷盘上。

（二）注意事项

(1) 本消防卷盘仅使用在灭火用途，严禁挪作他用；

(2) 如果火势过大或周围可燃物过多，应通知公司义务消防队员进行处理，不可贻误灭火时机；

(3) 灭火完毕，应通知机电车间人员进行检修。

六、灭火器的操作

手提式干粉灭火器(简称 ABC 灭火器)如右图所示：

(1) 检查状态：检查指针是否指在红色区域或保险销已开，如是，则表明该灭火器已失效，应送修。

(2) 将灭火器翻转摇动数次，拉出保险销。

(3) 对准火焰根部，压下压把，将火扑灭(不可倒置使用)。

七、车站边门管理办法

车站边门设置于付费区和非付费区之间，是隔离围栏的一部分，可以单独打开和关闭上锁，平时处于锁闭状态。一般车站应至少设置 2 个边门。

正常情况下一般不使用车站边门，只是在车站发生突发事件需快速疏散乘客时(如闸机故障、火灾等)，或因地铁设备、设施维修的需要需运送大型工具时才开启边门。

当地铁车票功能和种类还未完善时，车站边门还可以临时作为人工检验车票进出站的闸口。

附录二　名词解释

(1) 区间：两相邻车站相邻端墙间的线路范围。

(2) 站内线路：车站两端墙间内方的线路。

(3) SICAS：西门子计算机辅助信号联锁系统，Siemens computer aided signaling 的简称。能够实现列车进路自动排列、锁闭、信号开放及进路解锁等计算机联锁系统。

(4) 联锁：信号、道岔、进路之间按一定程序、一定条件建立起的相互联系、相互制约的关系称为联锁关系，简称联锁。

(5) 联锁站：正线有道岔并且配有微机联锁设备(SICAS)的车站为联锁站。

(6) 闭塞：为了确保列车在区间内的运行安全，列车由车站向区间发车时，必须确认区间内没有列车，并遵循一定的规律组织行车，以免发生列车正面冲突或追尾等事故。这种按照一定规律组织列车在区间运行的方法，叫做行车闭塞，简称闭塞。

(7) 进路：机车车辆由某一指定地点运行至另一指定地点所经过的路段称为进路。

(8) 封锁：用调度命令形式对线路上的某一区域实施封闭，禁止列车、机车、车辆及人员进入的行车组织方法。

(9) 区段闭塞法：在 SICAS 故障时，同一时间、同一运行方向一个联锁区段内只允许一列车运行的行车组织方法。

(10) 线路出清：施工完毕后施工负责人检查所有人员携带的工具和物料撤离行车线路，所有施工人员撤离行车线路或线路巡视员巡查完毕，该段线路已具备正常行车的条件。

(11) 请点：在施工作业开始前，施工负责人与车站办理的施工登记手续。

(12) 销点：在施工作业结束、线路出清后，施工负责人与车站办理注销施工登记手续。

(13) 长交路：列车运行占用整条线路进行周期运行所采用的交路。

(14) 短交路：当无法实现全线列车服务时，实施列车服务临时应变计划，在未受影响区段维持列车服务，列车运行占用局部线路进行周期运行所采用的交路。

(15) 突发性大客流：指在地铁运营服务时间内偶然爆发超出正常客流变化规律并导致车站拥挤时的客流激增。

(16) PIS：乘客资讯系统，Passenger Information System 的简称。

(17) ESB：紧急停车按钮。

(18) LOW：微机联锁的就地操作工作站，Local Operator Workstatiaon 简称；一般只设置于有道岔的车站，可以监视指定线路的所有 SICAS 联锁，但只能操作 LOW 所在区域 SICAS 联锁。

(19) CCTV：车站闭路电视监视系统，Closed Circuit Television 的简称。

(20) LCP：信号系统车站就地控制盘，Local Control Panel 的简称。

(21) EMCS：设备监控系统，Equipment Monitor and Control System 的简称。

(22) FAS：火灾自动报警系统，Fire Alarm System 的简称。

(23) MCP：设备后备监控盘，Monitor Control Panel 的简称。

(24) PECU：乘客紧急通话装置，Passenger Emergency Communication Unit 的简称。

(25) AFC：自动售/检票系统，Automatic(Automated) Fare Collection 简称。

(26) CC：中心计算机系统，Center Computer 简称。

(27) SC：车站计算机系统，Station Computer 简称。

(28) Gate：闸机。

(29) En Gate：进站闸机，Entry Gate 简称。

(30) Ex Gate：出站闸机，Exit Gate 简称。

(31) TVM：自动售票机，Ticket Vending Machine 简称。

(32) AVM：自动增值机，Adding Value Machine 简称。

(33) BOM：票务处理机，Booking Machine 简称。

(34) TCM：自动验票机，Ticket-Checking Machine 简称。

(35) Token：单程票。

(36) AVT：储值票，Adding Value Ticket 简称。预先赋值，可重复使用，每次乘车时根据进、出站自动计费并扣除车费的车票。

(37) Student Ticket：学生优惠票。

(38) FT：免费票，Free Ticket 简称。

(39) ST：员工票，Staff Ticket 简称。

(40) 车票余值：储值票中，乘客实际可使用的金额(不包括押金部分)。

(41) 最高单程票价：指基本票价表中的最大金额值。

(42) 票种最低票价：指乘客所使用车票种类的起步价。

(43) 损坏的储值票：因持卡人保管不善出现卡折叠、断裂、涂鸦、张贴异物、缺边、缺角、打孔；或因人为原因造成的票面脱落及有明显刻画痕迹等现象，押金不予退还。票面因使用过程中非人为损耗造成票面图案脱色或脱漆的储值票，押金可予以退还。

(44) 无效票：由 AFC 设备发售外观没有损坏，经 BOM 检验无法更新且系统无法读取数据的车票。

(45) 押金：发卡单位向购买储值票的乘客收取的车票抵押金。

(46) 预制单程票：经制票中心初始化机预先赋值的单程票。

(47) 过期票：超过系统使用有效期的车票。

(48) 废票：经由人工车票回收箱、设备废票箱及其他非正常情况回收的单程票。

参考文献

[1] 杨琳. 地铁车站大客流组织模式研究，高校理科研究[J]，2010(28)，P122-123.

[2] 刘莉娜. 城市轨道交通客运组织[M]. 2 版. 北京：人民交通出版社，2012.

[3] 朱小瑶，朱海燕. 城市轨道交通客运组织[M]. 北京：中国铁道出版社，2009.

[4] 裴瑞江. 城市轨道交通客运组织[M]. 北京：机械工业出版社，2009.

[5] 仇海兵，刘莉娜. 城市轨道交通客运组织[M]. 北京：人民交通出版社，2010.

[6] 石瑛等. 城市轨道交通客运组织[M]. 北京：中央广播电视大学出版社，2011.

[7] 上海申通地铁集团有限公司轨道交通培训中心. 城市轨道交通车站客运服务[M]. 北京：中国铁道出版社，2010.

[8] 城王英，高蓉. 城市轨道交通服务礼仪[M]. 北京：人民交通出版社，2011.

[9] 高蓉. 城市轨道交通客运服务[M]. 北京：人民交通出版社，2012.

[10] 申碧涛. 城市轨道交通客运服务[M]. 北京：中国铁道出版社，2012.

[11] http://www.21its.com/Common/SpecialDetail.aspx?ID=2007110914143307324.